iHuman

成为更好的人

A SHORT HISTORY OF IRELAND, 1500–2000

John Gibney

爱尔兰简史 1500—2000

［爱尔兰］约翰·吉布尼　著　　潘良　译

GUANGXI NORMAL UNIVERSITY PRESS
广西师范大学出版社
·桂林·

AI'ERLAN JIANSHI : 1500—2000
爱尔兰简史：1500—2000

A SHORT HISTORY OF IRELAND, 1500–2000

著作权合同登记号桂图登字：20-2018-034 号

图书在版编目（CIP）数据

爱尔兰简史：1500—2000 /（爱尔兰）约翰 · 吉布尼（John Gibney）著；潘良译．—桂林：广西师范大学出版社，2021.11

书名原文: A SHORT HISTORY OF IRELAND, 1500–2000

ISBN 978-7-5598-3609-0

Ⅰ．①爱… Ⅱ．①约… ②潘… Ⅲ．①爱尔兰－历史－1500-2000 Ⅳ．①K562.3

中国版本图书馆 CIP 数据核字（2021）第 013708 号

广西师范大学出版社出版发行
（广西桂林市五里店路 9 号　邮政编码：541004
网址：http://www.bbtpress.com）
出版人：黄轩庄
全国新华书店经销
唐山富达印务有限公司印刷
（唐山市芦台经济开发区农业总公司三社区　邮政编码：301501）
开本：880 mm × 1 240 mm　1/32
印张：11.875　　字数：272 千字
2021 年 11 月第 1 版　　2021 年 11 月第 1 次印刷
审图号：GS（2021）664 号
定价：68.00 元

目　录

第三部分　18世纪

第四部分　19世纪

第五部分　20世纪

致　谢

本书有一个简单而直接的宗旨：为那些想要或需要了解爱尔兰的人提供关于当代爱尔兰历史的简明易懂的文字解读和最新的研究发现。在本书的研究和写作过程中，我得到许多友好人士与机构的支持和帮助，我由衷感谢他们为本书各章节提出的宝贵建议。他们包括：汉利（Brian Hanley）、霍洛汉（Carole Holohan）、麦克·希夫内（Breandán Mac Suibhne）、麦格拉思（Ivar McGrath）、马金（Christopher Maginn）、奥·基阿尔查（Eamon Ó Ciardha）、奥·康楚沃尔（Brian Ó Conchubhair）、奥马利（Kate O'Malley）、奥·希奇鲁（Micheál Ó Siochru）、奥·图乔（Gearóid Ó Tuathaigh）、史密斯（Jim Smyth）和赖恩（Frank Rynne）。都柏林马什图书馆（Marsh's Library）和爱尔兰国立大学摩尔研究所（Moore Institute at the National University of Ireland）提供的访问研究奖学金也为本书的研究和撰写提供了有力的支持。我也要感谢上述机构以及爱尔兰国家图书馆、爱尔兰莫纳亨郡（Monaghan）安纳格马格里区的蒂龙·格思里中心（Tyrone Guthrie Centre）和都柏林圣三一学院（Trinity College Dublin）的工作人员。感谢耶鲁大学出版社的两位编辑达弗利斯（Laura Davulis）和查特吉（Jaya Chatterjee）给予我耐心的帮助和鼓励，也感谢那些为本书提出评审意见的匿名审稿人。感谢奥·布罗甘（Tomás Ó Brógáin）为本书提供的地图，也非常感谢艾拉斯历史服务（Oireas Historical Services）团体为此提供慷慨的经费支持。本书存在的任何错误和遗漏乃系我个人之过失和责任。最后，感谢我的家人和朋友，他们用许多不同的方式使这本书的出版成为可能，尤其是莉莎·科斯特洛·吉布尼（Liza Costello Gibney）和马莎·科斯特洛·吉布尼（Martha Costello Gibney）。

前　言

1752年以前，不列颠[①]和爱尔兰使用的是旧历法（儒略历），其日期比其他地方使用的新历法（公历）晚10天。本书中，1752年之前的所有日期均为旧历日期，但每一年都以1月1日为始，而非3月25日。[②]1752年1月1日之后的所有日期均为公历日期。

文本中引文的拼写已经过标准化和现代化处理。本书中地名的书写采用爱尔兰地形测量局（Irish Ordnance Survey）目前使用的拼写

① “Britain”在汉译中经常被直接翻译成“英国”，在一般情况下这种翻译和理解方法不会带来误解。但在本书中，“Britain”是相对于“Ireland”而言的，指的是不包含爱尔兰在内的“英国”，更准确地说是指爱尔兰岛对面的不列颠。为避免指代不清，本书翻译时将“Britain”译为“不列颠”。——译者注

② 1752年以前，英格兰及其殖民地使用的是儒略历，以3月25日为元旦。——译者注

方法，在相关描述上也基本以近代（1600年后）爱尔兰的行政区划为依据。爱尔兰传统上被划分为四个“省”，各省的地理范围大致如下：北部的阿尔斯特省（Ulster）包括安特里姆郡（Antrim）、阿马郡（Armagh）、卡文郡（Cavan）、多尼戈尔郡（Donegal）、唐郡（Down）、弗马纳郡（Fermanagh）、伦敦德里郡（Londonderry）、莫纳亨郡和蒂龙郡（Tyrone）；东部的伦斯特省（Leinster）包括卡洛郡（Carlow）、都柏林郡（Dublin）、基尔代尔郡（Kildare）、基尔肯尼郡（Kilkenny）、莱伊什郡（Laois）、朗福德郡（Longford）、劳斯郡（Louth）、米斯郡（Meath）、奥法利郡（Offaly）、韦斯特米斯郡（Westmeath）、韦克斯福德郡（Wexford）和威克洛郡（Wicklow）；南部的芒斯特省（Munster）包括克莱尔郡（Clare）、科克郡（Cork）、凯里郡（Kerry）、利默里克郡（Limerick）、蒂珀雷里郡（Tipperary）和沃特福德郡（Waterford）；西部的康诺特省（Connacht）包括戈尔韦郡（Galway）、利特里姆郡（Leitrim）、梅奥郡（Mayo）、罗斯康芒郡（Roscommon）和斯莱戈郡（Sligo）。上述行政区划将用作相关地理位置和范围的代称。

在相关历史人物的爱尔兰语和英语姓名的书写上，我通常选择使用其英文拼写形式。在以爱尔兰语作为主要表述语言的作家和文学家之中，我无疑是个例外。但这主要是出于写作上的方便考虑，与价值判断绝无任何关系。在人物姓名的书写上，本书已经尽可能根据皇家爱尔兰学院（Royal Irish Academy）编纂的《爱尔兰名人传记大辞典》（*Dictionary of Irish Biography*, Cambridge, 2009）所使用的拼写形式进行了标准化处理。如无特别指出，所有历史人物的履历详情均出自《爱尔兰名人传记大辞典》和《牛津国家人物传记大辞典》（*Oxford Dictionary of National Biography*, Oxford, 2004）。本书中，“爱尔兰”

所指为1920年之前的整个爱尔兰岛，或在另有说明的情况下特指1922年之后独立的爱尔兰国家，包括爱尔兰自由邦（Irish Free State）。“北爱尔兰”（Northern Ireland）是安特里姆、阿马、唐、弗马纳、伦敦德里（或德里）和蒂龙这6郡的官方说法，它们于1920年之后被单独归于联合王国的管辖之下，本书亦使用这一称谓。

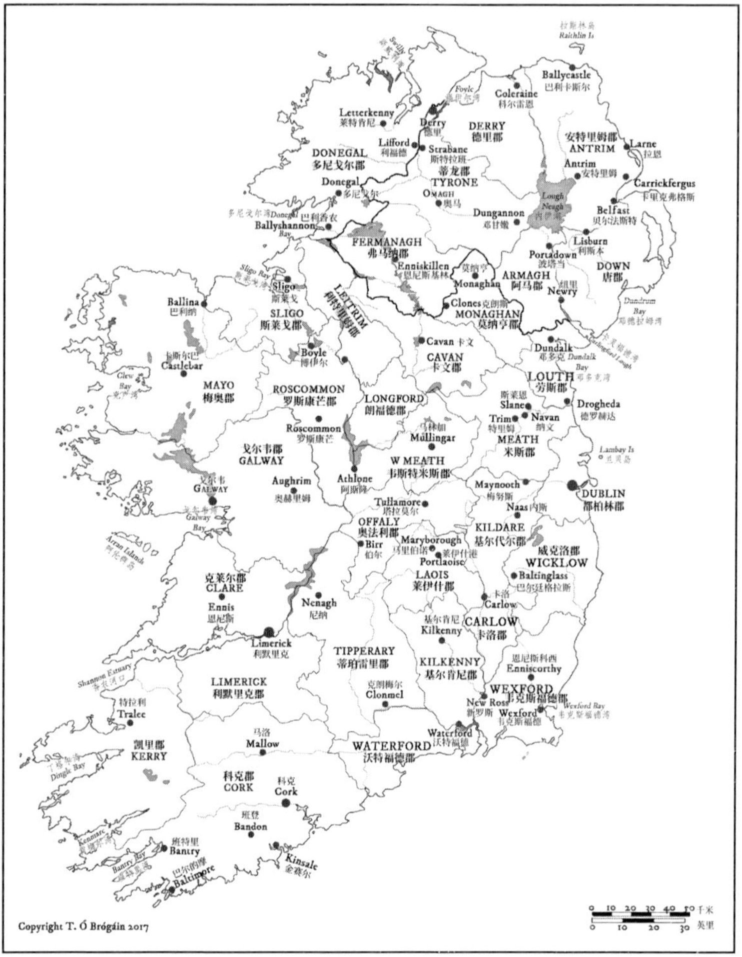

爱尔兰岛地图，主要体现爱尔兰岛的行政区划和城市地区。严格来说，爱尔兰岛的城市数量并不算多，它们主要由中世纪以来被赋予特殊地位的城镇发展而来。无论大小，这些城区多数都被归类为城镇。（地图由托马斯·奥·布罗甘提供）

大事记

1534年	基尔代尔叛乱
1536—1537年	“宗教改革议会”在都柏林召开
1541年	《王位法案》授予亨利八世爱尔兰国王头衔
1556年	爱尔兰中部地区殖民地的开辟
1560年	第二次“宗教改革议会”在都柏林召开
1580—1584年	德斯蒙德叛乱导致芒斯特殖民地的建立
1596—1603年	九年战争
1609—1610年	阿尔斯特殖民地的建立
1641年	阿尔斯特地区发生针对不列颠新教移民的反抗
1642年	基尔肯尼郡天主教联盟的成立
1649—1653年	英格兰议会对爱尔兰的再度征服
1654—1657年	克伦威尔没收天主教徒土地
1660年	斯图亚特王朝在英格兰、爱尔兰和苏格兰复辟

1662—1665年	英格兰土地扩张的重新开始
1689—1691年	詹姆斯–威廉战争
1695年	针对天主教徒的新刑事法初步实施
1704年	圣礼测试将非圣公会新教徒排除于公职之外
1720年	《公告法》赋予不列颠议会为爱尔兰立法的权力
1740—1741年	饥荒
1760年	天主教委员会得以成立并开始为天主教徒的权利游说
1778年	《第一天主教宽容法案》开始废除刑事法
1782年	爱尔兰议会获得立法独立
1791年	爱尔兰人联合会在贝尔法斯特和都柏林成立
1798年	爱尔兰人联合会的抗争
1801年	《联合法案》废除爱尔兰议会，爱尔兰并入联合王国
1823年	天主教协会在都柏林成立
1829年	丹尼尔·奥康奈尔当选为克莱尔郡议员
1845—1852年	马铃薯饥荒
1867年	芬尼亚组织的反抗
1869年	爱尔兰政教分离
1870年	《第一土地法》对爱尔兰土地所有制的改革
1879—1882年	土地战争
1912—1914年	阿尔斯特危机，下议院通过本土自治提案刺激了阿尔斯特志愿军和爱尔兰志愿军的成立
1916年	复活节起义
1919—1921年	独立战争和北爱尔兰的产生

1921年	《英爱条约》和爱尔兰自由邦的建立
1922—1923年	爱尔兰内战
1937年	爱尔兰自由邦全民公投通过新宪法
1939年	第二次世界大战爆发后爱尔兰宣布进入紧急状态
1949年	爱尔兰自由邦26郡正式宣布成立共和国
1969年	北爱尔兰爆发冲突（“北爱问题”的出现）
1973年	爱尔兰加入欧洲经济共同体
1994年	北爱尔兰准军事部队停火
1998年	《贝尔法斯特协议》(《耶稣受难节协议》）和北爱尔兰权力分享型政府的建立
2010年	爱尔兰政府加入国际货币基金组织、欧洲中央银行和欧洲联盟的救助计划

引　言
边缘之岛：爱尔兰

公元1500年有何特别之处？为什么选择这个时间作为本书历史叙事的起点？

人们通常将公元1500年视为中世纪与近代的分界点：1453年君士坦丁堡的陷落和拜占庭帝国的覆灭，印刷技术的发展，文艺复兴和宗教改革的兴起等西欧发生的一系列重大事件和现象为这种观点提供了有力的支撑。在欧洲历史上，公元1500年是个特殊且便于使用的时间点。而且，1500年之后的几十年对爱尔兰历史有着深远的影响。本书的叙事真正开始于16世纪30年代和40年代，在这段时间里爱尔兰发生了一系列重要的事件，包括基尔代尔叛乱，宗教改革的传入，以及从地位上看，爱尔兰上升为英格兰及后来的不列颠王室统治下的一个王国。此时的爱尔兰处于剧烈变革的边缘。这篇引言旨在为读者提供关于这一即将发生变革的国家的简要介绍。

土 地

爱尔兰是欧洲西部边缘的一个岛屿，与该地区的大部分地区一样，它是上一个冰河时代的产物。爱尔兰岛位置偏北，但来自加勒比海的跨大西洋暖流——墨西哥湾暖流（Gulf Stream）——为不列颠和爱尔兰岛周边的海域送来了温暖，带来了爱尔兰温暖、潮湿的气候。爱尔兰岛的土地面积相对较小：其最北端和最南端的直线距离只有486千米，而东西海岸之间的最远距离也只有274千米。然而，这片不大的土地上却孕育了丰富的地理和生态多样性。爱尔兰的大部分地区为石灰岩地貌，东海岸和西海岸均有花岗岩等火山岩分布，砂岩则构成了北部海岸线的大部分地貌特征。1.2万年前冰盖的撤退，在爱尔兰南部和东部的大部分地区留下了丰富的冰川土壤（多被用作农田），以及一系列独特的小冰山横亘北部和西北，即所谓“鼓丘带”。内陆地区主要由不规则的低地和高地构成，中部的平原地区被高地和相对较低的山脉包围，这些高地和山脉多数位于海岸附近。泥炭沼泽是爱尔兰地貌的一个显著特征，这些古老森林的腐烂残迹在大西洋海岸和更隐蔽的中部地区分布最为广泛。宽泛地说，爱尔兰岛大致可以划分为两个地理区域：相对崎岖湿润的西部和西北地区，以及干旱但较为平缓肥沃的东部和南部地区。[①]

① F. H. A. Aalen, “The Irish Rural Landscape: Synthesis of Habit and History,” in F. H. A. Aalen, Kevin Whelan, and Matthew Stout, eds., *Atlas of the Irish Rural Landscape*, Cork: Cork University Press, 2011, 4–31.

人　民

以上是爱尔兰地理环境的缩影，那么在这片土地上生活并留下印记的人们又是什么样子呢？大约在上一个冰河时代结束的几千年后，爱尔兰迎来了第一批从欧洲大陆迁徙而来的定居者，但我们对这些早期的定居者所知甚少。随着时间的推移，这种情况也在发生变化。在前基督教时代，爱尔兰曾迎来一批又一批的定居者，其中最著名的便是凯尔特人。大量证据证明，前基督教时期的爱尔兰已经出现复杂的定居社会。西海岸梅奥郡的凯德田野（Céide fields）是欧洲西部最古老的农田遗址，可追溯到约公元前5000年。伯恩山谷（Boyene Valley）靠近米斯郡东部海岸，其中的巨石墓葬群建于公元前4000年到前3000年之间，它们在岁月长河中屹立不倒，仿佛又一个消失文明的纪念碑。这些新来者为爱尔兰带来了新的文化、语言和信仰。公元5世纪初，来自不列颠和欧洲大陆的传教士们将基督教带入爱尔兰，不列颠传教士圣帕特里克（St. Patrick）便是其中最著名的代表。到了8世纪，一种由多元文化构成的爱尔兰本土文化逐步成型，通常被称为“盖尔文化”（Gaelic）。盖尔社会是一个军事化、游牧式、贵族政治化的社会，它有着自己的语言和方言体系，也有独特的精神和文化生活。像《夺牛记》(*Táin*)[①] 这样的乡土史诗就是这种精神和文化生活的体现，爱尔兰独特的法律传统（细节内容被记载成册，其年代最早可以追溯到公元7世纪）也是一个例证。

---

① 《夺牛记》是爱尔兰英雄故事的代表作，讲述了公元前500年康诺特联军入侵阿尔斯特夺取棕色公牛的过程。原著用凯尔特文写就，是盖尔语爱尔兰文学的宝贵遗产。——译者注

此后，爱尔兰也逐渐形成了其他文化、精神和宗教传统。罗马帝国衰亡后，地处欧洲边缘的爱尔兰基督教修道院成为基督教的传教中心，并在中世纪早期成为基督教传回欧洲大陆的根据地。著名的《凯尔经》(Book of Kells)[①]中独特的插图便是爱尔兰社会与新信仰相融合的艺术体现。但爱尔兰和欧洲大陆的海上联系是双向的。从8世纪末开始，北欧维京海盗袭击爱尔兰海岸，在爱尔兰海岸建立基地并借此向内陆进一步扩张。这些基地为爱尔兰沿海城镇和港口的形成奠定了基础。位于东海岸的都柏林便曾是最大的维京人聚居地，在其历史上的大部分时间里，都柏林一直是岛上最大的城市。维京人把爱尔兰带进了一个从波罗的海一直延伸到中东的庞大贸易帝国之中。海洋并没有孤立爱尔兰。相反，它为爱尔兰提供了通向更广阔世界的通道。

当时的爱尔兰还没有一个可以在国家层面形成支配性权力的中央集权政治结构。它的政治结构由拥有不同程度的地位、财富和权力的雄踞一方的“国王们”组成，这是一个拥有传统合法性的贵族统治体系。这些盖尔人领主掌管着大致意思为“真正的家族”(Derbfine)的亲族体系，其中，继承者只能从贵族家庭中提名和产生。但这样的提名和选择可能招致反对，其结果往往是弱肉强食，强者为王。历史证明，这种权力继承方式也是这一时期爱尔兰长期不稳定的根源。12世纪晚期，爱尔兰东南部发生王朝纠纷，彭布罗克伯爵理查德·菲茨吉尔伯特·德克莱尔(Richard Fitzgilbert de Clare, Earl of Pembroke)在被罢黜的伦斯特王国(后来的伦斯特省)国王迪尔梅特·麦克·穆尔查达

---

① 《凯尔经》是在公元8世纪末至9世纪初制成的带有泥金装饰画的四部福音书手抄本。其中精美的插图作品、彩色装饰字母代表了中世纪爱尔兰凯尔特美术的最高成就。——译者注

（Diarmait Mac Murchadha）的邀请下，率领麾下的英格兰和威尔士骑士以雇佣军的身份出兵爱尔兰。彭布罗克伯爵的到来为中世纪英格兰和威尔士人对爱尔兰的征服、殖民和在此定居打开了大门，虽然他名义上效力于迪尔梅特·麦克·穆尔查达。

爱尔兰和不列颠是地理上的邻居，两地的人们自古以来交往不断。但从12世纪开始，来自不列颠的移民呈现出新的特点，并对爱尔兰历史产生了深远的影响。盎格鲁—诺曼人的入侵和随之而来的殖民浪潮迅速蔓延：深入南部地区，向东北延伸至东海岸，在西部沿海城市戈尔韦和利默里克周围形成了小批的英格兰人定居点。这些新的征服者和定居者视自己为英格兰人，这些城市也都与欧洲大陆建立了密切的贸易联系。然而，英格兰人从来没有彻底完成对爱尔兰的首次征服。盖尔爱尔兰的不同文化和权力结构在爱尔兰岛的大部分地区仍然完好无损，尤其是在西北地区。许多爱尔兰国王与都柏林的新政权达成了和解，但同样，英格兰对爱尔兰的首次征服在13世纪出现了无力为继的局面。我们有必要在这一时间点上停下来，进一步了解和思考这些征服者及他们想要征服的人。

原住民和新来者

在诺曼人到来之前，盖尔爱尔兰人构成了爱尔兰的大部分居民。[①]

---

① Ken Nichols, “Gaelic Economy and Society,” in Art Cosgrove, ed., *A New History of Ireland*, vol. 2: *Medieval Ireland, 1169–1534*, Oxford: Oxford University Press, 1987, 379–438.

那是一个游牧社会，牲畜（尤其是牛）是盖尔人生活的重中之重，是财富和地位的源泉。乳制品在盖尔人的饮食中占据着重要的地位，而最著名的早期爱尔兰史诗《夺牛记》也是关于一头牛的争夺。此时的爱尔兰也存在行政管辖上的区划——历史上爱尔兰被分成四省的传统便是由此而来，但这些区划的边界非常模糊。这种不确定性主要源于游牧的生活生产方式以及牲畜在盖尔爱尔兰人生活中的重要性。同样，这一时期爱尔兰岛内部的基础设施非常有限，除大修道院所在地和古老的维京据点之外，成规模的永久定居点数量稀少，而且相距甚远。以至于当时以及后来的一些观察者认为爱尔兰似乎人口稀少，但这种观点显然没有注意到爱尔兰岛上这些流动人口的存在。在这一时期的大型定居点中，石头已经作为建筑材料之一，但更常见的还是木头、板条、泥土和草皮，尽管之后在盖尔爱尔兰也出现了从事金属工作的工匠。这一时期的爱尔兰也存在农业生产活动，谷物和亚麻得到广泛种植。羊毛是另一种重要的产品。等级关系以贡税或更具体的义务的形式强制执行，如为领主士兵提供住宿和膳食等。

盖尔人的战争多为规模较小的运动战，这与诺曼人的军事行动迥然不同，前一种作战方式更适应于盖尔爱尔兰的自然条件。爱尔兰的战争往往是在半封建的基础上组织起来的，采取士兵（爱尔兰士兵通常被称为 kern，由爱尔兰语 ceithearn 简化而来，意指“一群士兵”）游击作战的方式。他们有时会得到苏格兰雇佣军的帮助，这些雇佣兵被称为“外国兵”（gallowglass，来自爱尔兰语 gallóglach，意为“外国士兵”）。在和平时期，天主教会引入的罗马律法得到了盖尔人领主的采纳，在爱尔兰产生了重大的影响。世袭的爱尔兰（古法）法官（breithimh，英语俗称 Brehon）根据这种律法进行仲裁，对犯罪行为的惩罚从赔款、赔偿、肉刑到死刑不等。盖尔社会的文化纽带及其运作机制相当复杂且具有顽强的生命力。

盖尔爱尔兰的政治结构更容易为世人所识辨，其知识精英阶层亦是如此。例如，世袭的诗人阶层菲利（filí）[①] 通常为领主所保有。相比之下，这一时期人们的日常生活则没有留下如此清晰的印记。除了主要的河流，爱尔兰几乎没有其他内陆航道。基督教教会在盖尔爱尔兰社会发挥着极其重要的作用，尽管不同地区在宗教实践和习俗上会有所不同。在制度化的基督教教会之外，爱尔兰似乎也存着一种内涵丰富的本土宗教，但遗憾的是，我们对其所知甚少。这一时期，爱尔兰的主要语言是爱尔兰语（虽然长期存在很多方言）。此外，古斯堪的纳维亚人会说挪威语，新移民说各种英语方言，而殖民精英们通常还会说法语。会讲两种语言应该在统治精英阶层中很常见，对商人而言也必不可少，但在民间并不普遍。

诺曼人是武士贵族社会。与盖尔人不同的是，他们实际上处于英格兰君主的中央集权统治之下。为了控制雄踞不列颠西侧的骑士贵族势力，亨利二世授予约翰王子“爱尔兰领主”（Lord of Ireland）的爵位。英格兰的普通法和地方政府架构被推广至爱尔兰的新英格兰殖民地，由一位代表国王及其利益的总督（Lord Deputy）[②] 进行统治。从13世纪开始，议会成为政治协商的机构。然而，这些新来者带来的最明

① 菲利是对古爱尔兰职业诗人的称谓，他们通常具有官方职责。——译者注

② 从12世纪诺曼人入侵到1922年爱尔兰自由邦成立，英格兰及后来的不列颠在爱尔兰设立的最高行政长官职衔先后有：“Chief Justiciar”（首席政法官，用于13—14世纪），“King's Lieutenant”（多用于14—16世纪），“Lord Deputy”（多用于15—17世纪），“Lord Lieutenant”（多用于1688年后）。后三者都有“国王代表”之意，常被泛称为“副王”（Viceroy），本书译作“总督”。——译者注

显和最深刻的变化是物质和文化上的变化。英格兰和威尔士的移民大量涌入爱尔兰，新的农业形式和作物开始在诺曼人控制的地区推广。新来者也带来了新的语言及其方言，新的法律和领地划分。与此同时，诺曼精英们开始在爱尔兰修建城堡，这些城堡为爱尔兰的风貌增添了新的特征。

诺曼人夺取的土地被重新分配给国王、教会、封建贵族，有时也包括爱尔兰人。在英格兰影响范围之内的地区，道路建设得到了有限的发展。兽皮、牛脂、黄油、布料、谷物和鱼类产品的出口催生了爱尔兰同英格兰的布里斯托尔（Bristol）和切斯特（Chester）等城市的贸易联系，葡萄酒等奢侈品则主要从反方向进入爱尔兰。我们也可以在此时爱尔兰的部分地区看到英格兰的耕作方式（但在盖尔爱尔兰，牧养农业更为普遍）。这一时期的爱尔兰依旧植被茂密，以郡为单位的行政划分也还没有形成。随着时间的推移，文化逐渐融合。有些诺曼贵族逐渐盖尔化，而到了15世纪，西部康诺特地区和南部芒斯特地区的一些盖尔人领主也开始采用诺曼人带来的军事防御工事。①

尽管如此，可能对于盖尔爱尔兰来说，传统的延续仍然多于改变；许多盖尔王朝维持了比他们的诺曼竞争对手更持久的统治。英格兰贵族统治者的内讧削弱了他们对殖民地的统治。1315年，当苏格兰国王罗伯特·布鲁斯（Robert Bruce）的兄弟卡里克伯爵爱德华·布鲁斯（Edward Bruce, Earl of Carrick）出兵爱尔兰东北部时，殖民地的弱点彰显无遗。布鲁斯把自己粉饰为爱尔兰的国王，并意图乘苏格兰和

① Kevin Down, “Colonial Economy and Society,” in Cosgrove, ed., *A New History of Ireland*, vol. 2, 439–491.

英格兰战争之隙推翻英格兰对爱尔兰的殖民统治，他得到了阿尔斯特省北部盖尔爱尔兰人和殖民地盖尔人的支持，发起了一系列灾难性的战争，直至他在1318年战死为止。14世纪中期，黑死病的暴发导致英属爱尔兰殖民地的人口大幅减少，盖尔爱尔兰也没能幸免。在中世纪后期，“天启四骑士”之中的三个，即战争、饥荒和瘟疫，成了爱尔兰的常客。

14世纪后期，随着殖民地的衰落，高高在上的殖民统治者们发现生活在爱尔兰的英格兰人正逐渐“堕落”，即开始采用盖尔人的生活方式，变得本土化。1366年，英格兰人颁布了禁止所有盖尔人习俗的《基尔肯尼法案》(Statutes of Kilkenny)，试图通过严厉律法解决这个令人头疼的问题。在他们看来，如果在爱尔兰的英格兰人变得如当时俗语所说的那样“比爱尔兰人更像爱尔兰人”，那么英格兰在爱尔兰的统治基础就会被侵蚀殆尽。中世纪后期，英格兰在爱尔兰的殖民地日渐羸弱和收缩：盖尔爱尔兰正缓慢但有效地削弱英格兰的影响力和权威。16世纪初，英格兰设于都柏林的行政当局的管辖范围仅限于“英属佩尔地区”(English Pale)，包括现在的都柏林、威克洛郡、米斯郡和劳斯郡。尽管当时由主要贵族如基尔代尔的菲茨杰拉德伯爵(Fitzgerald Earls of Kildare)或奥蒙德的巴特勒伯爵(Butler Earls of Ormond)所控制的大片区域依旧是英格兰在英属佩尔之外的势力范围，但这些地区往往拥有特许的司法管辖权或某种程度上的“自治权”。16世纪初，英格兰在爱尔兰的统治已经非常薄弱，与1个世纪后英格兰对爱尔兰的完全征服形成了鲜明的对比。

盎格鲁—诺曼人的征服使爱尔兰港口城市的发展和贸易对象出现了新的变化，斯堪的纳维亚国家不再是重点。都柏林是爱尔兰东海岸的主要城市，它面向不列颠，那里是它的主要贸易联系之所在。都柏林北面的邓多克港依旧保持着主要贸易中心的地位。内陆地区则形成了一个军事化的中世纪新城镇网络，如米斯郡的纳文和特里姆的城市化进程带来了新的宗教现象。同盖尔爱尔兰人一样，诺曼人对宗教秩序持居高临下的态度，但他们也支持包括道明会（Dominicans）、方济各会（Franciscans）、加尔默罗会（Carmelites）和奥古斯丁会（ Augustinians）在内的新天主教托钵修会（mendicant friars）。这些新修会接踵而至，开始在新建立的城镇网络中传教。

但城镇的范围明显有限。都柏林南部的威克洛山脉（Wicklow mountains）地区依旧是盖尔人的保留地，即使在英格兰人最早定居的地区，盖尔贵族的影响也不可忽视。芒斯特富饶的南部土地孕育了沃特福德、金赛尔和科克等港口，这些港口都同不列颠及欧洲大陆保持着重要的贸易联系，但在芒斯特北部边缘和西部的科克郡及凯里郡，盖尔人的影响力依旧普遍而强大。到中世纪末期，利默里克、戈尔韦和斯莱戈等盖尔爱尔兰西部边缘的城镇已经成为被日益孤立的英格兰据点。与此同时，西北地区也处于盖尔贵族的控制之下，如奥唐奈家族（O’Donnells）和奥尼尔家族（O’Neills）等。穿过阿尔斯特省继续向东，东北海岸诸如卡里克弗格斯这样的城镇已经靠近英格兰边界，不过这里也有苏格兰人长期定居。盖尔世界延伸到了赫布里底群岛（Hebrides）和苏格兰西部。苏格兰贵族的统治，如麦克唐奈家族（MacDonnells）的领地，有时会横跨阿尔斯特和苏格兰之间的海峡。这些边境区域往往多元文化融合得更为明显，但冲突也更为频繁。

自从诺曼人入侵爱尔兰并建立殖民地以来，爱尔兰发生了很大的变化。16世纪初的爱尔兰可以被分为两个不同的文化和地理区域，它们在法律、风俗、语言、农业、战争风格和其他许多方面都存在差异，而且它们中间还有相当大的灰色地带。然而，像这样的简要概述并不能充分体现16世纪发生深刻变化前夕爱尔兰生活的复杂性。毕竟，可以毫不夸张地说，16世纪的这场变化是现代爱尔兰的开端。[①]

① Kevin Whelan, "The Modern Landscape: From Plantation to Present," in Aalen, Whelan, and Stout, eds., *Atlas of the Irish Rural Landscape*, 73–113.

第一部分

16世纪

第一章

新信仰，新王国

基尔代尔统治时期

第一次诺曼征服之后，也就是12世纪70年代，中世纪爱尔兰的领主族群开始形成。1177年，英格兰国王亨利二世授予他的长子约翰“爱尔兰领主”的头衔，英格兰王室从此宣称对整个爱尔兰岛拥有统治权。然而，3个多世纪后，也就是16世纪初，爱尔兰的现实情况截然不同于英格兰王室的上述主张。英格兰对爱尔兰的控制实际上仅限于“英属佩尔地区”——都柏林及其向北部和西部延伸的腹地——以及英格兰贵族统治下的主要城镇和领地。15世纪后期，英格兰在爱尔兰的权力和统治开始明显地依赖于那些拥有“英格兰血统”的贵族家族在爱尔兰的影响力。在这些贵族中，最杰出的便是基尔代尔的菲茨杰拉德伯爵家族，他们的领地位于佩尔地区的外围。

16世纪初，基尔代尔的伯爵已经成为爱尔兰的实际统治者。敌对贵族力量面临的困境为基尔代尔伯爵的崛起提供了有利的条件。在第七代德斯蒙德伯爵（seventh Earl of Desmond）因莫须有的“叛逆罪”于1468年被处决后，以利默里克和凯里为中心的德斯蒙德领地开始逐渐与英王室疏远。以基尔肯尼和蒂珀雷里两地为中心的奥蒙德伯爵领地也因继承权问题陷入混乱，直到1515年问题才得到解决。因此，基尔代尔伯爵家族获得了得天独厚的发展机遇。

此外，他们权力的提升也得益于其他因素的作用。他们的领地位于佩尔地区的西部边界上，随着中世纪后期英格兰势力范围的缩小，基尔代尔领地成了实际意义上的前线。也因此，基尔代尔伯爵家族掌握了相当可观的军事力量。他们还在盖尔和英格兰的贵族家族之间建立了一个错综复杂的联盟网络，这些贵族力量足以让都柏林英属政府忌惮三分，而基尔代尔的军队有能力履行维持这些联盟所需承担的义务。第八代基尔代尔伯爵盖赖德·莫尔（Gearoid Mór）通过联姻与英王室建立了正式的关系，于1496年8月5日被任命为代表英格兰国王的爱尔兰总督。基尔代尔的统治地位一直延续到1513年前后。这一年，第八代基尔代尔伯爵盖赖德·莫尔死于1511年战争中所受的创伤，其子盖赖德·奥格（Gearoid Óg）继承爵位，成为第九代基尔代尔伯爵。

但是，他们的权力和地位并不能让他们高枕无忧。1515年，第九代伯爵被迫在伦敦就如下指控做出辩护——有人指控由于基尔代尔与爱尔兰盖尔人领主结盟，英格兰殖民地的完整性开始逐步遭到侵蚀，更有甚者，认为基尔代尔伯爵统治的最终目的在于篡夺国王的权威。第九代伯爵所采取的半封建式盖尔做法，即“膳宿提供制”（coign and livery）——要求佃农为当地贵族的士兵提供免费住宿和食物——是一个尤其受到关注的争论焦点。虽然这些指控最终被驳回，但它们凸显了这一时期英格兰在爱尔兰影响力的进一步削弱，在当时这被认为与基尔代尔伯爵的统治有关。1519年，针对第九代伯爵的进一步控诉促使亨利八世对这位一向被英格兰王室视为在爱尔兰最重要的仆人产生了疑虑，基尔代尔伯爵因此再次被召到伦敦为自己辩护。英格兰人传统上对基尔代尔伯爵的依赖可能是基于务实考虑而做出的选择，但这也意味着英格兰王室必须容忍基尔代尔这股异常强大的力量鼾睡于卧榻之侧。同样，基尔代尔伯爵必须不时接受王室的审查，以确保他所掌握的权力忠心不贰地服务于国王。毕竟，第八代基尔代尔伯爵曾支持兰伯特·西姆内尔（Lambert Simnel），后者是15世纪晚期英格兰王位的争夺者。

基尔代尔伯爵力量之强大让英王室无法全然放心。1520年5月，萨里伯爵托马斯·霍华德（Thomas Howard, Earl of Surrey）取代了基尔代尔伯爵的爱尔兰总督职位，并在阿尔斯特、伦斯特和中部地区发动了一系列军事行动，试图让奥尼尔家族这样的盖尔人家族屈服。但萨里很快意识到，任何想让爱尔兰的盖尔人屈服的尝试都需要以高昂的人力和物力成本作为代价。亨利八世不愿支持这一计划，爱尔兰的英格兰人也不愿为此买单，他们的理由是为他们提供安全保障应该是国王的义务。相反，亨利命令萨里继续通过外交手段，或者正如他的原话，通过“基于法律和理性之上的冷静方式、政治手段以及亲切的劝导”[1]处理这一问题。但基尔代尔伯爵对被边缘化感到不满，他和他的家族越来越认为他们对爱尔兰的权利是与生俱来的，因此开始动员他的盖尔人盟友发动骚乱；这进一步表明他在爱尔兰的影响力之大。此时，亨利八世被苏格兰可能通过英格兰北部入侵爱尔兰弄得心烦意乱，更不用说法国与亨利的盟友神圣罗马帝国之间的战争前景了，爱尔兰在英王室要务清单上的排名也因此有所下降。

16世纪20年代，亨利和他的首席顾问红衣主教托马斯・沃尔西（Cardinal Thomas Wolsey）开始更加积极地参与爱尔兰事务。1522—1529年，九任爱尔兰总督中无一人任职超过两年。这反映了两件事：英格兰对爱尔兰的政策决策缺乏连续性，以及英格兰希望在爱尔兰的统治上避免过于依赖任何强大的贵族。但是，尽管国王可以剥夺基尔代尔伯爵的正式官职，但要削弱他实际的权力基础并非易事：如果基尔代尔伯爵愿意的话，他完全可以在没有官职的情况下继续维持对爱尔兰的统治。亨利已经决定不再授予他当地的最高职位，取而代之的是在1522年3月任命奥蒙德伯爵领地的继承人皮尔斯・巴特勒爵士（Sir Piers Ruadh Butler）。因此，基尔代尔—奥蒙德之争卷土重来。1526年8月，两位伯爵因此被召到伦敦为自己辩护，基尔代尔伯爵此后长期滞留伦敦，一直到1530年。这一事件导致的权力真空引发了大范围的骚乱，似乎进一步证实基尔代尔伯爵是唯一有能力统治爱尔兰的人。1532年7月，国王不得不再次起用基尔代尔伯爵。基尔代尔伯爵于1532年再次被任命为爱尔兰最有权力的官员，这似乎再次表明，

① Brendan Bradshaw, *The Irish Constitutional Revolution of the Sixteenth Century*, Cambridge: Cambridge University Press, 1979, 201.

爱尔兰的统治结构并没有发生太大的变化。但当时的这一设想被证明是致命的。

16世纪30年代，亨利八世试图废除与阿拉贡的凯瑟琳（Catherine of Aragon）的婚姻，但最终失败，他因此断绝了与罗马教皇的关系并否定了梵蒂冈的宗教权威。英格兰与罗马的决裂预示着英格兰宗教改革的开始。宗教改革使英格兰在天主教占主导地位的西欧成了孤立的新教势力，随时可能遭到天主教教皇或神圣罗马帝国皇帝查理五世的天主教势力的攻击。因此，任何对亨利政权的内部威胁都会被视为比以前严重得多的问题。1534年，沃尔西的继任者托马斯·克伦威尔（Thomas Cromwell）提出了在爱尔兰恢复王室权威的建议。虽然克伦威尔的计划并不新鲜，却引起了前所未有的激烈反应。

在克伦威尔的改革方案中，其中一项是对都柏林政府的关键职位进行一系列新的任命，但这遭到了基尔代尔伯爵的阻止。后者很清楚，这些计划是为了在他无法触及的国家机构中扶植新势力以削弱他的势力。基尔代尔伯爵因此遭到训斥，并被传召到伦敦对他的行为做出解释。过去，基尔代尔伯爵曾挫败过王室限制他权力的尝试，他用自己的权力提醒国王，他不可能被排除在爱尔兰的权力核心之外；这一次，他把皇家军械库转移到他自己的各处城堡里，特别是转移到他在基尔代尔梅努斯的城堡中。1534年2月，他将长子托马斯，即奥法利勋爵（Lord Offaly）留在爱尔兰，自己动身前往英格兰。而1534年6月，奥法利勋爵采取了激进的行动。

“丝衣”托马斯叛乱

1534年6月11日，奥法利勋爵——据说因其随从骑兵衣帽上的丝绸配饰而被后人称为“丝衣”托马斯（Silken Thomas）——发动了针对英王统治的叛乱。奥法利试图用他的行为提醒亨利，他的家族在爱尔兰被认为是不可或缺的权威；他们过去就曾这样做过。然而，奥法利的公开反叛发生在一个前所未有的时期：与罗马的决裂促使亨利政权不遗余力地巩固并确保其在英格兰、爱尔兰和威尔士北部的权威，以应对潜在的充满敌意的国际局势。基尔代尔伯爵本人因此被囚禁在伦敦塔，1534年9月死于塔中。奥法利就这样在他所领导的叛乱中成为第十代基尔代尔伯爵。1534年夏天，亨利一直尝试通过外交渠道解决叛乱问题，因为爱尔兰存在不可忽视的发生全面叛乱的可能性（尤其是奥法利做出的有关他在与一个异教徒国王作战的声明，引起了神圣罗马帝国皇帝的注意）。1534年10月，亨利八世派遣威廉·斯凯芬顿爵士（Sir William Skeffington）率领一支2300人的军队携火炮前往爱尔兰，并于1535年3月攻占了基尔代尔的要塞梅努斯城堡。3月25日，25名囚犯在城堡外被斩首示众。基尔代尔伯爵在威廉·斯凯芬顿爵士抵达爱尔兰后随即被宣告为叛逆者，并最终于1535年8月屈服。1535年10月，基尔代尔伯爵被送往伦敦，囚禁于伦敦塔，就在他父亲之前被囚禁的同一间牢房里。

第十代基尔代尔伯爵托马斯在这场豪赌中输了。1537年2月3日，他和家族中的其他5名主要男性成员一起被处以死刑，其伯爵领地的法律地位亦被废除。但在统辖爱尔兰领主方面，英格兰政府却不得不面对人地两生的局面。基尔代尔伯爵势力被彻底摧毁后留下了权力真空，亨利八世不得不长期致力于处理爱尔兰事务。平息基尔代尔叛乱之后，英格兰当局并不确定如何才能实现对爱尔兰的最有效统治，但参考英格兰的模式在爱尔兰进行改革是一个最方便的选择。他们任命一名英格兰人去统治爱尔兰，重新组建爱尔兰地区政府，为之配备一支常备军并选拔一批英格兰人出任要职。如果想让爱尔兰在政治上成为英格兰的一部分，那么就有必要让爱尔兰在宗教信仰上与其相协调。“亨利改革”（Henrician Reformation）在爱尔兰领地的推行已经不可避免。

宗教改革

爱尔兰成为英格兰国王领地的最初依据是12世纪50年代教皇阿德里安四世颁发给英王亨利二世的《褒扬令》（Laudabiliter），这一教皇令授予了英王“爱尔兰领主”（Dominus Hibernae）的称号。这就带来了一个问题：既然英王否定了教皇的权威，那么英格兰人对爱尔兰的所有权契约也应该无效。也因此，英格兰早期在爱尔兰推行的“亨利改革”更关注的是权威而非教义。这一改革的基本原则得到了殖民社区的普遍接受。英格兰1536—1537年在爱尔兰设立的议会（由疲于镇压爱尔兰各地叛乱的新任爱尔兰总督莱纳德·格雷勋爵［Lord Leonard Grey］短暂主持）主要职责是通过立法为爱尔兰的改革奠定基础。议会通过的最重要的立法提案便是承认英王的最高统治地位（即君主作为教会领袖的地位）。该立法还做了机制建设方面的准备，即建立了一个新的（或如它所称，经过改革的）国家教会：爱尔兰国教会（Church of Ireland）[①]。尽管少数低级别神职人员提出了有限的反对意见，相关的立法提案还是在爱尔兰获得了通过。为确保这些法案能够顺利通过，基尔代尔伯爵及其家族主要成员的处决被推迟到了1537年。到16世纪30年代末，爱尔兰领地已经在原则上（而非事实上）成为“新教”辖区（尽管“新教”一词是后来才出现的）。

不过这又带来一个新的问题：这些政治和宗教改革是局限于佩尔地区和“英格兰血统”，还是同时适用于佩尔之外的地区和英格兰人之外的爱尔兰人呢？1536年，爱尔兰议会颁布法令，规定英王在爱尔兰的臣民要遵守英格兰的习俗，尤其是要说英语（随着时间推移，说爱尔兰语将被视为反叛和不忠诚倾向的表现或缘由）。[②]这一法令对盖尔爱尔兰人有着特殊的意义，因为盖尔人领主领地上的居民不被视为英王的“臣民”。但要征服所有爱尔兰领主的领地显然不可行。叛乱平息之后，爱尔兰当局的实际权力并没有得到增强。相反，英王失去了可以倚仗的地区主导力量。都柏林新政府在治理爱尔兰方面不得不承担更多的责任，但他们可依赖的财政收入没有显著增长（虽然没收基尔代尔伯爵领地和新解散的修道院土地缓解了部分的财政压力）。修道院的解散是英格兰宗教改革推广至爱尔兰的必然结果。没收而来的修道院财产被用于修建济贫院、医院和学校，这些宗教财富在世俗社会的再分配似乎给爱尔兰带来了一段时间的温和的经济增

① 即爱尔兰国立的基督教会，信仰新教的圣公宗。——译者注

② Tony Crowley, *Wars of Words: The Politics of Language in Ireland, 1534–1998*, Oxford: Oxford University Press, 2004, 12–15.

长，并如当时史学家所说的，带来了“小幅的社会进步”。[1] 该举措也可能在一定程度上缓冲了英格兰统治者新采取的更具干涉主义倾向的政策在爱尔兰社会可能引发的反弹。

尽管基尔代尔的盟友没有起兵反抗政府，但他们仍然寻求家族精神的指引和领导。但对都柏林政府来说，一方面，“前门拒虎，后门进狼”显然不是心中所愿，他们不希望用一个过于强大的潜在对手来取代另一个，因此也绝不允许像奥蒙德伯爵这样的爱尔兰贵族变得如基尔代尔伯爵那样强大。另一方面，都柏林当局却不得不在爱尔兰寻找可以依赖的盟友。16世纪30年代末，基尔代尔伯爵的盖尔盟友，以马努斯·奥唐奈（Manus O'Donnell）和康恩·奥尼尔（Conn O'Neill）为首的爱尔兰贵族结成了“杰拉尔丁联盟”（Geraldine League），要求恢复基尔代尔伯爵爵位，甚至一度拥护苏格兰的詹姆斯五世成为爱尔兰的国王。时任爱尔兰总督莱纳德·格雷为此发起了针对“杰拉尔丁联盟”的一系列战争。1539年8月，格雷在米斯和莫纳亨边界的贝拉霍（Bellahoe）战役中取得了决定性的胜利。但是，尽管格雷成功击溃了“杰拉尔丁联盟”，但是他的统治方式无法在爱尔兰长期维持。

1540年7月，新任爱尔兰总督安东尼·圣莱杰爵士（Sir Anthony St. Leger）取代了格雷，开始负责爱尔兰事务。安东尼·圣莱杰爵士拥有多个适合担任这一职位的品质：他曾在爱尔兰担任公职，非常了解爱尔兰，具有丰富的外交经验而且得到了王室的支持。在必要的时候，他也会毫不犹豫地动用武力。例如，他曾出兵伦斯特地区，征讨

---

① Brendan Bradshaw, *The Dissolution of the Monastic Orders in Ireland in the Reign of Henry VIII*, Cambridge: Cambridge University Press, 1976, 229.

奥图尔家族（O'Tooles）和卡瓦纳家族（Kavanaghs）。然而，他对爱尔兰事务的主要贡献在于他在宪法上将爱尔兰从领主的领地提升至王国的地位，他认为这是爱尔兰“改革”顺利进行的必要条件。

1541年，爱尔兰议会通过了《王位法案》(Act for the Kingly Title)。此后，爱尔兰成为亨利八世及其继任者下属的一个王国，而不再是教皇授予英格兰国王的领地。其用意很简单。在这一新的关系框架下，爱尔兰的各个派系和政治集团被置于单一权威之下，成为国王的忠实臣民，他们现在宣誓服从王室。奥蒙德伯爵在都柏林圣帕特里克大教堂的仪式上正式宣读了这一法案，并将其翻译成爱尔兰语，以便在场的盖尔人领袖阅读，这些做法赋予了法案更加显著的象征性意义。该法案可以被视为自16世纪初以来爱尔兰频频出现的政治和文化“改革”呼声的最高潮。后来出台的“土地上交和重新授予政策”(surrender and regrant)则是其具体执行手段。[1]

“土地上交和重新授予政策”的运作基于一个简单的前提。首先，原本在法律上属于“非臣民”的盖尔人领主将他们的领地上交王室并宣誓效忠。然后，国王“重新授予”他们原有的领地，赋予其合法臣民的身份。这一政策催生了一个全新的爱尔兰贵族群体，涵盖了除公爵以外的每一个贵族阶层。这是一个需要历经几代人的漫长过程，但也潜移默化地促使爱尔兰人最终改变他们所谓“未开化”的生活和生产方式。从16世纪40年代早期到中期，这一政策似乎有可能取得显著的成功。圣莱杰曾多次到盖尔人的领地巡视，亨利八世起初对《王

① Christopher Maginn, “Surrender and Regrant in the Historiography of Sixteenth-Century Ireland,” *Sixteenth-Century Journal*, 38:4 (2008), 955–974.

位法案》及其后果的疑虑也因为许多重要贵族的支持意见而有所缓解。总的来说，在16世纪40年代，这一新政似乎是可行的，而且看似颇为成功。它的出现是因为必须为彻底征服爱尔兰找到替代方案，长久以来人们一直认为想要彻底征服爱尔兰是不切实际的。

都铎王朝的统治者所面临的问题是，在英格兰殖民地的统辖范围之外，爱尔兰还存在其他的政治结构。基尔代尔伯爵或其对头奥蒙德伯爵这样的实权人物所维持的、几乎权倾整个爱尔兰岛的势力联盟构成了这些政治结构的基础。建立爱尔兰王国是为了在没有基尔代尔伯爵这种人物的情况下恢复爱尔兰秩序的稳定：爱尔兰的不同地区和势力不再由某个臣服于英王的强大爱尔兰贵族统治，而由一个所有人都宣誓效忠的君主统治。起初，这似乎行得通。但通过这种方式建立起来的制度最终都无一例外被推翻。

新旧秩序之争

在基尔代尔叛乱之后的几十年中，确保对爱尔兰的控制一直是都铎王朝的朝政要务。这一时期地图制图学的发展充分反映了这一点：英格兰政府试图量化他们对爱尔兰岛的了解，希望将其置于更牢固的控制之下。16世纪，包括约翰·高夫（John Goghe）、罗伯特·莱思（Robert Lythe）和理查德·巴特利特（Richard Bartlett）在内的英格兰制图家们绘制了一幅又一幅精美的爱尔兰地图。这些地图不仅是对爱尔兰的客观描画，还具有分析和指导作用。通过将爱尔兰的自然、文化和政治地理以一种可理解的方式呈现给英格兰的观察者，地图成为都铎王朝巩固其对爱尔兰统治的蓝图。[①] 建立爱尔兰王国是一项旨在维护对爱尔兰统治的政治谋略，而宗教改革则是实现这一目标的宗教手段。然而，都铎王朝并不满足于上述两个战略，为了巩固在爱尔兰的统治，他们制定了一个意义更为深远的战略：对爱尔兰进行殖民化的社会工程。

1547年，亨利八世去世，他9岁的儿子爱德华继承了王位。爱德华在位时间短暂，王室权力握于摄政公爵手中。1553年，爱德华同父异母的姐姐玛丽继承了他的王位，后者试图阻止宗教改革，但没有成功。然而，正是在都铎王朝这两个君主的短暂统治期间，英格兰人在现代早期爱尔兰开始了最为重要的“冒险”。早在16世纪初，就有人提出过殖民爱尔兰的建议。但直到50年代，英格兰人才在爱尔兰中部的女王郡（Queen’s County，今莱伊什郡）和国王郡（King’s County，今奥法利郡）开辟第一批“殖民地”，这些地区都位于基尔代尔伯爵的传统势力范围之内。在开辟正式的殖民地之前，英格兰人事先在这里部署了新的驻军和防御工事，如后来发展成现代城市莱伊什港的防御者城堡（Fort Protector）。这么做的目的很简单：这些殖民地临近佩尔周边的新防区，可以作为英格兰人向周边盖尔爱尔兰人彰显其“文明”的榜样和典范，促使盖尔爱尔兰人接受英格兰的普通法，并引导他们认识到以畜牧业为基础的商业经济的优势。这两个殖民据点的建设并不成功，尽管整个16世纪50年代英格兰人都在努力维持其存在。它们是英格兰人试图殖民化爱尔兰的最早尝试，这也注定了它们在未来的功用。

---

① W. J. Smyth, *Map-Making, Landscapes, and Memory: A Geography of Colonial and Early Modern Ireland, 1530–1750*, Cork: Cork University Press, 2006, 21–53.

截至1558年11月伊丽莎白一世即位之际，英格兰人和盖尔人定居地区的许多传统意义上的文化与政治边界基本维持原样。爱尔兰西部和北部地区仍以盖尔人为主，“盖尔界”（Gaeldom）跨越北部海峡并延伸至苏格兰地区。有英格兰血统的爱尔兰人的分布很大程度上仍局限于伦斯特省，而在芒斯特地区，两者勉强维持着平衡。在执政初期，除非形势所迫，伊丽莎白一般会避免在爱尔兰采取激进的新政策。尤其是在经历了与苏格兰及法国的战争之后，她不想卷入另一场可能需要付出昂贵代价的军事冒险。但她的犹豫不决引起了不满。一方面，盖尔人领主对他们将来不确定的命运和无法得到保障的地位感到担忧，“佩尔人”（Palesmen）则不满于不得不维持一支英格兰军队以及一个由英格兰人主导的政府，这个政府已经不再像他们之前占统治地位时那样乐于接受他们的提议。另一方面，从16世纪40年代开始抵达爱尔兰的所谓“新英格兰人”（New English）定居者及执政者们则认为，英格兰当局过去对待这些群体过于宽容了。伦敦的英格兰政府则仍然对爱尔兰没有被完全征服感到困惑。

伊丽莎白一世同父异母的姐姐，也就是前任女王玛丽，在其短暂的统治期间曾试图在英格兰复辟天主教，伊丽莎白即位后重拾了对英格兰宗教改革的重视，这也成为伊丽莎白统治时期最明显和最直接的特征。伊丽莎白式宗教和解让天主教大量教仪得以保留，她自己则被授予教会最高领袖（Supreme Governor）衔位，以区别于她父亲的教会最高首脑（Supreme Head）衔位。虽然英格兰人也开始在爱尔兰国教会推行新教教规，但受制于教会和当局有限的资源，新教的宣传并不到位。都铎王朝在爱尔兰的宗教改革遭到失败的主要原因在于改革无法得到有效的贯彻和实施，来自英格兰的资源投入（如神职人员）只会让爱尔兰社会更加觉得这是一种外来宗教压迫。而更加基本的客观现实也在很大程度上加大了新教在爱尔兰传播的难度：1562年，基尔代尔的主教主动要求解职，因为他所在教区绝大多数爱尔兰人只说爱尔兰语，而非英语。

16世纪60年代，代表伊丽莎白一世统治爱尔兰的萨塞克斯伯爵托马斯·拉德克利夫（Thomas Radclyffe, Earl of Sussex）执政当局的权威遭到了野心勃勃的沙恩·奥尼尔（Shane O'Neill）的挑战，这时，新体制的缺陷就凸显了出来。沙恩·奥尼尔是外号“跛子”的蒂龙伯爵康恩·巴卡奇·奥尼尔（Conn Bacach O'Neill, Earl of Tyrone）最小的儿子。根据盖尔法律，他是指定的继承人，但是根据英格兰的新安排，他父亲被英王室册封为第一代蒂龙伯爵，伯爵继承人的资格被授予他的堂兄[①]第二代邓甘嫩男爵布赖恩（Brian, second Baron Dungannon）。“送走”（被奥尼尔所杀）他的长兄和父亲之后，沙恩·奥尼尔被正式立为“奥尼尔氏族领”（The O'Neill）[②]，并开始向奥尼尔家族传统的附庸力量马奎尔家族（Maguires）、麦克马洪家族（MacMahons）和奥赖利家族（O'Reillys）等施加压力，迫使他们断绝与爱尔兰当局新建立

① 此处有误。第二代邓甘嫩男爵布赖恩·奥尼尔并非沙恩·奥尼尔的堂兄，而是侄子。第一代蒂龙伯爵康恩·巴卡奇·奥尼尔收养了马修·奥尼尔（Matthew O'Neill，一说是其私生子），根据英格兰的律法，伯爵爵位应由“长子”马修继承。在康恩·巴卡奇去世前几个月，沙恩·奥尼尔将马修杀害，伯爵爵位的继承权传给了马修的长子布赖恩。沙恩·奥尼尔一直谋求伯爵爵位的继承权，在与布赖恩一同前往伦敦接受质询时，将布赖恩杀死。——译者注

② 奥尼尔家族（The O'Neill Clan）是爱尔兰历史悠久的盖尔贵族家族。从1185年到1616年，奥尼尔家族一直是蒂龙王国（Kingdom of Tír Eógain，“Tyrone”为“Tír Eógain”的英化形式）的统治者。“The O'Neill”是奥尼尔家族授予家族至高权力者的一个传统头衔。在英格兰统治初期，该头衔的拥有者被许多人视为爱尔兰的至尊国王（High King of Ireland）。——译者注

的效忠关系，重新归附奥尼尔家族。与此同时，他重新燃起了奥尼尔家族和奥唐奈家族（阿尔斯特的另一个主要盖尔贵族家族）之间的积怨。他还开始对康诺特和佩尔地区发动军事进攻。实质上，沙恩·奥尼尔已经开始重新赢得奥尼尔王朝的传统优势。

他做到了，虽然过程并非如其所期。萨塞克斯伯爵认为，沙恩的举动对英格兰在爱尔兰的权威产生了根本威胁，因此必须被制止。他很快宣布沙恩为叛逆者，并率领一支庞大且装备精良的军队征讨沙恩。1561年，萨塞克斯对沙恩的军事讨伐以失败告终，英格兰人不得不开始考虑其他解决方案。早在1559年，沙恩便开始寻求获得蒂龙伯爵的正式头衔。1562年1月，他应召前往伦敦接受伊丽莎白及其宫廷大臣的质问。在这次宫廷辩论中，他极力争取蒂龙伯爵的爵位，并在辩论中称他的对手邓甘嫩男爵无论如何都是不合法的，他才是伯爵的自然候选人，因为他是被正式任命的奥尼尔家族成员的代表，他愿意重启和爱尔兰当局的谈判。伊丽莎白觉得这个论点很有说服力。萨塞克斯极力反驳，他称沙恩是一个篡位者，他获得奥尼尔家族领袖地位的方式并不符合英格兰法律，事实也的确如此。此后的谈判旨在界定沙恩对伯爵领地权力的理解，换句话说，他们意在限制伯爵的权力，以确保沙恩获得伯爵头衔后不会重获奥尼尔家族的传统盖尔权威。这个头衔本来是要传给邓甘嫩的，但沙恩通过对邓甘嫩的暗杀行动解决了这个难题。尽管如此，在这些明争暗斗中，我们可以看到两种截然不同的政治制度和法律法规的冲突。对沙恩·奥尼尔的处置可能关系到全爱尔兰的形势，正如萨塞克斯预言的那样：“如果沙恩被推翻，一切问题都将迎刃而解；如果沙恩成功获得爵位，爱尔兰的一切都将被推翻。”[①]

1563年9月的《德拉姆克里条约》（Treaty of Drumcree）承认了沙恩的地位，并承诺在法律允许的范围内尽快让他继承蒂龙伯爵爵位。但是到了1564年，沙恩认为英格兰人迟迟不授予其爵位违背了《德拉姆克里条约》。他决定采取行动，对在东阿尔斯特地区有很大影响力的苏格兰麦克唐纳家族（MacDonalds）发起了进攻，随后又袭击了西阿尔斯特的奥唐奈家族的心脏地带。他为他的赌博付出了代价。以亨利·西德尼爵士（Sir Henry Sidney）为首的爱尔兰政府不认为他是不可替代的，而是认定他永远也不会臣服于他们的权威，因此军事征服才是最终解决方案。当奥尼尔试图通过谈判和苏格兰人建立一个联盟时，苏格兰人也在与西德尼协商和解。1567年6月，奥尼尔在与苏格兰人的谈判中被杀。不久后，奥尼尔的头颅被送往都柏林，钉于都柏林城堡[②]之上。奥尼尔与英格兰政府的斗争反映了两种截然不同、相互竞争的权威之间的冲突，类似冲突将在16世纪结束之前再次发生，而且规模远胜从前。

① Ciaran Brady, *Shane O'Neill*, Dundalk: Dundalgan Press, 1996, 14.

② 英国总督府所在地。——译者注

第二章

伊丽莎白时期的爱尔兰

爱尔兰的权力断层

16世纪后半叶，英格兰人对爱尔兰的控制愈加严厉。武力的日益使用和殖民地（包括私人冒险开拓的和国家主导的）数量的增长不可避免地引起爱尔兰人和较早的英格兰移民群体的反抗，他们感到自己的利益也遭到蚕食。16世纪末，这两个群体中都发生了叛乱。就叛乱本身而言，这些并不是什么新鲜事，不同的是16世纪末的这些叛乱发生的社会背景与宗教密切相关（至少在一定程度上是这样）。然而，宗教从来都不是这些群体之间的唯一区别。

盖尔爱尔兰拥有古老而灿烂的文化；事实上，爱尔兰贵族常常认为英格兰人不如他们。基于爱尔兰岛的共同特点和古老的文学文化传统，盖尔爱尔兰人之间形成了一种松散的民族认同感。历史上，盖尔世界向苏格兰的延伸，在很长时间内阻碍了具有爱尔兰地域特色的“盖尔界”意识的形成，但这种情况在16世纪后半叶开始发生改变。盖尔爱尔兰保留了大部分领土主权和文化主导权，最重要的是，它保留了对古老的天主教信仰的忠诚。这些都可以作为爱尔兰对英格兰统治的反抗立场的证明。此外，英格兰人认为爱尔兰人是原始的野蛮民族的观点加剧了这种矛盾，这种观点最早可以在12世纪威尔士的杰拉德（Giraldus Cambrensis）的著作中找到蛛丝马迹。在都铎王朝的某些人看来，爱尔兰人不仅原始，还野蛮、叛逆，而且普遍不值得信赖。的确，政治改革的措辞中往往暗含着更深层的文化改革的意图。在英格兰人看来，爱尔兰人不愿采用英格兰的生活方式和规范所反映出的并不是爱尔兰人对英格兰的法律和习俗有什么意见，而是爱尔兰人没有能力理解这些法律和习俗的好处。类似的主观臆断，包括认为爱尔兰人无法领会上帝的神谕等，后来还被用来解释宗教改革的失败。

随着时间的推移，宗教归属问题逐渐促成了爱尔兰社会第三个群体的形成。自称“爱尔兰英格兰人”（English in Ireland）的早期殖民者后裔们逐渐发现，自16世纪30年代都铎王朝重新踏足爱尔兰土地以来，他们的地位也遭到了威胁。他们原本希望改革后的爱尔兰新政体会承认他们原有的地位。然而，新的英格兰行政人员、士兵和定居者的陆续到来引起了这些老英格兰人的不满，尤其是他们还需要为维持这个越来越忽视他们利益的新行政当局承受日益沉重的经济负担，做只会掏钱和闭嘴的顺民。其结果之一就是，老英格兰人开始拒绝承担这个由英格兰人占主导地位的行政当局赖以生存的财政义务，通过这种方式对后者施加影响。另一个结果是，他们开始越过都柏林当局向伦敦表达不满。但问题在于，这种应对策略只会使都柏林当局更加怀疑他们的忠诚。由于忠于天主教，老英格兰移民在其他方面也日益遭受质疑。随着时间的推移，宗教信仰与政治忠诚之间日益加剧的紧张关系变得愈加不可调和。

动　荡

爱尔兰宗教改革的相对失败掩饰不了这样一个事实，即宗教信仰正日益成为爱尔兰社会三个关键人群之间的重要差异。宗教改革使新信奉新教的英格兰同欧洲天主教大国，尤其是西班牙和天主教教廷之间产生了严重的矛盾和分歧。1570年2月，教皇庇护五世宣布伊丽莎白一世为异教徒，并将她逐出教会。这就意味着：天主教信徒现在可以不再效忠于一个异教徒女王，或至少可以根据教规进行合法的反抗（尽管这对许多天主教徒来说仍然是一个有争议的问题）。这也让都铎王朝进一步感觉到将宗教改革扩展到所有领地的必要性。1567年，用爱尔兰正字法翻译而来的《公祷书》（Book of Common Prayer）[①]盖尔语译本在爱丁堡出版发行，以供在爱尔兰和苏格兰地区推广使用[②]。爱尔兰的第一本爱尔兰语书籍也于1571年出版：一本爱尔兰语启蒙读物，内容主要为摘自《公祷书》的祈祷文。英格兰人越来越认为有必

① 《公祷书》全称《爱德华六世第一版公祷书》，于1549年1月颁布，目的是在英格兰国教会的基础上统一宗教仪式，加强控制。全书用英格兰方言写成，替换了原来礼拜和圣礼使用的拉丁文祈祷书。——译者注

② 从广义上说，盖尔语包括苏格兰的盖尔语和爱尔兰的盖尔语。其中爱尔兰的盖尔语即一般所称的爱尔兰语。——译者注

要将爱尔兰人从教皇的影响中脱离出来，因而必须在爱尔兰本土推行宗教改革。[①]

伊丽莎白统治初期的几次重大叛乱进一步凸显了确保爱尔兰不受国际天主教势力影响的必要性。第一次叛乱爆发于1569年6月，德斯蒙德伯爵的表亲詹姆斯·菲茨莫里斯·菲茨杰拉德（James Fitzmaurice Fitzgerald）联合克兰凯尔伯爵多纳尔·麦卡锡（Donal MacCarthy, Earl of Clancare）对科克地区的英格兰人定居点发起了攻击，麦卡锡放弃了他的英格兰头衔，选择了麦卡锡·莫尔（MacCarthy Mór）的盖尔头衔。与此同时，托蒙德伯爵（Earl of Thomond）也在克莱尔地区发动了叛乱，该地区的社会矛盾更为激烈。这些叛军联合其他盖尔人领主以及“黑汤姆”巴特勒（“Black Tom” Butler，第十代奥蒙德伯爵，也是伊丽莎白女王的表亲）的弟弟们，一起发动了一场横跨芒斯特的战役，战火一直延伸到中部的殖民地区。叛军打着天主教的旗帜，试图争取欧洲大陆的支持，但没有成功。然而，英格兰士兵和殖民者对德斯蒙德土地的侵占在当地引起了更深的担忧和不满，对叛乱起到了积极的推动作用。奥蒙德奉命处理此事。但在督办的过程中被爱尔兰总督亨利·西德尼爵士抢去了先机，后者不满于奥蒙德对女王的影响，在芒斯特对叛乱进行了凶残的打击和镇压。其中，又以汉弗莱·吉尔伯特爵士（Sir Humphrey Gilbert）等人的残暴尤为引人侧目，他在6周内攻占了23座城堡，并屠杀了那里的居民，据说，他强迫那些最终屈服于他省内权威的人经一条堆满人头的道路进入他的帐篷。1569年12月，大多数叛军领袖已经

① Crowley, *Wars of Words*, 15–18.

投降，只有菲茨莫里斯仍然在逃，但已回天乏术。后来担任总督的约翰·佩罗特爵士（Sir John Perrot）声称他在为期两年的平乱战役中杀了800人（不包括那些在战斗中丧生的人）。

同一时期，英格兰也在北美试探性地进行殖民活动，这为我们了解英格兰人在爱尔兰的殖民经历提供了一个更广阔的历史背景。在这个时代，既有人像吉尔伯特和沃尔特·雷利爵士（Sir Walter Raleigh）这样，在爱尔兰崭露头角后又远赴大西洋的另一边继续他们的殖民生涯，也有人像托马斯·史密斯爵士（Sir Thomas Smith）这样，在阿尔斯特地区的殖民尝试失败后，试图对新旧两个世界进行对比以寻找原因。然而，经过比较后他们发现，不管在爱尔兰还是在北美，英格兰人都必须同某种迥异的文化和社会经济秩序寻求共存。盖尔爱尔兰文化与北美的土著文化存在显著的差异。盖尔爱尔兰文化是基督教文化，和欧洲大陆的文化存在千丝万缕的关联，而北美的情况显然不同。但在这些英格兰观察者看来，大西洋两岸的爱尔兰人和北美土著都同英格兰人存在类似的显著文化差异，他们都显得怪异和野蛮。

16世纪70年代，盖尔爱尔兰显然在文化和政治上仍大体保持了原有特征。英格兰人由此得出结论，必须通过强制手段让爱尔兰人屈服。16世纪60年代，西德尼当局在康诺特和芒斯特设立了地区行政机构——省府（Provincial Presidencies），主要目的是在这些地区推广英格兰普通法。省府将配备一个咨询委员会、一支小型军队和两名法官。康诺特的首席大法官拉尔夫·罗克比爵士（Sir Ralph Rokeby）的话很好地证明了这一举措的意图，他曾言：“只有火、剑和上帝的惩戒之杖才能让这些顽固、扭曲的心屈服于恐惧。”[1]在这两个地区，税收将取代盖尔人领主和老英格兰人领主旧时缴纳的半封建式苛捐杂税（这一直是抱怨的来源），成为这一新体制的财政支撑。为了维持这个理论上将会公正执法，能够维护他们的利益，并有望带来法治、秩序和文明的地方政府，领主们必须缴纳一种规范化的税收——“地方税”。但新地方政府还被赋予了一项额外的权力，调查土地所有权。这具有令人不安的含义：在爱尔兰，对土地所有权的质疑触及财富和权力的本质。省府的确在这一方面发挥了作用，尤其是理查德·宾厄姆爵士（Sir Richard Bingham）领导下的康诺特省。[2]

爱尔兰为不择手段的人提供了致富的空间，让各级行政当局致力于成为诚信和公正的中间人的宣言变得苍白无力。爱尔兰的公职对英格兰贵族家庭的年轻后辈们尤其有吸引力，他们许多人视爱尔兰为晋升的跳板，将前往爱尔兰作为谋取财富的机会。不仅如此，与北美相比，爱尔兰离英格兰更近。爱尔兰的中央和地方政府中越来越多的官员是英格兰人，而非英裔爱尔兰人，这一事实很好地证明了这种热情。但这种趋势似乎也促使都铎王朝越来越倾向于使用暴力，16世纪50年代之后戒严令的使用越来越频繁。1558—1578年，爱尔兰当局颁布了259个戒严令，并授予行刑者即决行刑的权力，且有权没收被行刑者三分之一的财产：这就为英格兰贵族借助戒严令压榨被视为野蛮

① Ciaran Brady, *The Chief Governors: The Rise and Fall of Reform Government in Tudor Ireland, 1536–1588*, Cambridge: Cambridge University Press, 1994, 138.

② Rory Rapple, “Taking Up Office in Elizabethan Connacht: The Case of Sir Richard Bingham,” *English Historical Review*, 123 (2008), 277–299.

和劣等民族的爱尔兰人提供了新的利益动机。[①] 伴随而来的是针对爱尔兰人的残暴行径。以埃塞克斯伯爵（Earl of Essex）为例，1575年7月，他在阿尔斯特开拓殖民地之际，在麦克唐奈家族的要塞拉斯林岛以戒严的名义杀害了600名男女老少。随着伊丽莎白统治的持续，这种做法逐渐蔓延到整个爱尔兰地区。即决处决成为一种普遍的做法，斩下头颅成为冲突的常见特征，这些头颅或作为战利品，或作为领取奖励的可怕凭据。[②]

除此之外，战争期间，对这种极端暴力的使用还有更多的正当化理由。例如，1588年，西班牙无敌舰队的数千名幸存者在戈尔韦、梅奥和斯莱戈海岸被宾厄姆处死。那些被认为有可能与这种敌对天主教势力结盟的爱尔兰人面临同样的遭遇。到了16世纪80年代，这种倾向越来越明显，当局对爱尔兰人的镇压行为常常被用于谋取个人利益。这已经成为矛盾的催化剂，让英格兰人在爱尔兰王国开展政治和文化改革的任何残存希望变得愈加渺茫。长期以来，英格兰人一直倡议将武力作为对爱尔兰政策的核心支柱，而像汉弗莱·吉尔伯特这样的英格兰指挥官也惯于诉诸武力。然而，武力未必是首要的选择，尤其是考虑到它的成本。循规蹈矩的军团作战是伊丽莎白时代执政官们最常用的大规模武力手段，但是这种作战方式并不适用于爱尔兰：沼泽和林地形成了地形上的阻碍，而盖尔人偏爱的游击战使英格兰人成为打了就跑战术的受害者；英格兰军队还必须面对盖尔人和英格兰人

① David Edwards, "Beyond Reform: Martial Law and the Tudor Reconquest of Ireland," *History Ireland*, 5:2 (1997), 16–21.

② Patricia Palmer, "'An Headlesse Lady' and 'a Horses Loade of Heads': Writing the Beheading," *Renaissance Quarterly*, 60:1 (2007), 25–57.

领主控制下的私人军队。这些英格兰军队的临时性意味着真正的权力和权威通常掌握在底层军官手中，略不可靠的底层军官负责招募、装备和领导军队的各级作战单位。由于英格兰人认为只有武力才能迫使爱尔兰人做出改变，武力的使用变得愈加频繁。随着信奉新教的英格兰同欧洲天主教大国的关系日益疏离，保持对天主教爱尔兰的控制成为英格兰当局武力镇压爱尔兰人的重要动机。但是，这种强硬的手段本身也有可能激起新的叛乱。在英西交战的背景下，这是一个危险的前景，伊丽莎白自己也清楚地意识到了这一点。

爱尔兰的起义削弱了伊丽莎白的统治。如果说第一次德斯蒙德叛乱实际上完全是英格兰人攫取土地引起的，那么詹姆斯·菲茨莫里斯·菲茨杰拉德（1575年逃往法国）重返爱尔兰则是第二次德斯蒙德起义的肇始。1579年7月，他率领一支小型军队和一些天主教牧师抵达凯里的斯梅里克（Smerwick）地区。尽管爱尔兰当局对欧洲大陆可能的干预有所顾忌，但依旧做出了快速而严厉的反应：600人的远征军在投降后遭到杀害，菲茨莫里斯·菲茨杰拉德本人也于8月被处决。如果爱尔兰当局没有另外宣判第十四代德斯蒙德伯爵杰拉德·菲茨杰拉德（Gerald Fitzgerald）有罪，这件事也许就告一段落了。1579年11月，德斯蒙德伯爵被宣布为叛逆者。这样一来，除了发动叛乱，他已经别无选择。因此，冲突极大地加剧了。

德斯蒙德叛乱是16世纪30—90年代英格兰对爱尔兰的统治面临的最大挑战。这一时期小规模战争不断，至少发生了170次军事交战。在奥蒙德领导的运动之后，爱尔兰总督格雷·德威尔顿勋爵阿瑟（Arthur, Lord Grey de Wilton）采取了焦土政策。德斯蒙德试图通过皈依天主教以获得支持，但在某种程度上，他也愿意与爱尔兰当局谈判，前提是后者愿意接受这种提议。但至于他愿意做出什么程度的妥协，我们永远也无法知晓了，因为他于1583年11月在距凯里郡的特拉利6英里[①]的地方被抓获并斩首，叛乱也以失败告终。随后，他的大片土地被当局没收，这为伊丽莎白在爱尔兰最大规模的殖民项目——芒斯特殖民（Munster Plantation）——铺平了道路。

芒斯特殖民进程

早在16世纪50年代，英格兰人便开始尝试在中部地区开辟殖民地。16世纪70年代，沙恩·奥尼尔的土地遗产被赠予托马斯·史密斯爵士和埃塞克斯伯爵沃尔特·德弗罗（Walter Devereux）后，东阿尔斯特地区也出现了零星的殖民尝试。这些殖民尝试更像是他们所实施的个人安全举措，主要目的是应对东北地区苏格兰人的潜在威胁。16世纪80年代，芒斯特地区也出现了殖民地，而且规模前所未有。英格兰人对德斯蒙德叛乱的镇压残酷且极具破坏性，军队的炮火几乎将该省的大部分地区夷为平地。在试图攻占叛乱核心区域的过程中，英格兰人不仅没收了大量的庄稼和牲畜，还广泛推行焦土政策，这对芒斯特的经济产生了破坏性的影响，也摧毁了其社会结构。可能有7000人在战火中丧生，但随之而来的饥荒导致直接和间接死于叛乱的人数超过4.8万人，几乎占当时爱尔兰总人口的10%左右。[②]埃德蒙·斯宾

① 1英里约为1609米。——译者注

② Anthony McCormack, “The Social and Economic Consequences of the Desmond Rebellion of 1579–1583,” *Irish Historical Studies*, 34:113 (2004), 1–15.

塞（Edmund Spenser）对这场灾难做了重要的记录，他是在芒斯特地方政府中任职的英格兰官员，也是战后在该省获得土地的众人之一。他所描述的内容来自他亲眼看到的格雷·德威尔顿勋爵的残暴行径，后者曾承认处决了1485名参与叛乱的士绅家族成员和不计其数的平民。[①] 斯宾塞目睹并记录了这次灾难：

> 我的所见足以反映出芒斯特灾难的严重程度。但凡见识过这片土地曾经的富饶和丰产，以及牛羊成群的景象的人，都会理所当然地以为他们的抵抗能够持久。但一年半以后，他们就陷入如此悲惨的境地，再铁石心肠的人也会心生悲悯。劫后余生的灾民自树林和溪谷的各个角落爬出，匍匐而行，他们的双脚已经无力支撑身体。他们形容枯槁，声似鬼嚎，甚至吃死人的腐肉，以还能找到腐肉为幸。以至于不久后，一座又一座的坟墓都被他们掏空了。凡有水芹或三叶草之处，灾民便会从四面八方聚集而来，如赴盛宴一般。但很快，这些都被吃光了。原本人口众多、物产丰富的芒斯特霎时间变得渺无人烟，鸟兽绝迹。[②]

1586年之后，这些土地开始被开发为殖民地。在叛乱结束后，当局没收了芒斯特的土地，并沿着从科克到利默里克的大致弧线重新测

---

① Rory Rapple, *Martial Power and Elizabethan Political Culture: Military Men in England and Ireland, 1558–1594*, Cambridge: Cambridge University Press, 2009, 244.

② James Ware, *Ancient Irish Histories: The Works of Spenser, Campion, Hanmer, and Marlborough*, 2 vols., Dublin, 1809, i, 166–167.

量芒斯特地区。这些土地将被授予所谓"殖民承地人"(undertakers)[①]，他们有望一次性获得多达1.2万英亩[②]土地：298 653英亩土地被分配给35个殖民承地人，这些人主要为士兵、官员、商人和投资者（沃尔特·雷利便是其中之一，他获得了超过4万英亩的土地）。他们将只招募英格兰佃户，土地上残余的爱尔兰人则面临被驱逐的命运。尽管如此，许多原住民还是得到了赦免，还有一些人通过诉讼重新获得了土地。在芒斯特的殖民不同于早期殖民。之前的军事聚落面临的问题在于，就其性质而言，他们不一定能保证爱尔兰社会在长期发展中得到重塑。在芒斯特的尝试则更为激进：它在本质上是一种社会工程，从一开始就是为了在芒斯特地区复制英格兰东南部的社会模本。殖民承地人还必须按照规定的模式和严格的条件建造英式村庄，并根据英格兰法律和习俗在那里安顿佃户。他们还要确保殖民地拥有足够强大的防御能力，以抵御爱尔兰人的进攻。这个计划的宗旨是建立一个等级分明的社会，确保不会出现过于强大的地方势力，它还试图用英格兰式的农业取代盖尔爱尔兰人的畜牧农业。这个计划是由伊丽莎白政府的高级官员——如威廉·塞西尔（William Cecil）和弗朗西斯·沃尔辛厄姆（Francis Walsingham）——制订的，他们希望这个新世界能够成为爱尔兰人仿效的榜样。

但这只是设想。实际上，殖民地一直没能实现其目标，这体现

---

① 英文中的"undertake"有"保证"的含义。在英帝国的殖民体系中，英王室会将新占领的土地授予有功的贵族、士兵等人。这些土地的接受者需要保证承担相应的义务，如修建必要的防御工事、安置新教移民等，这也是他们被称为"undertaker"的原因。因接受土地和履行殖民义务是"undertaker"的两个根本属性，故此译为"殖民承地人"。——译者注

② 1英亩约为4047平方米。——译者注

在：定居者人数低于预期，没有建造足够的村庄，芒斯特的气候并不完全适合他们所选择的农业形式，许多殖民承地人缺乏充分履行其义务所需的资金。事实上，部分殖民承地人非常愿意挽留爱尔兰佃农并向他们收取地租，但这违背了他们先前与英格兰当局达成的协定。在理论和实践之间的差距之外，德斯蒙德叛乱一方面促进了芒斯特殖民地的发展，但同时也引发了另一场叛乱。在这场叛乱中，老英格兰人和盖尔爱尔兰人结成了联盟，虽然他们的目的并不完全相同。

佩尔人的叛乱

16世纪中叶，佩尔地区的旧殖民社区与都柏林政府的关系也在日渐疏远。[①] 他们要么拒绝供养都柏林当局，要么越过爱尔兰总督直接向女王申诉，导致他们和都柏林当局之间的不信任感日益加深。此外，佩尔人也以对新教采取“不服从”态度而广为人知：他们拒绝接受爱尔兰国教会，依旧保留着天主教传统。他们认为自己的宗教信仰和对都柏林当局的政治不满并不妨碍对国王的忠诚，但这些恰恰是他们越来越不受信任的原因。

佩尔地区迫于宗教原因走上反抗都铎王朝的道路很可能已经无法避免。1580年7月，曾在教皇格里高利十三世的宫廷里待过一段时间的巴尔廷格拉斯子爵詹姆斯·尤斯塔斯（James Eustace, Viscount

① Ciaran Brady, “Conservative Subversives: The Community of the Pale and the Dublin Administration, 1556–1586,” in P. J. Corish, ed., *Radicals, Rebels, and Establishments*, Belfast: Appletree Press, 1985, 11–32.

Baltinglass）就走上了武装反抗伊丽莎白的道路，他谴责后者是压迫者和异教徒。巴尔廷格拉斯的叛乱不但得到了佩尔内部人士的支持，还得到了盖尔派的支持，如威克洛的奥图尔家族和奥伯恩家族（O'Byrnes），尤其是在费格·麦克休·奥伯恩（Feagh McHugh O'Byrne）领导期间。但是威克洛的盖尔人家族对巴尔廷格拉斯的支持并不是出于对宗教信仰的热诚。奥伯恩家族和奥图尔家族有充分的理由担心英格兰在威克洛的新扩张行动将以他们的利益为代价，因此决定采取抵抗的态度；16世纪80年代，这两大家族都对威克洛郡行政官亨利·哈林顿爵士（Sir Henry Harrington）日益具有侵略性的活动而感到担忧。他们有理由揭竿而起并与巴尔廷格拉斯结为同盟（巴尔廷格拉斯正是在得到他们的支持后才决定向都柏林当局开战的）。奥伯恩、巴尔廷格拉斯及其追随者们发现他们面对一个共同的敌人，虽然出于不同的原因。

1580年8月，巴尔廷格拉斯武装力量在相对隔绝的威克洛河谷击败了一支英格兰军队，这成为巴尔廷格拉斯叛乱最有名的一场战役。此后，战斗又回归游击战模式，形势逐渐被1580年底以来英格兰部署在威克洛及其周边地区的军队所控制。对德斯蒙德叛乱的军事镇压促使英格兰在爱尔兰部署了足以应对本次叛乱的军事力量。另外，鉴于这次叛乱是自1534年杰拉尔丁起义以来佩尔地区爆发的第一场叛乱，格雷·德威尔顿勋爵给予了高度的重视。再者，本次叛乱鲜明的天主教色彩也引起了其他像格雷·德威尔顿这样虔诚的新教教徒的高度关注。[1]

奥伯恩和奥图尔家族为叛军提供了大部分反叛力量，虽然他们最终在1581年底与都柏林政府达成了和解。另一方面，巴尔廷格拉斯这个具有重要意义的有名无实的领导者，也于1581年11月和他的亲随们一起逃到了欧洲大陆。然而叛乱平息后，格雷·德威尔顿却把注意力转向了佩尔地区的天主教社区，他怀疑后者参与了这次叛乱。他在佩尔地区展开了大范围的审讯，常常对嫌疑者施以酷刑。在1582年8月离开爱尔兰之前，他一共处决了约20位领袖人物。但他的这种过激行为并没有得到伊丽莎白女王的授意。

格雷·德威尔顿并不认为佩尔人有资格因为他们的出身而得到任何特殊待遇。在都柏林当局看来，佩尔人过去的行为已经证明了他们不可靠，他们最近的行为更是证明自己是反叛者，佩尔社会内部紧密联系的特质也让都柏林当局觉得他们当中的大部分人都参与了叛乱。同样重要的是，就算他们不是参与运动的反叛者，也是信仰天主教的宗教反叛者，从宗教信仰上讲是不忠诚的。因此，都柏林当局采取了不分青红皂白的镇压行动，其无差别的本质让佩尔人愈发相信巴尔廷格拉斯等人的起义是正确的。佩尔天主教社区的长期存在所依靠的不只有传统，还有他们与欧洲大陆的密切联系。这种联系的宗教性质日趋浓厚，爱尔兰王国的日益新教化以及因此发生的一系列事件进一步强化了这种性质。伊丽莎白时期颁布的《最高治权法案》(Acts of Supremacy，承认英格兰君主为爱尔兰国教会的领袖）和《教会统一

① Christopher Maginn, “The Baltinglass Rebellion, 1580: English Dissent or a Gaelic Uprising?” *Historical Journal*, 47:2 (2004), 205–232.

条例》(Acts of Uniformity，要求遵从国教会)加速了16世纪60年代爱尔兰神职人员的外流，导致90年代萨拉曼卡(Salamanca)、里斯本(Lisbon)、杜埃(Douai)、鲁汶(Louvain)等地[1]形成了爱尔兰天主教会学院网络，他们对现代早期爱尔兰天主教移民社区的形成产生了至关重要的影响。

在这个人口迁移进程中，最先在爱尔兰定居的老英格兰人社区成员扮演了重要的角色。16世纪30年代修道院的解散，无意中为16世纪后期天主教传教士的传教活动扫清了道路。随着反宗教改革运动(Counter Reformation)的发展，它的理念被流亡国外的爱尔兰神职人员接受并带回爱尔兰。例如，来自爱尔兰沃特福德地区而且有着老英格兰移民背景的彼得·隆巴德(Peter Lombard)后来成为鲁汶大学(University of Louvain)神学教授和阿马大主教。隆巴德以及和他有着相似背景的爱尔兰神职人员在世界各地不遗余力地培养爱尔兰天主教"信仰共同体"。不少爱尔兰人成为反宗教改革运动的殉道者。例如，理查德·维斯特根(Richard Verstegan)于1587年在比利时的安特卫普(Antwerp)出版的文学作品《我们时代异教徒的残酷戏剧》(*Theatrum crudelitatum haereticorum nostri temporis*)中描绘了这一时期新教徒对天主教殉道者的残酷折磨，例如在1584年巴尔廷格拉斯叛乱引发的针对佩尔地区的天主教参与者的调查中，卡舍尔大主教德莫特·奥赫尔利(Dermot O'Hurley)遭受了非人的折磨并最终被处决。[2]

---

① 分别位于西班牙、葡萄牙、法国、比利时。——译者注

② Colm Lennon, "Taking Sides: The Emergence of Irish Catholic Ideology," in Vincent P. Carey and Ute Lotz-Heumann, eds., *Taking Sides?: Colonial and Confessional Mentalities in Early Modern Ireland*, Dublin: Four Courts Press, 2003, 78–93.

至此，宗教问题开始成为盖尔爱尔兰和都铎王朝之间的文化与政治分歧的重要组成部分。鉴于大部分盖尔爱尔兰人依旧保持着天主教信仰，他们也因此面临着共同的敌人。这些敌人是外来者，也许不一定是英格兰人（西班牙人也可能怀有类似于英格兰的企图，毕竟他们在南美洲的野蛮殖民行径臭名昭著），但必定是以新教徒为主。这一立场越来越为定居于爱尔兰的老英格兰人所认同。爱尔兰社会存在的很多现实上的不满都可能（事实上也是如此）引发对英格兰政府的反抗。16世纪后期的几十年里，在都铎王朝的潜在和实际威胁的影响下，爱尔兰人出现了高度的身份认同，这种认同随即在以新教作为国家信仰的时代背景下与爱尔兰的天主教信仰相互交织。伴随而来的种族与宗教身份的重叠将会（实际上已经）延续几个世纪。

第三章

蒂龙叛乱：九年战争

奥尼尔氏大族领

大约1550年，休·奥尼尔（Hugh O'Neill，被称为蒂龙伯爵或“奥尼尔氏大族领”［The Great O'Neill］，这是基于不同视角的头衔）生于蒂龙郡，为第一代邓甘嫩男爵马修·奥尼尔的第二个儿子。根据1542年英格兰在爱尔兰推行的“土地上交和重新授予政策”，马修·奥尼尔为蒂龙伯爵爵位的指定继承人。沙恩·奥尼尔为争夺继承权下令杀死了马修。休·奥尼尔在都柏林郡的一个英格兰移民家庭中长大（监护人是吉尔斯·霍温顿［Giles Hovendon］）。他在职业生涯初期所扮演的角色不过是都柏林政府推动他们在阿尔斯特计划的傀儡，又或者，正如伊丽莎白的原话所述——“我们自己所培植的力量”（a creature of our own）。[1]

由于伊丽莎白政府尽量避免代价昂贵的冒险，因此阿尔斯特的“改革”被“外包”给埃塞克斯伯爵或托马斯·史密斯爵士等私人利益集团。休·奥尼尔不仅参与了埃塞克斯在阿尔斯特地区的残酷战役，也参与了对德斯蒙德叛乱的镇压行动（他曾因对此表现出高度热情而受到赞扬）。在整个16世纪80年代和90年代初，他频繁被政府征召参与军事行动，从中获益不菲。他因此可以私下扩张所控制的土地，并与新的英格兰殖民者精英建立牢固的联系，也借此熟悉现代的战争形式，最重要的是，他的忠诚服务为他最终被授予蒂龙伯爵的头衔奠定了基础。

在奥尼尔生命和职业生涯的这个阶段，他的地位基本上与英格兰军官没什么区别，但他同时也是奥尼尔家族的一员，对获得家族领地的传统头衔有着浓厚的兴趣。为实现这一目的，他与西阿尔斯特的其他盖尔家族建立了联盟关系。爱尔兰当局默许了奥尼尔的这些行为，因为这也符合他们的利益，奥尼尔在1585—1586年的议会讨论中被正式承认为蒂龙伯爵。但与此同时，当时的爱尔兰总督约翰·佩罗特爵士（1569年平定德斯蒙德叛乱的功臣）也在谋划重新划分伯爵领地，在阿尔斯特地区增设一个省级行政单位；这一计划显然对奥尼尔的政治野心构成重大威胁。1587年，奥尼尔以其多年来对王室忠心耿耿的服务向伊丽莎白宫廷提出他有资格拥有整个伯爵领地。在奥蒙德伯爵的支持下，奥尼尔获得了他的祖父康恩·巴卡奇1542年从亨利八世那

---

① Hiram Morgan, *Tyrone's Rebellion: The Origins of the Nine Years War in Tudor Ireland*, Woodbridge: Boydell, 1992, 85.

里获得的全部蒂龙领地。因此，不管爱尔兰当局后来是否成立了由英格兰人主导的省级行政单位，奥尼尔都被默认为阿尔斯特的头号实权人物。他也的确按照要求证明了自己的忠诚：1588年，他在西阿尔斯特主持了针对西班牙无敌舰队幸存者的大屠杀。

但他的掌权引起了其他人尤其是爱尔兰陆军元帅亨利·巴格纳尔爵士（Sir Henry Bagenal）的不满，后者希望在阿尔斯特地区可能设立的新行政单位中谋得职位。为了进一步实现这一野心，他发起了针对奥尼尔的政治诽谤，在伦敦和都柏林指控奥尼尔不忠和叛国，希望借此削弱奥尼尔。为了解决这个问题，奥尼尔在1591年娶了巴格纳尔的妹妹梅布尔（Mabel），但适得其反，巴格纳尔将此视为对他的侮辱。到16世纪90年代初，奥尼尔的行为开始遭到调查，他的权力受到了挑战，就连他的忠诚声誉也受到了质疑。他曾试图维护家族在阿尔斯特的传统统治地位，但他自知只有让英格兰政府觉得他的愿望也符合英格兰的最大利益，才有可能实现这一目的。随着时间的推移，他试图维持这一中间地带的想法也变得越来越不现实，最终在1594年导致了冲突的爆发。

九年战争

1594年6月，奥尼尔的盟友休·罗伊·奥唐奈（Hugh Roe O'Donnell）和休·马奎尔（Hugh Maguire）包围了今弗马纳郡的恩尼斯基林镇，随后在附近一个人称“饼干浅滩”（Ford of the Biscuits）的地方袭击了英格兰补给车队，造成56名英格兰士兵丧生，此事成为“九年战争”的导火索。奥尼尔随即赶赴都柏林以示忠诚，并主动提出为政府提供支持。事实上，他曾多次尝试与伊丽莎白当局达成和解。伊丽莎白不愿意接受他的和解提议，下令增强在阿尔斯特的驻军。奥唐奈和他的同盟者随后包围了这支阿尔斯特驻军，奥尼尔也在此时向伊丽莎白摊牌，于1595年6月在莫纳亨击败了巴格纳尔麾下的1750名士兵。当月，奥尼尔被宣判为叛逆者。然而，同年9月，在前任“奥尼尔氏大族领”特洛·卢伊尼克·奥尼尔（Turlough Luineach O'Neill）去世后，休·奥尼尔做了一个极具象征意义的举动，他继承了“奥尼尔氏大族领”这一被英格兰人视为眼中钉的盖尔传统头衔。这位蒂龙伯爵之前的确想和英格兰政府合作，而且也曾试图约束他的追随者和盟友。但他的最终结论是，除了加入叛乱，他已经别无选择。因为除此之外，他就只能选择背叛他自己的人民，效忠于在他看来不能完全信任的英格兰王室。他预见到了这一点，而且为此建立了一支属于他自己的军队，并且用他为英格兰服役时积累的军事经验对其进行了训练和武装。奥尼尔的军队比以往任何一支爱尔兰军队都强大，但他们也采取了游击战的作战模式，从长远来看，这是奥尼尔唯一可行的选择，除非他能够从其他地方获得更多支持。

在当时，奥尼尔获得外部支持的希望并不渺茫。早在1593年，奥唐奈等人就已经向西班牙的腓力二世示好，以争取支持。1595年之后，奥尼尔开始暗中支持这些努力，而且越来越频繁地以宗教名义争取外部支持。但他并不十分热衷于与西班牙结成同盟，因为他想在自己与英格兰王室之间保留和解的一线可能，他深知伊丽莎白尤其忌惮西班牙人的威胁。但他依旧在不断增强自己的军事实力。1595—1598年，游击战的枪声响彻阿尔斯特并开始向外蔓延，间歇性的停火谈判也时而发生。1598年8月的黄滩（Yellow Ford）之战（位于今阿马郡）改变了这一局面。在这场战役中，蒂龙击败了巴格纳尔4300人的军队，后者本人也死于此战。对英格兰政府来说，这次战败暴露了其在爱尔兰的潜在弱点；而对奥尼尔来说，这场大捷增加了西班牙介入爱尔兰事务的可能性。现在看来，奥尼尔的叛乱似乎胜算已定。这一战后，战火开始向全岛蔓延。芒斯特殖民地也在遭到袭击后开始瓦解，移民四散逃命。与此同时，起义军重新与西班牙接触，声势日壮。

都铎王朝当时正与西班牙交战，因此有理由担心西班牙干预爱尔兰的可能性。1599年4月，女王的宠臣第二代埃塞克斯伯爵罗伯特·德弗罗（Robert Devereux）率领一支1.73万人的庞大军队出征爱尔兰，这是伊丽莎白统治时期派出的最强大的一支远征军。蒂龙继续寻求谈判，但埃塞克斯很快就因为考虑他的提议而被宫廷质疑。回到英格兰后，埃塞克斯于1600年2月被更加好战的芒乔伊勋爵查尔斯·布朗特（Charles Blount, Lord Mountjoy）所取代。战争变得愈加残酷，奥尼尔意识到谈判的时机已经过去。叛乱发生之前，奥尼尔便是广为人知的天主教信徒，但这并没有给他处理与国家的关系带来任何困难。然而，1596年1月，他要求政府给予他信仰的自由，而且开始频繁通过公告、传函和天主教神职人员的布道把自己描绘成天主教信仰的捍卫者，并试图接触老英格兰移民。1599年，奥尼尔发布了一份由22篇文章组成的宣言，提出完全恢复天主教会并解除所有英格兰官员（总督除外）的职务，改由爱尔兰人担任等要求。这一宣言被伊丽莎白的国务大臣罗伯特·塞西尔（Robert Cecil）蔑称为“乌托邦”（ewtopia）。

这些要求是宗教信仰和迅速增长的民族认同感的微妙结合，正如他们的代名词“信仰与祖国”所示。[①] “信仰”的概念无须多做解释；“祖国”（patria）一词，与其说是一个族群或民族主义概念，不如说是对土地的热爱，它源于文艺复兴时期得以复兴的古典概念。在16世纪早些时候，佩尔人便已经开始使用这一概念，但由于16世纪晚期欧洲大陆上爱尔兰天主教牧师人数不断增加，它开始与反宗教改革的理想相互交织。奥尼尔对这一概念的使用是一个重要的里程碑，他就任奥尼尔氏大族领的举动进一步升华了这一重要意义。但他也想为自己的行动争取教皇的支持从而获得合法性。彼得·隆巴德等人为奥尼尔的立场进行了辩护，他们从反抗异教徒女王的角度对这种新意识形态做了相似的阐述。伴随着意识形态冲突的扩大，双方的军事冲突也在不断升级。

奥尼尔阵营游说西班牙的努力也终于有了回报。1601年9月21日，堂胡安·德尔阿吉拉（Don Juan del Aguila）率28艘西班牙船只共计3300名战士抵达科克郡的金赛尔。对奥尼尔而言，西班牙人选择了一个对他最不利的登陆地点，那里离他北部的核心地带过于遥远。奥尼尔此前曾向西班牙人建议，如果他们派往爱尔兰的军队规模超过6000人，应优先选择在芒斯特登陆，他们可以在那里引发叛乱（但事情没有往他所期待的方向发展）。他还建议，如果他们的军队规模小于6000人，则应该选择在康诺特登陆，这样的话他或奥唐奈可以与他们会合。但恶劣的天气迫使西班牙人在金赛尔登陆，导致奥尼尔和西班牙援军都陷入最糟糕的境地。

① Hiram Morgan, “Hugh O’Neill and the Nine Years War in Tudor Ireland,” *Historical Journal*, 36:1 (1993), 21–37.

芒乔伊已经用焦土战术镇压了芒斯特的叛乱。奥尼尔不愿撇下阿尔斯特转移至南部地区。但老英格兰移民并没有如奥尼尔所期望的那般站在他的阵营：他们对奥尼尔的猜疑使他们选择忠于伊丽莎白，奥尼尔失去了阿尔斯特之外的潜在盟友，只能选择在芒斯特与德尔阿吉拉会合。需要指出的是，教皇克莱门特八世不愿意全力支持西班牙远征，因为承认西班牙在爱尔兰的利益势必导致法国和教皇之间产生嫌隙。但对英格兰政府来说，西班牙人登陆爱尔兰的事实无疑给他们带来了巨大威胁。芒乔伊封锁了金赛尔，并从其他地区调派了大量的增援。不过他这么做就意味着必须抽调阿尔斯特和佩尔周边地区的大部分军队到金赛尔。但实际情况对奥尼尔来说并不乐观，德尔阿吉拉的力量过于薄弱，无法从金赛尔突出重围，也无法得到增援。

对于奥尼尔和奥唐奈来说，这是一个两难的境地：如果南下增援西班牙人，他们将置自己的大本营于不利的局面。苏格兰的詹姆斯六世已经向伊丽莎白提供了军事支持，毕竟他有可能是伊丽莎白之后英格兰王位的继承者。尽管如此，这些爱尔兰人领袖还是决定领军南下，其强大的军队很可能足以与芒乔伊的大军匹敌，但后者还得到了托蒙德伯爵（“土地上交和重新授予政策”的成功案例之一）麾下军队的支持。1601年12月24日，奥尼尔和奥唐奈袭击了政府军的两个营地。就军事力量而言，爱尔兰人与英格兰军队可以说是旗鼓相当，他们的训练和装备都达到了类似的标准，但爱尔兰人的进攻缺乏协调，被英格兰的防御力量尤其是骑兵阻挡住了。爱尔兰人采取这种进攻方式的目的在于为西班牙人的骑兵发挥作用创造时机，但德尔阿吉拉怀疑这是一个圈套，拒绝出动骑兵。战斗持续了两个小时，芒乔伊获得了最后的胜利。西班牙援军曾在最后关头尝试登陆，但都被英格兰军舰击退了。

爱尔兰历史上最大的疑问之一便是：如果英格兰人在金赛尔战败了会有什么结果？它很可能会鼓舞西班牙人大举入侵，爱尔兰（和英格兰）很可能成为西班牙帝国的一部分，进而对爱尔兰、英格兰乃至欧洲的历史产生巨大影响。不过，这场战役最现实和最直接的后果则是，奥尼尔和奥唐奈将不得不远远撤回阿尔斯特地区。尽管在金赛尔遭遇惨败，爱尔兰人的抵抗仍将持续两年。在这段时间里，芒乔伊乘胜追击，一方面对他觉得有价值的那些人颁发赦免令，另一方面一路追击他的“猎物”至阿尔斯特地区，他们在那里重建了驻军。经过战火洗礼的阿尔斯特乡村地区杳无人烟，一片荒芜。阿瑟·奇切斯特爵士（Sir Arthur Chichester）曾骄傲地宣称，他在1601年5月杀光了内伊湖附近的一切生灵。尽管如此，1602年6月，芒乔伊依旧决定在阿尔斯特推行焦土战术，其系统性之强和范围之大甚至在欧洲也无出其右者：爱尔兰岛北部的庄稼和建筑物被摧毁，牲畜和人口灭绝殆尽。亨利·道克拉爵士（Sir Henry Dowcra）由西北向奥尼尔核心地带推进，芒乔伊和奇切斯特则分别从南方和东北方向发起进攻。随之而来的是规模巨大、史无前例的屠杀和毁灭；事实上，其破坏如此彻底，以至于当地的资源已经无法维持英格兰军队的日常需求，不得不经常从英格兰寻求补给。这些残酷手段的基本目的是到冬天时造成一场人为的饥荒，从而摧毁奥尼尔的权力基础。[1]

此后，英格兰人的战争行为已经在很大程度上成为无差别的屠

---

① Vincent Carey, "'What Pen Can Paint or Tears Atone?': Mountjoy's Scorched Earth Campaign," in Hiram Morgan, ed., *The Battle of Kinsale*, Bray: Wordwell, 2004, 205–216.

杀。但焦土政策的后果，甚至让执行这一政策的英格兰军队也感到震惊。例如，芒乔伊的秘书法因斯·莫里森（Fynes Moryson，其作品往往流露出对爱尔兰的轻蔑态度）曾经记录他在纽里附近看见的一个可怕情景（可能是在翻译人员的帮助下）：

> 3个小孩（最大的也不超过10岁）正在啃食他们母亲的内脏，在过去的20天中，他们每天用小火烤食母亲的血肉，从双脚开始，吃剩骨头，并已经开始吃那些看似熏烤过的、还未完全从肢体中分离出来的内脏。芒乔伊前去询问他们为什么以母亲的血肉为食，他们回答说，除此之外他们已经没有其他食物了。芒乔伊又问他们家里没有养牛吗，他们说英格兰人把牛牵走了。[①]

士兵们在临走前给了孩子们一些食物。就算相关的叙述有夸张的成分，但相关文字记录来自一个对爱尔兰人不抱同情心的英格兰人的事实增加了事件的可信度，它反映了战火给爱尔人带来的灾难。战火对阿尔斯特造成的破坏可能产生了与20年前德斯蒙德叛乱同样的意外后果——为后来的殖民进程创造了条件。

金赛尔战败的影响在于，奥尼尔失去了在强势位置与君主谈判的机会。他在四面楚歌的阿尔斯特苦苦支撑，但也有一些对他有利的方面：由于爱尔兰的战争，英格兰政府处于破产的边缘；此外，苏格兰

---

① W. P. Kelly, ed., *Dowcra's Derry: A Narrative of Events in North-West Ulster, 1600–1604*, Belfast: Ulster Historical Foundation, 2003, 23.

的詹姆斯六世即将继任英格兰国王，这很可能会给他带来一次大赦。在这种情况下，蒂龙很愿意回到他在战前的要求——承认他在阿尔斯特的统治。所以，在获准与蒂龙达成协议之后，芒乔伊急于在蒂龙得知伊丽莎白于1603年3月去世之前达成和解，这并非巧合。伊丽莎白死后第3天，双方签署《梅利丰条约》（Treaty of Mellifont），结束了九年战争。条约的关键条款非常慷慨：休·奥尼尔将保留蒂龙伯爵的头衔，但必须放弃与西班牙的所有联系，以及"奥尼尔氏大族领"的盖尔头衔。芒乔伊此前在一次象征性的武力展示中，摧毁了位于蒂龙郡图拉霍格（Tullahogue）的奥尼尔家族古老的就职典礼之石。爱尔兰的政治时钟似乎又回到了16世纪80年代。

伯爵出逃事件

对奥尼尔的战争几乎导致了伊丽莎白政府的破产。奥尼尔的名字在欧洲天主教地区广受赞誉，甚至也在英格兰民间传说中流传至今。[1]爱尔兰诗人对詹姆斯一世[2]继任英格兰、爱尔兰和苏格兰国王一事称颂有加，寄希望于他会支持天主教（毕竟詹姆斯的母亲是天主教徒），

① Hiram Morgan, "The 'Wild Man of the Woods' and 'the Hunting of the Earl of Rone': Tyrone in English Folk Tradition," *History Ireland*, 15:4 (2007), 9–11.

② 苏格兰的詹姆斯六世继任英格兰国王后称英格兰的詹姆斯一世，开启斯图亚特王朝。——译者注

虽然他自己是新教徒。[①] 但英格兰人再欲将任何新法律和新信仰强加于爱尔兰时，不得不考虑战后新的力量平衡关系。芒乔伊和蒂龙的和解方案没有解决宗教问题，也没有对那些支持奥尼尔或在战争期间动摇了忠诚的人给予多少惩罚。尽管如此，早在1603年，奥尼尔就已经意识到自己的地位并不稳固。1605年，在天主教徒试图通过炸毁伦敦议会大厦暗杀国王詹姆斯一世（“火药阴谋”）失败后，英格兰、爱尔兰和苏格兰王国都采取了更为严厉的反天主教政策。爱尔兰当局也申明王国的所有臣民都是国王的臣民，而不是任何领主或首领的臣民。这一举措的影响显而易见，在随后几年里，奥尼尔与政府之间的紧张关系不断升级。都柏林当局打算对他予以惩戒，但奥尼尔在1607年9月14日带领一些重要的盟友和随从在多尼戈尔登上一艘法国船前往西班牙，一去不返。

关于这次伯爵出逃事件的确切情况，仍然存在诸多疑问。当然，奥尼尔和其他盖尔贵族的权力与地位正日益面临着来自新教教会和国家的合法侵占，而奥尼尔被传唤到伦敦就其中一宗案件接受裁决的事实似乎进一步促成了他的离开。有人怀疑他一直与西班牙人密谋。也许他的确如此，这可以说明他是出于恐惧而离开爱尔兰的。奥尼尔于1616年在罗马去世。为夺回至少在他看来属于自己的东西，他生前曾向欧洲天主教势力寻求帮助，但未能如愿。然而，我们也可以从伯爵出逃事件后爱尔兰发生的一系列事件中看出，如果奥尼尔当时选择继续留在爱尔兰可能会发生什么情况。1608年4月，多尼戈尔郡伊尼什

① Breandán Ó Buachalla, "'James Our True King': The Ideology of Irish Royalism in the Seventeenth Century," in D. G. Boyce, Robert Ecclehall, and Vincent Geogheghan, eds., *Political Thought in Ireland Since the Seventeenth Century*, London: Routledge, 1993, 9–14.

欧文半岛（Inishowen）的卡希尔·奥多尔蒂爵士（Sir Cahir O'Doherty）发动叛乱，袭击了英格兰人在德里和卡尔莫尔（Culmore）的驻军。卡希尔·奥多尔蒂曾在蒂龙伯爵叛乱时站在英格兰一边，为英格兰在爱尔兰东北部的战事提供支持，并且还是陪审团主席，在奥尼尔出逃后以叛逆罪起诉他。叛乱持续了11个星期，并向阿尔斯特蔓延，直至奥多尔蒂阵亡。他的反抗是为了回应德里执政官员对他的蔑视；这或许暗示着，爱尔兰人将在新兴的殖民秩序中处于次等地位。在奥多尔蒂和奥尼尔的案例中，他们的地位问题都是焦点所在。他们的去世为不列颠以阿尔斯特殖民模式进一步殖民爱尔兰打开了大门，其规模超过了以前在芒斯特的殖民尝试。

历史学家的分歧

16世纪的爱尔兰经历了两大显著变化：新教改革的引入以及世纪末英格兰势力在全岛的扩张。这两大变化都引起了历史学家的疑问。

第一个问题是，为什么新教改革在爱尔兰没有成功？布伦丹·布拉德肖（Brendan Bradshaw）认为，爱尔兰的宗教改革在1558年彻底失败了。但是，尼古拉斯·坎尼（Nicholas Canny）认为，爱尔兰宗教改革的失败在时间上来得更晚，而且他认为，在某些方面，布拉德肖忽略了一个关键问题。布拉德肖认为："爱尔兰的大多数本土居民仍然生活在敌对教会（新教）之外，而且执着地坚持着前特兰托（pre-Tridentine）时期[①]的天主教习俗。"[②]坎尼则指出，布拉德肖的上述说法过分专注于宗教改革的制度基础，忽略了"一个对官方发起宗教改革的方式持批评态度的'土生土长的新教团体'，以及'天主教生存主

---

① "前特兰托"是指特兰托宗教会议召开之前的时期。该会议于1545—1563年在意大利的特兰托召开，目的是反对宗教改革运动，维护天主教的地位。这次会议提出的天主教改革蓝图也对后世产生了重要影响。——译者注

② Nicholas Canny, "Why the Reformation Failed in Ireland: Une Question Mal Posée," *Journal of Ecclesiastical History*, 30 (1979), 423–450, at 450; Karl Bottigheimer, "The Failure of the Reformation in Ireland: Une Question Bien Posée," *Journal of Ecclesiastical History*, 36 (1985), 196–207. 也见 Henry A. Jefferies, "Why the Reformation Failed in Ireland," *Irish Historical Studies*, 40 (2016), 151–170。

义'（Catholic survivalism）"。[①] 就其本质而言，这是一场基于推理和演绎的辩论。正如卡尔·博蒂海默（Karl Bottigheimer）所观察到的："我们无法认定事件发生的准确日期，但这并不意味着它没有发生。"[②] 需要注意的是，爱尔兰本土不同宗教实践之间的界限可能非常模糊，因此宗教制度不能如实反映宗教文化的客观情况。那么，我们该如何看待爱尔兰宗教改革的最终失败？它究竟是爱尔兰人民抵抗外国势力强加的外来宗教的伟大胜利，还是对放弃原有信仰的顽固拒绝？爱尔兰依旧是都铎王朝领土中唯一一个天主教人口占多数的地区。一方面，虽然威尔士与英格兰在语言和文化上也存在差异，但宗教改革在威尔士取得了成功。在苏格兰的盖尔人群体中也产生了一种不同形式的新教信仰，那里的文化与盖尔爱尔兰非常相似。另一方面，欧洲大陆也有许多成功地抵制和拒绝任何宗教改革企图的案例。因此，爱尔兰在抵制英格兰宗教改革方面不一定与众不同。当局曾多次企图改变爱尔兰人的宗教信仰；同样，爱尔兰的老英格兰移民和盖尔人同欧洲大陆的联系也为爱尔兰的反宗教改革运动打开了大门，与此同时，爱尔兰的天主教会针对它的新对手展开了一场保卫战。[③] 但是，爱尔兰宗教改革的失败是否源于一个更加世俗的现实原因呢？詹姆斯·默里（James Murray）在最近的一项关于都柏林教区的重大研究中得出结论："这一失败的主要原因在于爱尔兰社区对天主教生存主义的依恋情感。"这种依恋在玛丽女王时期和伊丽莎白统治的前10年得到了有

① Canny, "Why the Reformation Failed in Ireland," 440.

② Bottigheimer, "The Failure of the Reformation in Ireland," 197.

③ Lennon, "Taking Sides."

效的捍卫。[1]也就是说，英格兰人在爱尔兰根本没有可以借助的条件，把新的圣公会国家教会完全强加给仍然对天主教怀有强烈感情的多元人口。随着时间的推移，这种依恋会与他们各自的身份意识交织在一起。

英格兰这一时期在爱尔兰的势力扩张引起了史学界的另一个疑问：是否存在真实意义上的“都铎征服”？爱尔兰无疑在政治和军事上被征服了，但这难道是一个毫无曲折的、贯穿整个世纪的连续进程吗？要回答这个问题，我们首先需要了解都铎王朝在爱尔兰的扩张动机。史蒂文·埃利斯（Steven Ellis）认为，英格兰自15世纪起将控制范围扩张到整个不列颠和爱尔兰岛，但这仅仅是英爱边界和英格兰北部边界地区的紧张局势进一步发展演化的结果：这是一个国家的形成过程，而非有意识的帝国主义扩张行为，也并非爱尔兰独有的历史经历。[2]但意识形态是否塑造了英格兰在爱尔兰的政策呢？如果答案是肯定的，那么这是否就像曾为爱尔兰的“宪政改革”辩护的布伦丹·布拉德肖指出的那样，是推行新教的需要呢？在这一论点中，从15世纪末开始，都铎王朝越来越倾向于改革爱尔兰政府，更严密地控制它。英格兰的宗教改革及其与罗马教廷的决裂加快了这一进

① James Murray, *Enforcing the English Reformation in Ireland: Clerical Resistance and Political Conflict in the Diocese of Dublin, 1534–1590*, Cambridge: Cambridge University Press, 2009, 317.

② Steven G. Ellis, *Tudor Frontiers and Noble Power: The Making of the British State*, Oxford: Oxford University Press, 1995.

程，并在1541年《王位法案》的颁布之际达到极致。[①]

尼古拉斯·坎尼提出了一种截然不同的观点，在他看来，影响英格兰对爱尔兰政策的意识形态驱动力量是他们的帝国主义观念，其基本观点是认为爱尔兰土著乃低等民族，需要被征服和开化。[②] 如果上述两种假设都是正确的，那么文艺复兴时期的思想激荡中产生的“文明”概念是否也对英格兰的爱尔兰政策产生了影响？换句话说，都铎王朝时期的英格兰是否将他们在爱尔兰的扩张当成是传播文明的使命？鉴于相当大一部分爱尔兰人不是盖尔人的客观事实，关于有意识的帝国主义的论点很容易遭到挑战。相反，夏兰·布雷迪（Ciaran Brady）认为，在英格兰的确存在驱使他们征服爱尔兰的意识形态，这种意识形态源自他们所抱有的观念，即认为爱尔兰迫切需要按照英格兰模式进行政治和文化改革。他认为，英格兰政府在爱尔兰的政策是“碎片化”的，甚至可以说是随意制定的，而不是计划周密的征服行动的一部分。在他看来，日渐激化的文化冲突是16世纪爱尔兰问题的核心。[③]

但这种观点是否过于缥缈和抽象？它是否淡化或忽略了16世纪

---

① Bradshaw, *The Irish Constitutional Revolution*; Brendan Bradshaw, “The Tudor Reformation and Revolution in Ireland and Wales: The Origins of the British Problem,” in Brendan Bradshaw and John Morrill, eds., *The British Problem: State Formation in the Atlantic Archipelago, 1534–1707*, London: Macmillan, 1996, 39–65.

② D. B. Quinn, *The Elizabethans and the Irish*, Ithaca: Cornell University Press, 1966; Nicholas Canny, *The Elizabethan Conquest of Ireland: A Pattern Established*, Hassocks: Harvester Press, 1976; Nicholas Canny, *Making Ireland British, 1580–1650*, Oxford: Oxford University Press, 2001.

③ Brady, *Chief Governors*; Ciaran Brady, “From Policy to Power: The Evolution of Tudor Reform Strategies in Sixteenth-Century Ireland,” in Brian Mac Cuarta, ed., *Reshaping Ireland: Colonization and Its Consequences*, Dublin: Four Courts Press, 2011, 21–42.

爱尔兰历史上一些更恐怖的事情？最近有观点认为，且不论背后存在什么样的意识形态（如果有的话），都铎王朝对爱尔兰的现实统治是残酷和暴力的，而且其暴力行径还在随着时间的推移不断升级。基尔代尔叛乱遭到史无前例的残酷镇压；16世纪40年代，英格兰人在爱尔兰的政策是进一步扩张佩尔地区，遏制盖尔人的力量。宗教改革在欧洲造成的分歧使英格兰征服爱尔兰成为必要，为了实现这一目标，他们开始日益频繁地使用暴力，包括对平民的残酷攻击。因此，都铎时代比人们通常认为的要血腥得多。[①] 换句话说，爱尔兰是被英格兰以暴力、血腥的方式征服的。之所以部分观点如此强调宗教和政治历史，很大程度上来自这样一个事实——这一时期的大部分社会和经济历史依旧无法得到重新构建，但至少也有一些有价值的研究揭示了盖尔爱尔兰和殖民地爱尔兰的部分真实情况。[②]

---

① David Edwards, "The Escalation of Violence in Sixteenth-Century Ireland," in David Edwards, Padraig Lenihan, and Clodagh Tait, eds., *Age of Atrocity: Violence and Political Conflict in Early Modern Ireland*, Dublin: Four Courts Press, 2007, 34–78. 也见 Brendan Kane, "Ordinary Violence?: Ireland as Emergency in the Tudor State," *History*, 99:336 (2014), 444–467。

② 相关论文见 Kevin Down and Kenneth Nichols, in Cosgrove, ed., *A New History of Ireland*, vol. 2，以及 D. B. Quinn and Kenneth Nichols, in T. W. Moody, F. X. Martin, and F. J. Byrne, eds., *A New History of Ireland*, vol. 3: *Early Modern Ireland, 1534–1691*, Oxford: Oxford University Press, 1976。

第二部分

17世纪

第四章
殖民进程

1603年的爱尔兰

九年战争凸显了一个不为人所乐见的前景，即在战争期间，爱尔兰可能就在西班牙人触手可及的范围之内。战争结束后，英格兰当局通过没收土地填补了镇压蒂龙叛乱所消耗的空前开支，但对叛乱者相对宽容的和解方案却遭到了部分人的质疑，尤其是那些原本希望从中得到好处的人。1603年的《大赦令》(Act of Oblivion)赦免了许多参战的人；成立于1606年的旨在审查土地所有权的失效地权委员会(Commission for Defective Titles)，似乎对许多地区的新殖民前景造成了不利的影响。但伯爵出逃事件彻底改变了这种局面。政府现在可以宣称对阿尔斯特中部和西部的奥唐奈和奥尼尔家族的大片领地拥有主权。随着在战争中一度被摧毁的芒斯特殖民地的重新建立，爱尔兰南部和北部的大片土地现在以前所未有的规模向不列颠开放定居和殖民。

此时的爱尔兰是一个什么样的国家？长期以来，爱尔兰一直是英格兰帝国主义垂涎的嘴边之肉，对爱尔兰的侵吞步伐在17世纪的最初几十年中进一步加快了。1603年，爱尔兰以毁灭性的方式被征服了，尽管这个岛屿在很大程度上仍保持着文化的多样性。爱尔兰人、英格兰人和苏格兰人是爱尔兰岛的三大主要族群，但这些族群内部的不同人群之间也存在着差异，尤其是在宗教方面。例如，信奉天主教的中世纪英格兰殖民者的后裔们现在也被贴上了“老英格兰人”的标签，以区别于新一代新教定居者。这种区别将随着时间的推移变得越来越重要。

尽管战争后期的焦土政策造成了可怕的破坏，但爱尔兰的大部分土地仍然树木繁茂。17世纪，这些树木将被砍伐，用作造船业和制桶业等木材加工业的原材料，以及铁器加工业的燃料。大部分耕地仍用于耕作和畜牧，这也是爱尔兰岛建筑稀少，以及乳制品在饮食中长期占据重要地位的原因。爱尔兰的内陆交通网络仍然很落后，河流依旧是非常重要的通道。当时的城市化进程仍主要局限于伦斯特和芒斯特的沿海地区，不过内陆地区也出现了一批新的驻军城镇，殖民地的建设也会促进更多城镇的形成。幸存至今的许多城镇——都柏林、科克、戈尔韦、利默里克、韦克斯福德——都建有防御城墙，它们是都铎时代社会长期动荡的证明。沿海的港口也是爱尔兰与外部世界保持联系的关键门户：都柏林与英格兰保持着密切的交通往来，沃特福德是通往西班牙和布里斯托尔的门户，而戈尔韦和科克仍然主要面向西班牙和法国。

1603年之前英格兰人已经对爱尔兰形成了更加有效的控制和影

响，证据之一便是爱尔兰与英格兰贸易的增长以及爱尔兰对欧洲大陆贸易的下降。在爱尔兰，活畜、粗纺织品和手杖的出口已经颇具规模。货物进口也同样繁荣；实际上，16世纪90年代，爱尔兰通过布里斯托尔进口了大约400种不同类型的消费品，从法国的玻璃器皿和眼镜，到餐具、家具、烟草、轻泻药、苹果酒、香料等不胜枚举。爱尔兰的消费需求自16世纪40年代起一直在增长（尽管贸易总额实际上有所下降）。与布里斯托尔的贸易大部分（虽然不是全部）集中在东南部，这些商品主要销往殖民地区，尤其是那里的精英阶层。来自利默里克和戈尔韦的西部地区商人也通过沃特福德等东南部港口进口货物。16世纪晚期和17世纪早期的不少评论者发现，盖尔社会对这些消费品并不陌生。[①] 在行政管辖上，随着1606年威克洛郡的设立，从诺曼时期开始实行的以郡为单位的行政区划工作正式宣告完成。此外，爱尔兰在战后趋于稳定的迹象还意味着：爱尔兰为那些愿意冒险的人提供了巨大的可能性，尤其是伯爵出逃后留下大片需要重新处置和分配的土地为他们提供了额外的机会。

阿尔斯特殖民地

爱尔兰总督阿瑟·奇切斯特爵士在他的领地上建立了私人定居点，这为阿尔斯特的殖民化进程拉开了序幕；此前他曾在安特里姆郡安置

① Susan Flavin, “Consumption and Material Culture in Sixteenth Century Ireland,” *Economic History Review*, 64:4 (2011), 1144–1174.

退役士兵，凭借这些经验他开始在阿尔斯特地区推进更大的殖民项目。1608年，阿马、卡文、科尔雷恩（Coleraine，后来的伦敦德里）、多尼戈尔、弗马纳和蒂龙等郡都已经处于都柏林政府的控制之下，这些地区将用于建立一个新的殖民地。早在1609年1月，阿尔斯特的第一份殖民计划便已成稿。1609年7月至9月，奥尼尔和奥唐奈出逃后，都柏林当局便下令勘测他们在班恩河以西留下的可用土地，以备未来使用。1610年4月，政府公布了殖民地的相关规定和条件。总检察长约翰·戴维斯爵士（Sir John Davies）可能在这一过程中发挥了比奇切斯特更加显著的作用。该计划的一个关键规定是，新的不列颠移民人数应该超过爱尔兰本地人。此后，相应的土地被分配给若干法人团体：苏格兰和英格兰的“殖民承地人”、“仆人”（即英格兰退伍军人）、都柏林圣三一学院、伦敦金融城以及一些个人。所谓“应获地爱尔兰人”（deserving Irish）只能得到较少的土地。英格兰退伍军人可以雇用爱尔兰佃农，但英格兰和苏格兰殖民承地人不可以。

英格兰人从16世纪早期的殖民经验中吸取了教训。大量小型殖民地开始如雨后春笋般在近代爱尔兰涌现，韦克斯福德、朗福德、利特里姆、奥法利（国王郡）、莱伊什（皇后郡）和韦斯特米斯等郡都曾出现不同形式的殖民地。奇切斯特最初关于阿尔斯特殖民地的想法似乎与这些早期定居点的建设原则存在关联。但是，这些新的北方殖民地将比之前的南方殖民地更加集中，他们为爱尔兰原住民指定了居住区域，以便对其进行监视（也许具有讽刺意味的是，新殖民地融合了当时盖尔人使用的土地所有制模式，使得这些模式在不知不觉中得到延续）。英格兰退伍军人并没有得到他们想象中那样多的土地，大概只有总占地面积的13%。40%的土地留给了“殖民承地人”：他们是

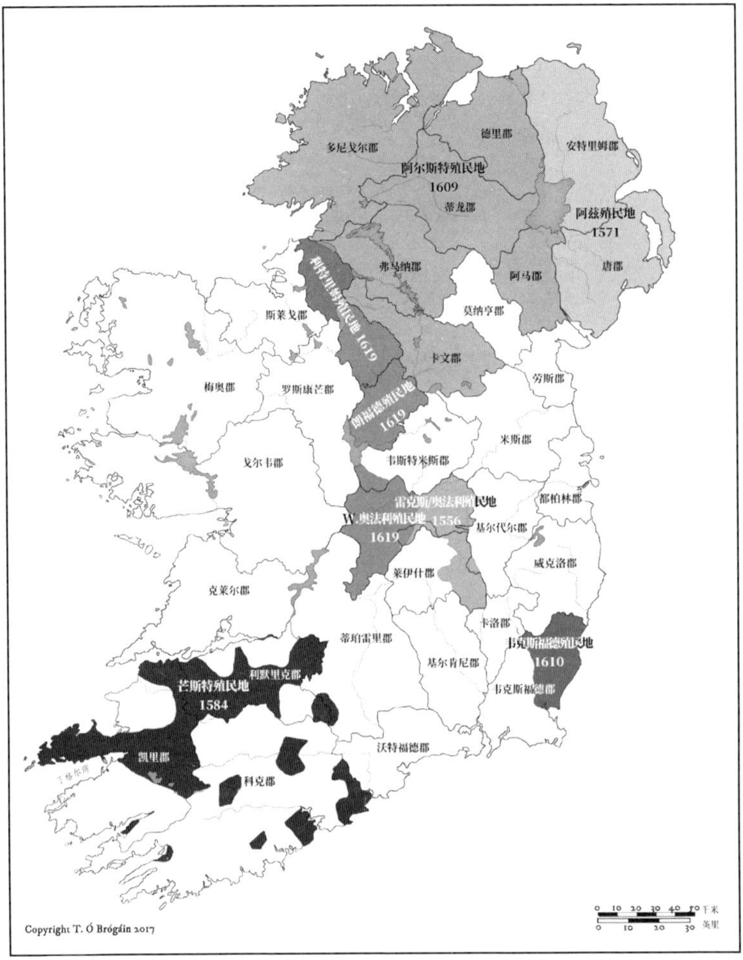

图1：1641年以前近代早期爱尔兰的不列颠殖民地项目（地图由托马斯·奥·布罗甘提供）

即将获得1000—2000英亩土地的私人投资者（他们中有一小部分人可以拥有3000英亩），必须遵守当局设立的关于地租、建筑类型、防御设施和农业模式的非常具体的指导方针。作为一项安全措施，土地所有者的土地面积被刻意控制在较低水平；国王希望密切关注殖民地事态的发展，确保班恩河以西的新定居地区未来不会落入新的地方豪强手中。

都柏林当局将整个科尔雷恩郡交给了伦敦金融城公司，以鼓励来自伦敦企业的私人投资。西北地区新城市伦敦德里的建立便是这一举措的成果（该城市名字的后半部分derry来源于爱尔兰语单词doire，意为“橡树林”）。阿尔斯特另外14%的土地归“本地世袭土地所有者”（native freeholders）所有；18%的土地归爱尔兰国教会，以支持其传教活动；还有1%的土地用于为移民和乐于接受“开化文明”的当地人开办学校。都柏林当局向当地人灌输英格兰文化价值观的愿望给殖民地带来了意识形态方面的影响，这一影响比16世纪的更加系统。阿尔斯特殖民是个大规模的社会工程。当地经济、宗教和法律生活都将被重塑，以促进英格兰模式和规范的推广。在英格兰人——包括士兵、定居者、官员、商人和旅行者们——看来，爱尔兰的文化和社会生活与他们习以为常的截然不同，他们视之为更低等的文化，这种偏见加之他们对爱尔兰的无知常常带来极为负面的判断。因此，他们认为殖民项目不仅能够为参与其中的人创造财富，它所带来的文化、经济和社会变革也许还能成为那些至少在理论上被允许在外围观望的爱尔兰人所效仿的模式。

同之前一样，他们不遗余力传播的“文明”同向当地天主教徒推广新教的愿望交织在一起。为此，他们鼓励天主教士绅阶层的男性后辈去圣三一学院求学，而不希望他们选择崇尚天主教精神的欧洲大陆的大学。这是为了更好地从上到下培养宗教榜样。同样的道理也适用于日益壮大的爱尔兰贵族阶层，他们也可能为下层人民树立榜样。17世纪初，爱尔兰有27个贵族家族，其中五分之四是老英格兰人。詹姆斯一世时期出售贵族爵位的做法，致使到1641年爱尔兰的贵族爵位激增至92个，但其中只有68人真正居住在爱尔兰。在这些常住贵族中有三分之一是新英格兰人——新移民的一部分。这是17世纪爱尔兰被进一步殖民化的具体反映。从构成上看，此时爱尔兰全体贵族中49%是老英格兰人（最大的地主群体），33%是新英格兰人，10%是盖尔爱尔兰人，7%是苏格兰人，剩下的1%是威尔士人。直到1685年，上述比例仍然大致得到认可。在贵族出身发生变化的同时，他们的宗教信仰也发生了变化：1603年只有3个贵族家族信仰新教，到1670年新教贵族的数量已经增加至39家。[①]

16世纪早期，英格兰人忙于在政治和军事上征服爱尔兰，文化同化和政治改革的愿望处于次要地位。到了17世纪，他们开始引入政治、经济、宗教和文化变革并将之强加于爱尔兰，寄希望于当地人能够接受这些变化；但是对于爱尔兰人来说，这些并不是绝对必需的。斯图亚特王朝统治下的爱尔兰早期遭到的严酷的戒严令表明了一个事实：殖民地归根到底是建立在武力之上。但殖民地也需要自负盈亏，因此，经济发展是爱尔兰殖民进程中必不可少的一部分。盖尔爱尔兰传统上不以现金经济的模式运行，但奥尼尔战争之后，由于战

① Jane Ohlmeyer, *Making Ireland English: The Irish Aristocracy in the Seventeenth Century*, New Haven: Yale University Press, 2012, 42, 48, 136.

争中产生的债务，英格兰普通法得以推广，现金经济也迎来了快速发展。但爱尔兰真正的经济复苏发生在1603年之后，纺织业和畜牧业等经济部门的增长一直继续至1641年。向畜牧业的转型意义重大：1607年，爱尔兰出口至切斯特的活牛数量只有16头；1639年，这个数字已将近1.6万头。[①]尽管如此，爱尔兰的经济变革模式是粗放型的：由于大量输送木材至欧洲制桶厂和造船厂，爱尔兰的林地遭到了严重的破坏，17世纪30年代，爱尔兰出现了木材短缺问题。在爱尔兰殖民地，只重视眼前利益的机会主义商业行为并不罕见。

新旧秩序之争

除了这些社会经济变化，英格兰人强加于爱尔兰人的文化也对爱尔兰社会产生了多方面的影响。16世纪后期以来，盖尔爱尔兰日益融入欧洲世界的反宗教改革。爱尔兰天主教神职人员在欧洲各地建立了爱尔兰学院，这些学院主要分布在低地国家（鲁汶方济各会对爱尔兰语言和历史特别感兴趣），在西班牙、意大利和奥地利哈布斯堡地区也有分布，最远已达维也纳。反宗教改革思潮为那些分散的盖尔爱尔兰贵族领主网络提供了关键的知识和意识形态纽带，尽管这些贵族领主说着不同程度的爱尔兰语、英语、拉丁语和西班牙语。

新秩序的出现并不必然意味着旧秩序在文化上的衰落，事实恰

① Raymond Gillespie, *The Transformation of the Irish Economy, 1550–1700*, Dublin: Economic and Social History Society of Ireland, 1998, 33.

恰相反。这是一个重要的爱尔兰语知识创新时期，爱尔兰在这一时期出现了多元化的文学和表达方式。新教国家和教会统治爱尔兰天主教人口的企图似乎引发了一场思想上的转变，激起了爱尔兰知识分子用更具自主意识的宗派主义术语来重新定义爱尔兰人的身份认同。天主教逐渐被视为爱尔兰人的同义词，尽管许多爱尔兰贵族也在寻求与国家达成和解。同样，爱尔兰天主教领导层的政策——正如教会在1614年、1618年和1624年举行的宗教会议上通过的那些——是在世俗事务上顺从君王（而非精神层面上）。爱尔兰语引入的新词语，如头衔（teideal）和王权（an choróin）等，反映了君主主义（royalism）和效忠新的斯图亚特王朝的思想潮流。①但与此同时，随着爱尔兰新教政权的日益强硬（詹姆斯一世时期英格兰人所认为的他们在文化上相较于爱尔兰人的优越，可能也在发挥影响），一种更为鲜明的爱尔兰认同——Eireannach（“爱尔兰”一词的古爱尔兰语形式）——也在缓慢而坚定地显现出来。大致写于1605—1615年的匿名讽刺小说《托马斯家族的议会》（*Parliament Chloinne Thomáis*）反映了当时的爱尔兰人对这种侵犯及其带来的变化的认知，尤其注重传统盖尔贵族体系受到的威胁方面。

爱尔兰文化正在遭受外来文化的压迫。新秩序对旧秩序的侵蚀和盖尔贵族权力的没落，对传统上依赖他们庇护的游吟诗人精英阶层产生了巨大影响。1618年，休·奥尼尔的前盟友多纳尔·奥沙利文·比尔（Domhnall O’Sullivan Beare）在马德里去世后，诗人多纳尔·奥·道

① Ó Buachalla, “‘James Our True King: The Ideology of Irish Royalism in the Seventeenth Century,’” 13–14.

拉（Domhnall Ó Dálaigh）创作了一首挽歌，这首挽歌可以被视为对旧秩序在残酷的殖民统治面前日渐消亡的哀叹：

Re Gallaibh go nuaidhe a-niogh
Aoinfhear do ghasruidh Ghaoidhiol,
A gcoai imreasuin ní fhuil
Fá fhinnleasuibh Chraoi Cobhthuigh[①]

在当今爱尔兰
所有的豪华住宅中，
没有一个盖尔人能够
重新引领与外国人的斗争

不过并非所有的东西都消逝了：17世纪初，在欧洲文化思潮的影响和推动下，爱尔兰的散文写作也出现了复兴，欧洲大陆的爱尔兰天主教学院在这一过程中发挥了重要的桥梁作用。其中，以天主教神职人员（有的是盖尔人，有的是老英格兰人）的历史作品，如《爱尔兰王国年代纪》（*Annála Ríoghachta Éireann*）和杰弗里·基廷（Geoffrey Keating，爱尔兰名为 Seathrún Céitinn）的《爱尔兰知识基础》（*Foras*

① Risteard B. Breatnach, "Elegy on Donal O'Sullivan Beare (1618)," *Éigse*, vol. 7, part 2 (1953–1955), 174–175. 此处爱尔兰语原文的引用得到了主编利亚姆·麦克·马楚纳（Liam Mac Mathúna）和出版方爱尔兰国立大学的同意。

Feasa ar Éireann）最具代表性。① 后者是这一时期欧洲各地相继问世的人文主义民族历史作品之一。基廷是老英格兰人，曾在法国接受教育，他的著作旨在驳斥埃德蒙·斯宾塞和法因斯·莫里森等英格兰作家对爱尔兰的恶意评论，同时创作一部可以反映爱尔兰人鲜明的天主教身份认同的爱尔兰历史，该身份否定了盖尔人和老英格兰人之间的族群差异。他的作品创作于17世纪30年代，在17世纪50年代渗进了爱尔兰手抄传统，并流传至今。

但爱尔兰的问题远远比文化冲突更加复杂。一方面，虽然英格兰人在意识形态上敌视爱尔兰，但在现实中不得不与当地盖尔文化打交道。爱尔兰人也面临相似的情况。当时同时使用爱尔兰语和英语的现象很普遍，甚至爱尔兰国教会也认识到需要使用爱尔兰语来传播福音。另一方面，爱尔兰的印刷文化基本上仅局限于欧洲大陆。而且近代早期欧洲的爱尔兰移民不只是牧师和学生，1603年后还有一批爱尔兰军事移民到西班牙服役。17世纪30年代，奥地利和法国也成为爱尔兰士兵的重要移民目的地，爱尔兰商人也在法国的南特（Nantes）和拉罗谢尔（La Rochelle）等主要大西洋港口长期留居。

然而，与移居国外的天主教移民相比，迁至爱尔兰的新教移民的影响要深远得多。在17世纪的前40年中，大约有10万英格兰移民定居爱尔兰，其中大部分（虽然不完全）是新教徒。新教移民带来的人口增长主要集中在爱尔兰东北部地区。1641年，不同类型的新教徒人口可能已经占爱尔兰总人口的18%—20%。如果说阿尔斯特在1603年

① Joep Leerssen, *Mere Irish and Fior-Ghael: Studies in the Idea of Irish Nationality, Its Development and Literary Expression Prior to the Nineteenth Century*, Cork: Cork University Press, 1996, 264–277.

之前一直被视为盖尔人的大本营，那么在17世纪的前几十年中，阿尔斯特殖民地的发展给这个北部省份带来了深刻而持久的转变。

尽管如此，阿尔斯特殖民地的移民数量并没有达到预期，这也是为什么许多爱尔兰人被允许留在自己的土地上。1622年，一个皇家委员会对该殖民地的发展情况进行调查时发现，殖民地并没有达到最初的目标。尽管如此，毕竟有不少新的人口移居爱尔兰北部，当地爱尔兰人占有的土地急剧减少。这些新的定居者中还有大量的苏格兰人，他们也在爱尔兰留下了永久的印记。最重要的是，在17世纪的前40年中，殖民地的发展彻底改造了这一地区的景观和文化。随着人口的增长，这里新建了不少基础设施，也形成了新的城市网络。这些变化的持久和彻底已经为时间所证明，尽管在当时可能还无法满足那些殖民地设计者的野心。17世纪30年代，不列颠在爱尔兰的存在得到进一步的巩固，而且总体上维持了来之不易的和平环境。政府最初规定殖民地必须建设防御性建筑是有原因的——殖民地归根到底建立在对爱尔兰的大规模剥夺之上。这一残酷现实所激发的不满情绪将会继续发酵。

温特沃思政府

尽管爱尔兰天主教知识分子对都柏林政府抱有希望，但詹姆斯一世统治初期的都柏林反天主教政府日益残酷地镇压爱尔兰天主教。1612年，都柏林当局对唐郡和康纳（Connor）主教康纳·奥德瓦尼（Conor O’Devany）的处决将这种镇压推向了极致。设立新议会选区

（parliamentary boroughs）的举措导致爱尔兰议会中充满了新教成员，这进一步侵蚀了天主教的政治权力。老英格兰人将17世纪20年代英格兰与西班牙的战争视为证明自己对君主忠诚的机会，声称他们对教皇的忠诚纯粹是私人的和精神层面的事情；与此同时，政府财政来源必须得到议会批准的规定也给老英格兰人提供了可乘之机。面对政府提出的财政要求，老英格兰人起草了一系列改革要求，即“恩典提案”（Graces），希望政府对天主教采取更加宽容的政策。老英格兰人希望通过出钱资助政府组建军队，以抵御西班牙人的进攻，进而换取一些政治上的回报。对当时的都柏林政府而言，推行全然反天主教的议程在实践上是很困难的，因为爱尔兰实在有太多的天主教徒。因此，他们尝试与老英格兰人的代表进行谈判。但1629年与西班牙的战争结束后，都柏林政府便不再理会这些要求。因此，人们预期中的爱尔兰议会从未召开。17世纪30年代初，在时任爱尔兰总督托马斯·温特沃思（Thomas Wentworth）的威权统治下，爱尔兰出台了更加赤裸裸的反天主教政策。

温特沃思出身于英格兰约克郡的一个小士绅家庭。他当选英格兰议会议员后，并没有马上获得查理一世（1625年继承其父詹姆斯的王位）的重用，国王最初对他持谨慎的态度。但温特沃思很快取得了王室的信任。1628年，温特沃思被授予温特沃思子爵爵位（Viscount Wentworth），并先后担任多个职位。在这些职位上，他证明了自己是一位忠于王室的高效、铁腕的国王臣仆。1632年1月，他被正式任命为爱尔兰总督。就像几个世纪以来许多担任这个职位的贵族一样，温特沃思对自己的新职位并不上心，但精明的温特沃思知道在王室面前要隐藏自己的心态。

温特沃思出任爱尔兰总督职位，可以看作查理一世旨在加强其在三个王国政治和宗教权威的共同举措的一部分。17世纪30年代，查理曾试图通过阻挠议会的召开而架空议会，并通过在英格兰增税的方式筹集他政府的所需资金。温特沃思的首要任务是让爱尔兰也成为国王的财政来源，并确保爱尔兰不再出现可能对王室的权威构成威胁的地方势力。出于现实需要，温特沃思曾准备与天主教势力保持友好关系，甚至一度暗示17世纪20年代的"恩典提案"将最终被写入法律。然而，与其说这是一种战略，不如说是他的权宜之计；温特沃思政府的长远目标是为国王和爱尔兰国教会榨取尽可能多的资源，以巩固前者的地位，同时让后者能够更好地通过传教活动使当地人皈依新教。在某种程度上，这是政府做出的政策反应，针对的是爱尔兰东北部地区伴随苏格兰定居者而来的对新教信仰的敌视。虽然直到17世纪40年代，长老会制（Presbyterianism）才在爱尔兰正式建立，但从17世纪初开始，爱尔兰就出现了一种具有加尔文主义（Calvinist）倾向的、尚处于萌芽阶段的清教主义，温特沃思对此持消极态度。他还试图按照17世纪30年代大主教威廉·劳德（William Laud）改革英格兰国教会（Church of England）的做法，对爱尔兰国教会进行改革，但遭到了强烈反对。

要把17世纪30年代爱尔兰的政治史与温特沃思的政治生涯区分开来几乎是不可能的。他曾在议会中挑起天主教和新教的敌对关系，以获取他所需要的财政支持。但天主教徒日益不满于他对"恩典提案"关键内容——地权年限超过60年——的否定（这一立场引发了议会中天主教徒和新教徒的强烈不满）。虽然温特沃思通过许诺承认阿尔斯特殖民地的土地所有权安抚新教徒的情绪，但在康诺特省开辟新殖民地的前景还是让当地的天主教士绅团结一致。最终，他成功地从爱尔兰议会手中夺回了财政控制权；对他的专制本性而言，这一财政控制权是有用的，但也并非不可或缺。然而，此后温特沃思与爱尔兰的主要利益集团渐行渐远。他非但没能驯服他们，反而与他们成了敌人。不过在国王的支持下，他继续以咄咄逼人的专制方式统治着爱尔兰。他对土地所有权的调查为王室带来了可观的租金收入增长，自然得到了查理一世的全力支持。

温特沃思以近乎君主制的方式统治爱尔兰（这一点也遭到了他的部分敌人的抨击）。如果他在基尔代尔郡吉金斯敦（Jigginstown）的宅邸最终得以落成，那将会是斯图亚特王朝最大的私人住宅。虽然这座宅邸的设计初衷是为国王访问爱尔兰时提供一个足够豪华的住所，但都柏林总督府举行的盛大仪式却越来越像君主的仪式。温特沃思麾下随时待命的3400人可以轻易平息公众的不满。但他不得人心的统治使他处于危险的境地。1640年1月，他被任命为总督（Lord Lieutenant），并受封为斯特拉福德伯爵（Earl of Strafford）。当时，甚至有人认为他的高压统治风格有可能被同时应用于英格兰和爱尔兰。然而，他在1641年3月被英格兰议会以叛逆罪弹劾并审判，他作为国王心腹的光明前途戛然而止。对他的指控有一半以上与爱尔兰有关，这些指控由爱尔兰天主教和新教代表组成的罕见的跨教派联盟提出。在审判结束后，温特沃思于5月12日被英格兰议会下令处决。但是，他在爱尔兰的所作所为导致了意想不到的后果。

1641年叛乱

1637年，苏格兰爆发了一场反对查理一世的叛乱，起因是后者试图将《公祷书》强加于苏格兰长老会教徒。查理无力镇压起义，于是让温特沃思在爱尔兰为他筹建军队。然而在这些军队派上用场之前，苏格兰已对英格兰发起进攻，一度兵临纽卡斯尔（Newcastle）。他们声称，只有在他们与国王达成的和谈方案获得英格兰议会批准后，才会返回苏格兰。10年来，查理一世一直阻挠英格兰议会发挥作用，绕过议会实行直接统治，以至于议会在成功召开后立即成为议员们宣泄17世纪30年代积累的所有不满情绪的平台，这最终决定了温特沃思的命运。鉴于温特沃思在爱尔兰组建的以天主教徒为主的军队依旧存在，而且从未被用于镇压苏格兰人，英格兰人开始担心国王有可能会借助这支军队将他的意志强加于他们和英格兰议会。

这场危机的持续，给爱尔兰的老英格兰人和盖尔爱尔兰人同时带来了挑战和机遇。这些人越来越担心来自苏格兰和英格兰的反天主教言论，而且他们也深知自己最关心的问题——宗教信仰自由和土地安全——还无法得到保障。但既然苏格兰人能够从国王那里争取到更多的权益，爱尔兰人是否也能通过类似的事情获得他们想要的保障呢？1641年夏天，部分老英格兰人领袖和盖尔贵族开始将这些想法付诸实践。为了让自己在与国王的谈判中处于有利地位，阿尔斯特的天主教士绅阶级策划了一场小规模的叛乱（他们后来不得不竭力强调自己并非造反分子，而是忠诚的但或许心怀不满的臣民）。1641年10月22日，邓甘嫩议员费利姆·奥尼尔爵士（Sir Phelim O'Neill）攻占了阿马的查尔蒙特堡（Charlemont Fort）。他的个人经历暗示了他可能的动机：奥尼尔爵士是一个已经融入新殖民秩序的盖尔贵族。他的祖父1608年死于为皇家服役的征战之中，奥尼尔不得不等着继承遗产。他曾在伦敦的林肯律师学院接受教育，后来在爱尔兰担任公职，甚至把自己的土地租给新教徒佃农。但到了1641年夏天，他已经负债累累，因此愿意参与密谋叛乱，以增加与国王谈判的筹码。奥尼尔以参加宴会为由进入查尔蒙特堡——这充分说明他与当局长期保持着较好的关系——随后发起的这次叛乱揭开了阿马和蒂龙郡起义的序幕。

但是，由奥尼尔和他的同伙策划的小规模叛乱，很快就被在阿尔斯特殖民化进程中被剥夺了土地的爱尔兰民众掀起的起义所淹没。这场席卷全岛的起义的与众不同之处在于其显著的宗派主义特征。英格兰新教徒是起义的明确攻击目标，不过苏格兰人在初期并未受到骚扰。许多人遭到抢劫和杀害，还有许多人向当局报告了亵渎圣经的行为，比如在阿马，一个匿名的爱尔兰叛乱者“翻开圣经，尿于其上，并声称如果可能的话他不介意做出更出格的行为”①。但是引起爱尔兰当局最大程度重视的是暴乱者针对新教徒的暴行，尤其是杀害新教徒的事件。正如爱尔兰官方所述：

> 我们的王国、我们这里所有人的生命，以及王国的新教徒，从未处于如此危险的时刻，王国历史上没有任何一个年代在这么短的时间内发生过如此密集的不法行为：在

① Raymond Gillespie, *Reading Ireland: Print, Reading, and Social Change in Early Modern Ireland*, Manchester: Manchester University Press, 2005, 19.

> 不到两周的时间内，他们在不同地方杀戮和伤害了如此之多的英格兰人和新教徒，抢劫和掠夺了国王陛下成千上万的子民，在王国的多个地方攻占了如此之多的城堡、房屋和要塞，还威胁英格兰人要么离开要么被彻底消灭，他们对英格兰人和新教徒做出了基督教徒所无法想象的残酷和不人道的恶行，就算对异教徒也不至于此。[1]

这些指控传到都柏林和伦敦后，叛乱很快演变成战争。

① *Historical Manuscripts Commission: Calendar of the Manuscripts of the Marquess of Ormonde*, new series, 8 vols, London: HMSO, 1902–1920, 2:12.

第五章
三王国之争

官方的反应

1641年10月22日，都柏林当局得知叛乱即将爆发的消息后，挫败了叛乱者占领都柏林城堡及其兵工厂的企图。叛乱分子的一个心腹好友欧文·康诺利（Owen Connolly）泄露了一起“意图反抗英格兰征服者，致力于让爱尔兰人尽快摆脱奴役”的起义计划的细节。他提到，一个参与其中的好友曾向他透露：

> 我们的计划是夺取都柏林城堡，消灭守卫力量，这一点可以轻易做到，都柏林的守备军只是一群愚蠢的老男人。今晚8—9点，整个王国所有由英格兰人控制的城镇都将因我们的盛会感到震惊。我们在每个郡的不同地方做了部署，

> 所有英格兰人都将被同时剪除。事成后，我们将拥有都柏林城堡，整个王国都将为我们所有。除此之外，城堡里还有可供3万人使用的大量火药和弹药。

康诺利在一个酒馆听到了上述内容，在离开酒馆去往他朋友家的路途中，他以出去方便为由偷偷离开，并将此事告知正在他家中的主法官（lord justice，总督不在时负责政府事务的官员）威廉·帕森斯（William Parsons）。[①]

爱尔兰当局对起义者的镇压之所以残酷，是因为他们在以同样的方式回敬天主教起义军的残暴。政府军在伦斯特和芒斯特进行了血腥的报复，阿尔斯特各地的定居者也进行了非官方的报复。然而，当局袭击都柏林城内及周边的天主教徒引发了严重的后果，因为其目标是与北方叛乱无关的老英格兰人。帕森斯和臭名昭著的查尔斯·库特（Charles Coote）等人似乎有意对爱尔兰所有天主教徒发动无差别的宗派战争。因此，老英格兰人精英开始“抱团”，并与盖尔爱尔兰人走向联合。在1641年底于米斯举行的一次会议上，盖尔人和老英格兰人的领袖们决定一起捍卫他们的共同利益。都柏林当局视这种联盟为天主教阴谋的进一步证明，一些天主教徒则认为这是当局为进一步没收爱尔兰人土地所找的借口。爱尔兰的各天主教分支都竭力表明自己依旧是忠诚的臣民，是迫不得已才同都柏林政府的不公正和压迫作战。

---

① “O’Connolly’s relation of the plot to seize Dublin Castle,” http://1641.tcd.ie/deposition.php?depID=840001r001a, accessed 7 April 2017.

联　盟

盖尔人和老英格兰人的合作促成了联盟协会（Confederate Association）的成立。“爱尔兰人为上帝、国王和国家联合起来”(Hiberni unanimes pro deo rege et patria）成为该联盟的宣言，反映了联盟成员的共同心声。联盟的公章上同时印有天主教和君主主义的徽标。1642年10月，联盟在东南部的基尔肯尼召开第一次大会，开始行使政府职能，着手组建地方政府、征税、建立军队。他们致力于在爱尔兰天主教和新教政治精英之间达成一定程度的政治共识，并且不以族群或宗教信仰作为加入联盟或成为联盟领导者的资格要求。他们也不遗余力地强调他们对英王的忠诚；虽然联盟协会选出的联盟大会是以爱尔兰议会为蓝本建立的，但他们没有提出主权主张。联盟的各个组成部分之间明显存在共同立场，运作效率比预期高出许多。但他们从未完全消除老英格兰人和本土爱尔兰人之间的紧张关系。鉴于其宗旨是保护和代表爱尔兰天主教徒（神职人员长期在其中扮演重要角色），联盟试图以出身而非族群起源，作为爱尔兰人身份认同的识别依据，这是爱尔兰民族主义的雏形。

然而，在17世纪40年代的时代背景下，联盟的直接目的是发动战争；在这方面，他们并不孤单。17世纪40年代，爱尔兰大约有4.5万名武装士兵，其中包括来自英格兰和苏格兰的军队。但这场冲突更像是一场消耗战，其最具代表性的交战形式不是对阵战，而是焦土战和攻城战。在17世纪40年代的不同时期，至少有5支军队在不同地点作战：君主派、联盟军、议会军、苏格兰军和由阿尔斯特的苏格兰定居者组成的拉根军（Laggan Army）。盖尔人占统治地位的西北地区现金经济的发展相对落后，这意味着与别的地区相比他们更难获得军需供应，这对阿尔斯特地区联盟军队的资源供给产生了不利的影响。联盟军和爱尔兰当局爆发战争之时，英格兰正处于内战之中，爱尔兰新教也同样分裂成君主派和议会派，阿尔斯特的苏格兰人属于议会派阵营。起义的爆发似乎迫使在阿尔斯特的苏格兰人更坚定地与苏格兰的反叛事件保持一致。1642年4月，一支1万多人的苏格兰军队进驻爱尔兰北部，促成了阿尔斯特长老会制的正式建立，苏格兰牧师们开始在那里传教。

17世纪40年代，爱尔兰发生的战役以小规模为主，只在基尔拉什（Kilrush，1642年4月）、利斯卡罗尔（Liscarroll，1642年8月）、本伯布（Benburb，1646年6月）、邓根山（Dungan's Hill，1647年8月）、诺卡努斯（Knockanuss，1647年11月）和拉斯明斯（Rathmines，1649年8月）发生过几次较大规模的战役。1646—1647年，联盟可能已经招募了多达2万人的"正规军"。在欧洲大陆的三十年战争中得到良好军事训练的加勒特·巴里（Garret Barry）、欧文·罗伊·奥尼尔（Owen Roe O'Neill）等人的回归进一步壮大了联盟军的实力，他们开始将军事经验应用于这支新成立的军事力量。爱尔兰近代早期的"军事革命"就这样揭开序幕。与此同时，联盟军还积极为他们的斗争寻求外部援助，从西班牙和法国等天主教国家获得了不同程度的支持。此外，联盟还委托私掠船充当海军，在韦克斯福德和沃特福德等东南部港口执行任务。1641—1653年，联盟的私掠船截获了大约450艘船（有说法称，1649年，"沃特福德的地窖和仓库里装满了英格兰人的货物”）；[①] 这给联盟军提供了至关重要的后勤支撑，但随着时间的推移，它引起了英格兰议会的注意。

在这一长达10年的残酷战争中，交战双方也多次举行停火谈判，因为联盟希望通过谈判实现他们的要求，而查理一世也试图减少他的军队的损耗，以便对英格兰议会发动战争。即便是这些尝试性的努力也出现了一些新的问题，例如，1643年的谈判迫使阿尔斯特的苏格兰定居者向英格兰议会靠拢。随着1643年的休战或者说“停火”，爱尔兰的战争暂时告一段落。英格兰内战的爆发让查理一世无暇增援爱尔兰，给联盟带来了一段发展和喘息的时间。与国王达成和解的可接受条件是什么，这一争论成为引发联盟内部政治分歧的关键问题。教皇的教廷大使，1645年抵达爱尔兰的费尔莫大主教乔瓦尼·巴蒂斯塔·里努奇尼（Giovanni Battista Rinuccini, archbishop of Fermo）的立场让这一持续存在的问题变得更加复杂。他反对寻求与查理一世达成任何形式的和解，因为他认为和解注定不会给天主教带来足够的好处。那些坚持在1646年与国王达成和平协议的天主教徒被逐出教会。在这10年中，联盟军事力量的逐渐衰弱进一步放大了内部分裂的破坏性影响。1646年，奥尼尔的阿尔斯特军（得到了里努齐尼的支持）在蒂龙郡的本伯布地区打败了苏格兰人。但国王的爱尔兰新教总督奥蒙德伯爵詹姆斯·巴特勒（James Butler）极不情愿与天主教徒妥协，他为此甚至不惜在1647年6月将都柏林拱手让给昔日的议会对手，使后者在爱尔兰获得了战略立足点。1647年8月，一支议会军在米斯郡的邓根

① Elaine Murphy, *Ireland and the War at Sea, 1641–1653*, Woodbridge: Boydell & Brewer, 2012, 4.

山击溃了伦斯特的联盟军。1647年11月，芒斯特的联盟军也在科克郡的诺卡努斯被击败。

虽然遭受了上述挫折，联盟军还是于1649年1月与君主派达成了协议。1649年之时，爱尔兰的天主教军队的规模大概为1.8万—2.8万人，而新教军队人数则在2.5万—3.8万。事实证明，联盟内部的政治分歧是致命的缺陷，削弱了其获得军事胜利的可能性。他们与君主派进行了断断续续的漫长谈判，最终于1649年达成共识，但英格兰议会军的入侵让这一切成为泡影。

克伦威尔对爱尔兰的征服

1649年1月，英格兰议会处死了查理一世，并在几个月后发起了对爱尔兰的军事征服。他们担心爱尔兰为不列颠君主派提供军事增援。有关1641年叛乱的耸人宣传向读者（和听众）描画了爱尔兰天主教徒对新教定居者施加残酷暴行的画面，让许多人觉得有必要为爱尔兰新教徒所遭受的苦难发起报复。最后，也是最重要的，在这背后潜藏着这样一个事实，1642年3月，英格兰议会通过了所谓《冒险者法案》(Adventurers' Act)[①]，以名义上从天主教"叛乱者"手中没收的土地为抵押，为镇压爱尔兰起义筹集资金。奥利弗·克伦威尔（Oliver Cromwell）对爱尔兰的征服被视为英格兰内战的一部分，但也不乏报

① 该法案的全称实际上为"An Act for the Speedy and Effectual Reducing of the Rebels in His Majesty's Kingdom of Ireland"，即《爱尔兰王国快速平乱法案》。——译者注

复的意味。

在议会军中迅速崛起的克伦威尔于1649年8月率领一支超过1.2万人的军队抵达都柏林。在他的指挥下，议会新军在接下来的9个月里发起了迅猛而无情的打击。英格兰议会对爱尔兰海域的控制保障了他们的部队能得到充足的补给，而他们的爱尔兰对手则处于被孤立的不利境地。对德罗赫达（Drogheda）和韦克斯福德的血腥占领是克伦威尔军队在伦斯特和芒斯特地区发起的最臭名昭著的战役，这两个地区也是这次战争的主战场。克伦威尔军队在蒂珀雷里郡的克朗梅尔遭到重创，但议会军通过与阿尔斯特的苏格兰军队结盟进一步壮大了自己的力量，并赢得了爱尔兰新教徒的拥护。

1650年夏天，联盟军的斗争以失败告终。克伦威尔随后离开了爱尔兰，留下他的女婿亨利・艾尔顿（Henry Ireton）担任指挥官。随着联盟军队的瓦解，游击战开始取代阵地战成为主要的反抗形式。正如一位评论家在1642年所嘲讽的那样，沼泽地成为爱尔兰士兵最好的“堡垒”。[①] 在这场残酷的战争中，爱尔兰士兵展开了大范围的游击战，也遭到了极为残酷的打击。毫不夸张地说，卡洛、科克、基尔肯尼、莱伊什、奥法利、蒂珀雷里以及沃特福德和威克洛的大部分地区事实上都成为法外之地。焦土战术的使用让这些地区遭到了系统性的破坏和毁灭。1649年7月，很可能来自西班牙的黑死病经由戈尔韦郡传入爱尔兰，进一步加深了战争给爱尔兰带来的苦难。1650—1653年，这种鼠疫在芒斯特和伦斯特省（包括都柏林）多地暴发。1649—

① Thomas Bartlett, *The Academy of Warre: Military Affairs in Ireland*, Dublin: National University of Ireland, 2002, 9.

1652年，在战争、饥荒和疾病多重灾难的侵袭之下，爱尔兰的死亡率可能高达15%--20%。[1]1653年，战争以联盟军的失败告终。战后，有3.5万—4万名幸存的联盟士兵移民至其他国家，约1.5万名爱尔兰平民沦为契约仆役被贩运至加勒比地区的英格兰殖民地。战争带来的人力损失，一如既往地远远超出了那些战死沙场的军人的数量。

① Padraig Lenihan, "War and Population, 1649–1652," *Irish Economic and Social History*, 24 (1997), 1–21.

第六章

克伦威尔征服和王朝的复辟

克伦威尔政府的爱尔兰安置政策

战争结束后，克伦威尔政府开始在爱尔兰推行一项新的战略。这一战略直接决定，或者说，定义了爱尔兰战后和平的本质。1652年8月，英格兰人颁布了他们在战争结束之前便已着手起草的《爱尔兰安置法案》(Act for the Settlement of Ireland)，将在战争中对议会军持不同立场的爱尔兰人进行敌友甄别并做区别对待，开始了针对起义者的清算。法案明确规定了犯有哪类罪行的人将不得享受任何战后赦免，包括所有在1642年11月10日（联盟大会第一次会议的日期[①]）之前参与叛乱的武装人员和天主教神职人员（英格兰人认为是他们鼓动了“针

① 此处为罗马儒略历日期。——译者注

对新教徒和英格兰人的谋杀、屠杀、抢劫和暴力行为”）。此外，法案还对其他不同程度的罪行和无罪行为做了明确的界定。其处罚可能是没收土地，但被判处死刑的人也不在少数。[①]

克伦威尔的女婿亨利·艾尔顿是这一系列安置方案的主要策划者，他于1651年去世。他的继任者查尔斯·弗利特伍德（Charles Fleetwood）和他一样对信奉天主教的爱尔兰人怀有敌意。虽然这一政策旨在没收新教君主派的土地，但许多被归为这一类型的土地所有者成功说服了克伦威尔，得到了对他们有利的结果。因此，尽管克伦威尔对17世纪50年代部分爱尔兰天主教徒的主张并不缺乏同情之心，但最终被没收财产的依旧主要是天主教徒。[②]

虽然克伦威尔式的解决方案在理论上看似条理清晰，但在实施过程中不可避免地产生了很多问题和矛盾。最终的解决方案是不同利益集团协商的结果。这些利益集团主要包括1642年资助议会对爱尔兰战争的“冒险者”，以及参与作战的克伦威尔的士兵，他们现在都期望得到回报。为了满足这两类人的要求，克伦威尔当局保留了阿马、唐、安特里姆、米斯、韦斯特米斯、莱伊什、奥法利、蒂珀雷里、利默里克、沃特福德等10个郡的土地。土地通过抽签的方式分配给他们，但他们分到的土地和实际可用的土地之间存在差距。因此，当局在17世纪50年代末委托威廉·配第（William Petty）对爱尔兰进行了

---

① C. H. Firth and R. S. Rait, eds., *Acts and Ordinances of the Interregnum*, 3 vols., London: HMSO, 1911, 2:598–603.

② John Cunningham, “Oliver Cromwell and the ‘Cromwellian’ Settlement of Ireland,” *Historical Journal*, 53:4 (2010), 919–937.

系统的地面勘测，绘制了更加详细的爱尔兰地图。[①] 许多士兵获得了成片的土地作为酬劳，但他们选择卖掉土地回家，让事情变得复杂。由于部队军人的土地多分布在同一地区，军人大量出售土地的做法带动了土地市场的蓬勃发展。那些雄心勃勃的议会官员以低于预期的价格获得了大量的地产。同样，许多支持议会政权的较早在爱尔兰定居的新教徒也是这一政策的受益者。不清晰的土地所有权及相互矛盾的主张造成的遗留问题在未来几十年一直没有得到妥善解决。

该安置法案设想在爱尔兰4省中的3个彻底剥夺天主教地主的所有权：1653年4月，当局最终决定以香农河为自然屏障，以部分海岸地带为缓冲区，将康诺特省和克莱尔郡留作天主教保留区。根据法案，那些不应被完全剥夺土地所有权的天主教徒也将被重新安置在爱尔兰西部，并获得少量的土地补偿。大西洋沿岸各郡的地形地貌主要由贫瘠的石质土壤构成，这一时期的许多观察者显然也注意到了这一点，例如一个名叫埃德蒙·勒德洛（Edmund Ludlow）的克伦威尔当局官员在看到克莱尔郡巴伦（Burren）地区荒凉的石灰岩景观后感叹道，那里“找不到一条足以淹死人的河流，找不到一棵足以吊死人的高大树木，也找不到足够埋葬人的泥土”[②]。虽然该安置计划所需的大规模人口迁徙并未得到完全落实，但它对当时的爱尔兰社会造成了严重的破坏。此外，50年代更普遍的经济衰退对戈尔韦等爱尔兰城镇产生了

---

① *The Down Survey of Ireland*: *Mapping a Century of Change*, Trinity College Dublin, http://downsurvey.tcd.ie/index.html, accessed 9 May 2016.

② Edmund Ludlow, *Memoirs of Edmund Ludlow, with a Collection of Original Papers*, London, 1751, 146.

显著的负面影响。尽管在50年代末出现了城市复兴的迹象，但克伦威尔当局试图清除天主教徒的行为导致爱尔兰城镇遭破坏的情况更加严峻。

1655年之后，克伦威尔安置计划的落实看似令人印象深刻，但在实践上并没有想象中那么成功。尽管如此，这依旧是继阿尔斯特殖民地之后爱尔兰现代史上最浩大的一次社会工程，1660年斯图亚特王朝在英格兰、爱尔兰和苏格兰复辟很长时间之后，其影响依旧存在。

王朝复辟

1659年12月，克伦威尔的旧部和爱尔兰老一辈新教徒组成的联盟占领了都柏林城堡。他们认为1658年克伦威尔的去世会危及他所建立的英吉利共和国（The Commonwealth）的存亡，担心共和国最终瓦解的可能性会对他们在爱尔兰的新地位带来潜在威胁。1660年5月，长期流亡欧洲大陆的查理二世——被处死的查理一世的儿子——回国继位，斯图亚特王朝在英格兰、爱尔兰和苏格兰实现复辟。在共和国统治下受到迫害的爱尔兰国教会也得以恢复。共和国自1649年查理一世死后通过的各种法律和法规，均被视为篡权者非法通过的无效法案，被予以废除。然而，17世纪50年代爱尔兰的土地安置法案却例外地得到了承认。

17世纪40年代，爱尔兰天主教徒一直表态效忠国王，而且在1649年与国王的代表签署了和平条约。因此，他们有理由期望在新国王的统治下，收回原有土地的所有权。但是，他们的愿望和努力遭到了拥有这片土地的新教徒的阻挠。过去20年的危机迫使爱尔兰的不同新教团体走向团结，以捍卫他们的共同利益。得益于克伦威尔的安置政策，这些新教徒在1660年已经成为爱尔兰大部分土地的所有者，他们不愿看到这一切付之东流。奥德利·默文爵士（Sir Audley Mervyn）等新教领袖在1661—1666年的爱尔兰议会上非常明确地陈述了新教徒的这一立场。他们希望，通过接受王朝复辟，换取新国王对克伦威尔时期爱尔兰土地所有权分配现状的承认。但与此同时，新国王也不可能完全无视天主教徒的主张。17世纪60年代，申诉法院撤销了一些土地没收令，少数天主教徒因此重新拿回了属于他们的土地。被重新任命为爱尔兰总督的奥蒙德还曾因此开玩笑称，他们需要第二个爱尔兰才可以满足所有人的土地主张。但新国王显然倾向于通过承认爱尔兰新教徒在17世纪50年代获得的权力换取后者接受王朝的复辟。这是爱尔兰土地问题的现实情况。为了维持这一现状，爱尔兰的新教统治者组建了一支军队以应对内外威胁，新教贵族们也大多为此组织了地方民兵。1641年，天主教徒拥有爱尔兰42.2%的土地，这些土地多数位于阿尔斯特省之外。到1670年，这一比例下降到16.6%（见表1）。[①] 虽然天主教徒得到了一些有限的补偿（即使如此，当时受益最多的也是老英格兰人，而不是盖尔爱尔兰人），但17世纪50年代英格兰人从天主教徒手中没收的大部分土地仍掌握在新教徒手

① *The Down Survey of Ireland*, http://downsurvey.tcd.ie, accessed 30 May 2016. 也见 Kevin McKenny, “The Restoration Land Settlement in Ireland: A Statistical Interpretation,” in Coleman A. Dennehy, ed., *Restoration Ireland: Always Settling and Never Settled*, London: Ashgate, 2007, 35–52。

中。新教徒的“利益”因此得到了保障。[①] 这引起了天主教徒的强烈不满。

表1 17世纪爱尔兰土地所有权的变化情况

所有权（占比）\ 年份	1641年	1670年
天主教徒所拥有的土地	42.2%	16.6%
新教徒所拥有的土地	42.1%	69.8%
公共土地	3.8%	1.6%
其他	12%	12%

注：从中可以看出克伦威尔时期和斯图亚特王朝复辟后从天主教徒手中没收并转移至新教徒手中的土地情况。（数据来源：*The Down Survey of Ireland: Mapping a Century of Change*, http://downsurvey.tcd.ie）

17世纪40年代和50年代在爱尔兰产生的一个深远影响是，宗派身份——天主教、新教、非国教（比如那些不是圣公会教会成员的长老会教徒）——开始凌驾于族群身份之上，成为爱尔兰人的主要身份认同。爱尔兰两个天主教群体[②] 的代表似乎在不可避免地就土地问题形成共同立场和言论。17世纪50年代后期，爱尔兰诗人肖恩·奥·康奈尔（Seán Ó Connaill）在芒斯特创作了《爱尔兰挽歌》(*Tuireamh na hÉireann*)，其对克伦威尔征服爱尔兰过程中所造成的破坏的评论，在1660年后仍具有深远的意义：

’S iad do chríochnaig conquest Éireann,

① Karl Bottigheimer, “The Restoration Land Settlement in Ireland: A Structural View,” *Irish Historical Studies*, 18:69 (1972), 19–20.

② 即盖尔爱尔兰天主教徒和老英格兰天主教徒。——译者注

do ghabh a ndaingin 's a mbailte le chéile
ó Inis Bó Finne go Binn Éadair
's ó Chloich an Stacáin go Baoi Béarra.
. . .
Cá ngeabham anois nó créad do dhéanfam?
Ní díon dúinn cnoc ná coill ná caolta.
Níl ár leigheas as liaig í n-Éirinn
Acht Dia do ghuí 's na naoimh i n-aonacht.

自伊尼什博芬（Inishbofin，西）到霍斯（Howth，东），
从“白衣妇人”岩石（White Lady，北）到德西（Dursey，南），
他们攻占了爱尔兰一座又一座要塞和城镇，
完成了对爱尔兰的征服。
……
我们该往哪里去，又或者，可以做些什么呢？
我们再也没有山丘、树林或沼泽地可以栖身，
爱尔兰的医生无法治愈我们，
我们只能向上帝和圣人祈祷。[1]

---

① Cecile O'Rahilly, *Five Seventeenth-Century Political Poems*, Dublin: Institute for Advanced Studies, 1952, 76, 79; Vincent Morley, "Views of the Past in Irish Vernacular Literature, 1650–1850," in Tim Blanning and Hagen Schulze, eds., *Unity and Diversity in European Culture, c. 1800: Proceedings of the British Academy*, vol. 134, Oxford: Oxford University Press, 2006, 180–181. 此处爱尔兰语原文的引用得到了都柏林高等研究院凯尔特研究学院理事会（Governing Board of the School of Celtic Studies of the Dublin Institute for Advanced Studies）的允许。

这首诗在爱尔兰的手抄传统中得以幸存并流传了数个世纪。斯图亚特王朝的复辟并没有显著改变奥·康奈尔所悲叹的爱尔兰人面临的困境。弗恩斯（Ferns）地区的老英格兰人主教尼古拉斯·弗伦奇（Nicholas French）是17世纪40年代联盟协会的积极参与者，他曾指责爱尔兰的新教显贵们迫使国王承认在克伦威尔时期从天主教徒手中没收的土地。弗伦奇指出，这是极不公平的，因为爱尔兰天主教徒始终保持着对国王的忠诚。

对这一新近历史的解读将产生重要影响。复辟后的斯图亚特王朝武断地认为爱尔兰天主教徒发起1641年叛乱的意图在于消灭不列颠的新教定居者，正是基于这一假设，他们对爱尔兰天主教徒持消极的态度。17世纪60年代，继续剥夺天主教徒的土地被认为是合理的，当局认为这是防止1641年悲剧重演的必要措施。[①] 另一方面，天主教徒则寄希望于奥蒙德和爱尔兰联盟军在1649年达成的和平条约，该条约在宗教宽容和土地所有权保障方面做出了重大让步。天主教群体是17世纪40年代和50年代的输家，他们迫切希望扭转这种不利的局面。这次失败还带来了其他后果。被称为“托利分子”（Tories，来源于爱尔兰语 tóraidhe，意为“掠夺者”，后来在不列颠议会中用于指代君主派）的游击力量在一些地区的反抗和掠夺行为非常活跃。雷德蒙·奥汉隆（Redmond O’Hanlon）这样的爱尔兰人成了民间英雄，欧洲，尤其是路易十四时期的法国，再次成为爱尔兰天主教徒赴国外军队服役的重要目的地。

① *The Statutes at Large, Passed in the Parliaments Held in Ireland*, 13 vols., Dublin, 1786, 2:239–245.

查理二世统治下的爱尔兰民族

对爱尔兰士兵来说，欧洲不仅是一个战场。同17世纪初的情况一样，欧洲大陆的爱尔兰学院促进了爱尔兰思想和知识的繁荣。例如，天主教牧师约翰·林奇（John Lynch）成名之前曾在戈尔韦和法国接受教育，在那之后他用拉丁语为爱尔兰和国外的读者写作，成为文艺复兴时期人文主义的典型代表。同样，17世纪，爱尔兰语文本继续在欧洲大陆广为抄录和印刷，其中很多文本的内容都是反宗教改革的“宗教宣传”。这些作品旨在传播那些反对日益占主导地位的新教殖民社会的宗教信仰。[①] 政府也认定，对于17世纪60—70年代重获土地的期望的破灭，爱尔兰天主教徒不会甘心。爱尔兰诗人，如达维·奥·布鲁阿代尔（Dáibhí Ó Bruadair），开始在作品中用圣经中的奴役主题来暗喻爱尔兰人遭受的苦难。据称，狂热的新教徒奥雷里伯爵罗杰·博伊尔（Roger Boyle, Earl of Orrery），曾于1670年左右在科克的班登桥大门上写下这样一句韵文，无意中对宗派紧张关系做出了评论：

> 犹太人、异教徒或无神论者亦可入，
> 天主教徒止步。

一个机智的天主教徒对此巧妙回应：

> 此文立意高，

---

① Leerssen, *Mere Irish and Fior-Ghael*, 259–264.

地狱门上抄。[①]

然而，爱尔兰的新教徒在社会地位和宗教信仰上也并不完全一致。1660年后，爱尔兰国教会得以恢复。但与此同时，在圣公会社区之外，爱尔兰还生活着17世纪30年代到来的苏格兰定居者和50年代抵达的克伦威尔士兵等非圣公会新教徒（dissenters）。在查理二世统治期间，这些非圣公会新教徒受到圣公会机构的歧视和质疑，阿尔斯特省影响力最大的苏格兰长老会令后者尤其担忧。然而，17世纪70年代，很多非圣公会新教徒都寻求与国王达成和解。出于现实方面的考虑，国王也无意对他们采取太严厉的立场。从1672年起，政府开始向长老会牧师授予土地，即“皇家赠予”（regium donum），这等于承认了长老会牧师的存在及其在爱尔兰不可忽视的影响力。像奥蒙德（曾于1662—1669年和1677—1684年两次担任总督）这样的高级官员依旧认为非圣公会新教徒比天主教徒更危险，但对其他人来说，天主教的威胁有时会让新教不同教派趋于团结。长老会教徒也许并非“正宗”的新教徒，但他们总比非新教徒强。

按照威廉·配第爵士的说法，到17世纪70年代，爱尔兰的新教人口中，有20万人为英格兰人（主要是圣公会教徒），10万人为苏格兰人（主要是长老会教徒）。其中，有一个以圣公会为主的新统治阶级，他们从17世纪的动乱中渔利，成为占有大片土地的精英阶层。贵族们所拥有土地的数量也存在显著差异，既有像安特里姆伯爵家

① Andrew Carpenter, ed., *Verse in English from Tudor and Stuart Ireland*, Cork: Cork University Press, 2003, 410.

族（Earls of Antrim）、克兰里卡德伯爵家族（Earls of Clanricarde）——他们都是天主教徒——以及奥蒙德伯爵家族这样的豪门贵族坐拥大片土地（这3个家族是其中最富有的），也有较为分散的拥有中等规模土地（但仍相当可观）的贵族，后者构成了这一群体的大多数。一些人在17世纪50年代的土地没收中获得了巨大利益，以在1660年恢复君主制后受封安格尔西伯爵（Earls of Anglesey）的安尼斯利（Annesley）家族为例，1641—1670年，其拥有的土地从1.5万英亩迅速增长至14.5万英亩。① 但顶层贵族如此巨大的财富不应分散人们对贵族阶层之下的社会群体的关注。

17世纪80年代，爱尔兰经济已明显从40年代和50年代的破坏中得到恢复。鉴于官方对爱尔兰殖民化的强调和重视，新一批定居者开始迁到爱尔兰，这可能是预料之中的事情，尽管远未达到当局希望的水平。一个引人注目的现象是，爱尔兰当局甚至试图吸引欧洲大陆的新教徒到爱尔兰定居。保证法国宗教宽容的南特敕令（Edict of Nantes）② 于1685年被废除后，大量法国新教徒——胡格诺派教徒（Huguenots）开始抵达爱尔兰。这些人中有许多是技术工人，主要在城镇中居住和谋生。此时的爱尔兰已经发展成一个更加城市化的社会，尽管信仰天主教的爱尔兰人经常被官方排除在城镇之外。都柏林的发展也许是城市扩张最引人注目的例子；17世纪70年代凤凰公园（Phoenix Park）的规划和80年代早期皇家医院（Royal Hospital）的建

① Ohlmeyer, *Making Ireland English*, 312.

② 南特敕令是法国国王亨利四世大致于1598年签署并颁布的一条有关宗教宽容的敕令。该敕令承认法国国内胡格诺派教徒（Huguenots）的信仰自由，以及他们在法律上享有和公民同等的权利。1685年，亨利四世之孙路易十四废除了该敕令。——译者注

设是最令人印象深刻和最持久的例证。

在爱尔兰的经济结构中，活畜仍然是关键产品。17世纪60年代的英格兰牧牛法案（Cattle Acts）禁止爱尔兰活牛出口到英格兰，结果是爱尔兰肉类（牛肉）和乳制品（黄油）取而代之。北美和西印度群岛是爱尔兰肉类产品的主要出口地，返程的商船带回了大量的烟草。法国和低地国家是爱尔兰乳制品的主要市场。科克也开始取代戈尔韦成为主要港口，这在很大程度上是由于爱尔兰当时兴起的对大西洋世界粮食贸易的重视。牲畜出口的减少也带来了皮革出口的增长。与此同时，国际制革、制桶、造船和铁加工行业对木材的持续需求依旧对爱尔兰的林木产生了破坏性的影响。多元化发展的尝试也多次被提上议程，亚麻生产正是因此开始在东北部地区得到推广。商业移民自17世纪50年代以来首次出现增长。克伦威尔政权的政策是这一现象的主要推动因素，但从更长的时间范围来看，大西洋世界的不断扩张及其带来的商业机会是更加基本的推动因素。

然而，这种增长并不意味着查理二世统治时期的爱尔兰是一个和平的国家。爱尔兰新教徒，无论其身份或教派，都一样需要与数量远超他们的天主教人口共同生活在爱尔兰岛。据配第估计，后者的人口数量约有80万，远超前者。[①]17世纪70—80年代，天主教徒仍然希望能够消除起义失败带来的负面影响。70年代初期查理二世与信奉天主教的法国结成同盟，似乎给他们带来了希望，甚至有迹象表明，查理二世政府可能还会考虑重新分配爱尔兰土地，对天主教会采取更加

① William Petty, "The Political Anatomy of Ireland," in C. H. Hull, ed., *The Economic Writings of Sir William Petty*, 2 vols., London, 1899, 2:155–157.

宽容的（尽管是非官方的）态度。但英格兰内部反对势力对这些举措的抵制导致希望破灭，天主教知识分子则继续借助文学作品哀叹和揭露天主教徒土地被剥夺的现实。在所谓“天主教阴谋”（Popish Plot，发生于1678—1681年，指天主教徒阴谋在英格兰暗杀查理二世并铲除那里的新教徒）期间，爱尔兰“新教利益”潜在的不稳定地位凸显出来。在爱尔兰，奥雷里伯爵罗杰·博伊尔等不少显要人物不遗余力地宣扬，天主教之所以密谋暗杀国王和新教徒，完全是出于对法国入侵的担忧。尽管这迫使奥蒙德总督通过了一些反天主教的措施，但在整个危机期间，爱尔兰保持了稳定（尽管也发生了阿马天主教大主教奥利弗·普伦基特［Oliver Plunkett］被污蔑组织天主教叛乱，并于1681年在伦敦被处决的事件）。然而，爱尔兰天主教徒表面上的平静并不意味着他们已经接受期望破灭的现实。17世纪80年代将为他们提供另一个改变命运的机会。

第七章
两个国王

革命之路

1685年2月6日，查理二世去世，他的弟弟约克公爵（Duke of York）詹姆斯继位成为詹姆斯二世。自1673年以来，詹姆斯的天主教徒身份已经广为人知，他的继位引发了斯图亚特王国内所有新教徒的担忧。在爱尔兰，这种情绪因理查德·塔尔博特上校（Colonel Richard Talbot）的得势而更加复杂。塔尔博特上校新近受封蒂尔康奈尔伯爵（Earl of Tyrconnell），他出身于一个显赫的老英格兰家族，曾是新国王的旧部。王朝复辟之后，蒂尔康奈尔伯爵作为爱尔兰天主教利益的代言人声名鹊起，也因此遭到了新教徒的仇视。他曾在17世纪70年代早期试图改善天主教徒的命运，但遭遇了挫折。但到80年代后期，形势已经实现了逆转。作为爱尔兰军队的领袖以及1687年2月以来的爱尔兰总督，蒂尔康奈尔伯爵主导了一场事实上的天主教“反革命”。[①] 在军队中，天主教徒军官和信徒开始大量取代新教徒，政府机构（司法机构、自治公司、县治安官）的权力也被迅速移交给天主教徒，这本质上是一场针对新教徒的政治清洗。伴随着这些新的形势变化，天主教会的活动开始由地下转向公开。

其中一些行为可以看作对自17世纪60年代以来天主教徒遭受的苦难和不公正待遇的纠正；不仅如此，詹姆斯的统治为爱尔兰天主教徒提供了一个可能不会再出现的机会。但随着蒂尔康奈尔考虑对土地安置政策进行大范围的修订，最具争议的问题很快开始凸显。诚然，他并不打算完全推翻原有的土地安置政策，但他显然比他效忠的詹姆斯国王更加有意改变这一现状。詹姆斯认为，从政治角度来看，维持现有土地政策是最好的选择。他在爱尔兰的政府绝非以消灭爱尔兰的新教徒为目的，但他的政策必然会削弱新教徒在爱尔兰的特权地位。

然而在1688年之前，这一切都只是暂时的。詹姆斯虽然不受欢迎，但鉴于他已年逾五旬，还是可以被容忍的：他的统治可能相对短暂，虽然他有很多孩子，但没有儿子可以合法继承王位。他的继承人是他在世的大女儿玛丽，后者嫁给了荷兰奥兰治亲王威廉（Dutch prince William of Orange）。想到在经过短暂的天主教君主统治之后，信仰新教的王位继承人可能会恢复正常的新教信仰，英格兰新教徒便在眼前的困境中看到了希望。但在1688年，情况发生了戏剧性的变化，詹姆斯终于有了一个合法的儿子。产生天主教王朝的可能性催生

① John Miller, “The Earl of Tyrconnell and James II’s Irish Policy,” *Historical Journal*, 20:4 (1977), 803–823.

了所谓“光荣”革命，詹姆斯很快失去了英格兰臣民的支持，他们明确表示支持玛丽和威廉。在詹姆斯的领导下，英法两国很可能结为不利于荷兰的同盟。为了避免这种情况的出现，威廉亲王决定干涉不列颠事务，确保他不会在路易十四统治的法国的威胁之下处于孤立地位。1688年11月5日，他带着一支庞大的军队来到英格兰，声称他是应邀前来解决独裁、亲天主教的詹姆斯政权引起的问题和苦难。詹姆斯做好了战斗的准备，但当他在英格兰失去支持后，便失去了勇气。他乘坐一艘由爱尔兰海军指挥官驾驶的渔船逃往法国。威廉迫使英格兰议会授予他王位，在此之后，“非常国会”（convention parliament）邀请玛丽和威廉作为联合君主。光荣革命的“光荣”是基于这样一种设想，即这是一次权力的和平过渡。但实际上，围绕3个王国的王位继承问题发生了一场战争，且战场主要在爱尔兰。

对爱尔兰的新教徒来说，威廉和玛丽的登基似乎为他们提供了在近乎必然的毁灭中得到救赎的机会，而且在蒂尔康奈尔政权下宗派关系日趋紧张的时候，许多人（尽管并非所有人）相当旗帜鲜明地支持革命。在此背景下，针对爱尔兰新教徒的暴力行径日益增多，新教徒中的一些人开始逃离，因为他们担心1641年的大屠杀可能会重演。爱尔兰的局势不仅受到不列颠王位继承争端与国内宗派紧张关系的影响，而且在1688年11月法国对荷兰共和国宣战后卷入了欧洲大陆的冲突之中。法国人看到了在爱尔兰开辟第二战线的机会，詹姆斯被迫回到他仍然是合法国王的爱尔兰王国，并集结力量试图夺回另外两个王国的王位。1689年3月12日，詹姆斯国王抵达金赛尔。

詹姆斯受到了爱尔兰天主教臣民的热烈欢迎。这位天主教国王的到来给爱尔兰天主教徒带来了希望，他们想要剥夺那些新富起来的新教精英的土地，并归还他们认为属于自己的合法的土地所有权。1689年5月，詹姆斯前往都柏林，不情愿地主持召开了一次天主教占绝对多数的议会大会。爱尔兰议会宣布英格兰议会无权为爱尔兰立法，但没有将天主教会提升到爱尔兰国家宗教的地位。不过，它的确决心废除之前的土地安置法案和阿尔斯特殖民地。这些举措已如离弦之箭，没有回头的可能。也因此，新教徒对詹姆斯的忠诚荡然无存。德里城的命运引起了特别的共鸣。当时，德里城已经成为东北部的新教徒难民营，被詹姆斯二世党人（Jacobite）[①] 的军队包围。直到1689年7月，英格兰海军在成功突破了福伊尔河的封锁之后才得以解围。从德里保卫战的胜利，以及认为这场胜利让它的新教人口免于灭亡的设想中不难看出，当时的爱尔兰新教徒已经视这场战争为决定生死和命运的关键。

两个国王之间的战争

法国可能会支持詹姆斯的前景让威廉不得不做出回应：1689年8月13日，他的第一支军队在爱尔兰贝尔法斯特附近登陆。成功夺回安特里姆的卡里克弗格斯之后，威廉的军队在都柏林以北50英里的邓多克附近建立了冬季营地（到1689年9月底，那里的驻军已达1.9万人），但由于疾病他们可能失去了一半以上的作战力量。詹姆斯二

① 英国历史上，被废黜的詹姆斯二世及其后裔的支持者被称为詹姆斯二世党人，由于詹姆斯（James）在拉丁语中作“Jacobus”，故詹姆斯二世党人的英文形式为“Jacobite”。这一派别及其主张通常被称为詹姆斯二世党（Jacobitism）。——译者注

世党人因此占据了主动权；在这个冬季，他们发起了有限的行动，比如1689年10月，帕特里克·萨斯菲尔德（Patrick Sarsfield，詹姆斯二世党的未来英雄）占领了斯莱戈，但总的来说，他们几乎没有利用自己的优势。尽管威廉对不得不为欧洲战事分心感到不快，但他最终还是成功将爱尔兰的形势掌握在自己手中。1690年4月和5月，威廉的第二支入侵部队集结完毕。6月14日，威廉亲自率领一支庞大的军队登陆爱尔兰，并声称不会错失良机。这时，法国军队已经在科克登陆。威廉挥师南下之际，詹姆斯拒绝了法国人让他向西与之会合的建议，率军北上正面迎敌。6月30日，两个国王和他们的军队最终在米斯郡的博因山谷（Boyne valley）狭路相逢：威廉率领的由荷兰人、德国人、丹麦人、英格兰人和爱尔兰新教徒组成的3.6万人大军，与詹姆斯率领的由爱尔兰人和法国人组成的2.5万人的军队展开了决战。传统上，星期一被认为是不吉利的日子。因此尽管6月30日双方并没有发生正面交战，却流出了威廉已经死于炮击的传言。但在7月1日，威廉以决定性的胜利响亮地驳斥了这一流言。詹姆斯听从了蒂尔康奈尔和法国司令官洛赞伯爵安托南·德科蒙（ Antonin de Caumont, Comte de Lauzan）的建议，迅速逃往南方。他于7月4日离开金赛尔前往法国，并因此沦为爱尔兰文人口诛笔伐的对象，至少有一名爱尔兰诗人曾猛烈抨击他的行为，称他为“大粪詹姆斯”（Séamus an chaca）。[①]

在博因战役中，尽管参战的两支军队规模庞大，伤亡人数却少得

① Éamonn O'Ciardha, *Ireland and the Jacobite Cause, 1685–1766: A Fatal Attachment*, Dublin: Four Courts Press, 2002, 83.

惊人，只有1000名詹姆斯派和500名威廉派士兵在战争中伤亡。虽然这场战役在军事上并不具有决定性，但两位国王同时在场赋予了其强有力的象征性意义。基于不同的立场，人们会记得曾经有一个天主教国王（或王位觊觎者）和一个新教国王（或王位觊觎者）正面交战。信奉新教的国王赢得了这场战争的胜利，并将被欢庆和传颂几个世纪。

在詹姆斯缺席的情况下，蒂尔康奈尔赞成在博因战役之后进行谈判，他的这一立场与帕特里克·萨斯菲尔德领导的主战派产生了分歧，导致爱尔兰天主教联盟中的爱尔兰人和老英格兰人之间的关系趋于紧张。詹姆斯二世党人残余力量在西部的利默里克市重新集结，1690年8月，利默里克被围。但这次围困到8月底就解除了；萨斯菲尔德领导的一场著名的夜间突袭，让原本可能帮助威廉攻占这座城市的炮火支援被推迟了。与此同时，冬天也在逼近。这次围城作战的失败表明威廉低估了詹姆斯二世党人的残余抵抗力量，但也为谈判打开了大门，因为它让威廉明白想要取得压倒性胜利很可能需要付出极为高昂的代价。

威廉随后返回英格兰，蒂尔康奈尔和大部分法国军队则退往法国。欧洲战争的双方均在撤离爱尔兰的舞台。詹姆斯二世党人的突袭持续了整个冬天，法国人提供更多援助的承诺支撑了他们的希望。1691年1月，詹姆斯命令刚从法国回到爱尔兰的蒂尔康奈尔伯爵再次发动战争，并封萨斯菲尔德为卢肯伯爵（Earl of Lucan），以缓和两位詹姆斯二世党人领袖之间日益紧张的关系。1691年5月，圣吕特侯爵夏尔·沙尔蒙（Charles Chalmont, Marquis de St. Ruth）从法国回到爱尔兰，带回了新的武器装备，但关键是，他并没有得到法国的兵力支持，这也在很大程度上揭示了法国介入爱尔兰问题的本质。法国介入爱尔兰事务的机会主义动机是显而易见的；虽然他们希望拉拢爱尔兰军队支持他们在欧洲大陆的战事，但法国人基本不愿意在爱尔兰形势日趋不利的情况下冒不必要的军事风险（事实上，在战事结束后能够从爱尔兰获得一支力量完备的詹姆斯二世党人军队，才是法国人介入爱尔兰事务的关键动机）。在主要的战役之外，被称为“爱尔兰民兵”（rapparees，源自“刺剑”的爱尔兰语 ropaire）的非正规部队展开的游击战开始日益成为本次战争的显著特点。这是詹姆斯二世党人动员农民参与战争的结果。针对爱尔兰民兵的扫荡行动一直持续到17世纪90年代，此时战争已经将近结束。

圣吕特一直致力于通过重新组织和武装在爱尔兰的詹姆斯二世党人部队来加强他们的士气。1691年6月，威廉袭击了詹姆斯二世党人在香农河畔的据点阿斯隆，并进入康诺特。7月12日，两军在戈尔韦附近的奥赫里姆地区展开交战，圣吕特占据地理优势。虽然詹姆斯二世党人取得了最初的胜利，但他们的法国指挥官在交战中死于炮弹袭击，导致全线崩溃。威廉派骑兵追击并大肆屠杀。奥赫里姆战役中大约有7000人阵亡，这是爱尔兰有史以来最血腥的战争：20年后，战场上仍然散落着阵亡士兵的头骨。

经历奥赫里姆之战的失利后，詹姆斯二世党人投降只是时间问题。1691年9月，威廉对利默里克的第二次围攻成为两派之间的最后一战，并以萨斯菲尔德（他在蒂尔康奈尔伯爵于8月去世后成为詹姆斯二世党人的领袖）的投降而告终。随后，双方进行了谈判，于10月3日签订《利默里克条约》（Treaty of Limerick），正式结束了战争。和谈方案由军事和民事两个方面构成。在军事方面，条约决定将詹姆斯二世党人残余军队遣送法国。民事条款的达成相对困难，但这些条款最终都坚持承诺宗教宽容和战后赦免的原则，同时保证天主教徒的财产和公民权利。

威廉征服爱尔兰的目的主要是阻止法国人在那里取得立足点。在取得对詹姆斯二世党人的决定性胜利之后，他和他的顾问们都倾向于快速解决爱尔兰的战后处置问题。然而，他的这一目标并不符合爱尔兰人的期望。在爱尔兰新教徒，尤其是新教精英们看来，1691年威廉的胜利使他们免于被人数远超过他们的敌对者爱尔兰天主教徒所毁灭。在威廉主导下签订的和解方案并不受他们的欢迎，在他们看来条约过于宽松，也没有改变当前对他们不利的宗派格局。在17世纪的动乱中，广大新教群体取得了胜利，他们的地位和安全将以那些希望取代他们的天主教徒的利益为代价来维持。

威廉派在爱尔兰的胜利进一步巩固了已经维持几个世纪的现实：富裕的新教地主阶级在爱尔兰社会中占统治地位，他们的特权将持续几个世纪。它证实了古老的盖尔和天主教的秩序，当中的政治力量和军事力量最终走向毁灭，也让爱尔兰人和老英格兰人明白，他们之间的共同利益大于区别和分歧。在失败和流亡中，他们开始走向团结。简而言之，威廉征服了爱尔兰，并在未来的几个世纪中深刻地影响了爱尔兰。这对数量上占少数的新教群体而言意义显著，以至于后来在新教群体中形成了旨在庆祝新教君主及其臣民在本次战争中取得胜利的传统。但是就17世纪最后一次征服对于大多数天主教徒的意义而言，诗人达维·奥·布鲁阿代尔将其巧妙地比喻为“一次海难”。

历史学家的分歧

关于现代早期（16—18世纪）的爱尔兰应该被认定为一个王国还是一个殖民地，是历史学家的最主要分歧之一。[①] 部分学者以殖民主义作为解释框架，批评观点认为将这一框架用于解读19世纪和20世纪的爱尔兰历史是完全不可行的，但承认对于解释爱尔兰现代早期有一定的适用性。[②] 近年来，认为这一时期的爱尔兰——或至少爱尔兰的大部分地区——已经成为不列颠殖民地的观点得到了历史地理学家威廉·J. 史密斯（William J. Smyth）、历史学家戴维·迪克森（David Dickson）和尼古拉斯·坎尼研究的大力支持。[③] 从理论上讲，一个王国在事实上也可能是一个殖民地，爱尔兰的许多新教徒在复辟时期便把自己看作一个殖民群体。[④] 这一时期，爱尔兰社会中占主导地位的

---

① Kevin Kenny, ed., *Ireland and the British Empire*, Oxford: Oxford University Press, 2004; Joe Cleary, "Amongst Empires: A Short History of Ireland and Empire Studies in International Context," *Éire-Ireland: A Journal of Irish Studies*, 42:1 & 2 (Spring/Summer 2007), 11–57.

② Liam Kennedy, "Modern Ireland: Post-Colonial Society or Post-Colonial Pretensions?" *The Irish Review*, 13 (Winter 1992–1993), 107–121.

③ Canny, *Making Ireland British*; David Dickson, *Old World Colony: Cork and South Munster, 1630–1830*, Cork: Cork University Press, 2005; W. J. Smyth, *Map-Making, Landscapes, and Memory*.

④ Jim Smyth, "The Communities of Ireland and the British State, 1660–1707," in Bradshaw and Morrill, eds., *The British Problem*, 246–261.

外来统治者的看法很有启示性：17世纪70年代的爱尔兰总督、埃塞克斯伯爵阿瑟·卡佩尔（Arthur Capel）曾将爱尔兰描述为一个殖民地，“因为除此之外，它实际上几乎什么也算不上”①。那么，现代早期的爱尔兰（广义上）究竟是一个王国，还是一个殖民地，抑或是两者的混合体呢？也许，的确“没有任何一种帝国主义或文明化模式可以完全适用于现代早期的爱尔兰”②。

“王国或殖民地”的二分法被广泛应用于现代早期爱尔兰史，但关于17世纪，历史学界出现了一个颇具影响力的流派，他们在通常被称为“新不列颠史”的历史研究中，将英格兰、爱尔兰、苏格兰和威尔士之间的互动关系视为一个流动的相互关联的过程，有时将其置于更加广阔的欧洲史和环大西洋史的背景之中。③这种观点超越了纯粹的民族历史框架，尽管也遭到了不少人的批评。“新不列颠史”往往关注类似于17世纪40年代的危机和动荡的演进过程，对一些人来说，它并没有什么特别的新意。他们认为“新不列颠史”基本上就是从一个不同角度解读爱尔兰、苏格兰和威尔士的旧历史。④毕竟，这些国家或地区的历史学家长期以来一直从当地与英格兰强权的关系的角度审视过去。

有一个事件在17世纪的爱尔兰历史中显得尤为突出：1641年动

---

① “Essex to William Harbord, 28 March 1674,” in Osmond Airy, ed., *Essex Papers*, Volume I, 1672–1679, London, 1890, 200–202.

② Jane Ohlmeyer, “A Laboratory for Empire?: Early Modern Ireland and English Imperialism,” in Kenny, ed., *Ireland and the British Empire*, 29.

③ Bradshaw and Morrill, eds., *The British Problem*; Nicholas Canny, “Writing Early Modern Mistory: Ireland, Britain, and the Wider World,” *Historical Journal*, 46:3 (2003), 723–747.

④ Jane Ohlmeyer, “The ‘Old’ British Histories?” *Historical Journal*, 50:2 (2007), 499–512.

乱。关于1641年叛乱的确切时间从一开始就存在争议，因为新教徒和天主教徒各自演绎了一个关于此事的版本，强调他们的受害者身份，这些历史版本直到今天仍被作为政治信仰和身份认同的正当化理由。[①] 这些政治论战大多取材于叛乱之后新教徒难民的证词，包括在都柏林圣三一学院讲述的臭名昭著的“证词”，这些证词已经于2010年经过数字化处理后在网上发布。[②] 尽管其中有一小部分包含了天主教徒对新教徒暴行的指控以及目击者的描述，但近几十年来，学者们已开始将其作为不列颠新教定居者所生活的社会和文化世界的史料加以研究。[③] 例如，在对天主教叛乱分子突袭的描述中记录了他们用爱尔兰语对俘虏说的话，这表明一些殖民者生活在一个双语世界中，定居者和原住民之间的界限比人们假想的更具流动性。这意味着，对1641年事件的重新审视带来了各种各样的新问题。这次暴动是一场“晴天霹雳”般的偶然性突发事件吗？抑或是像戴维·爱德华兹（David Edwards）所提出的那样，是源于长期的殖民和剥削所导致的紧张局

① Eamon Darcy, *The Irish Rebellion of 1641 and the Wars of the Three Kingdoms*, Woodbridge: Boydell & Brewer, 2013; John Gibney, *The Shadow of a Year: The 1641 Rebellion in Irish History and Memory*, Madison: University of Wisconsin Press, 2013.

② 1641 Depositions, http://1641.tcd.ie, accessed 9 May 2016.

③ Canny, *Making Irish British*, esp. 336–401; Nicholas Canny, “The 1641 Depositions as a Source for the Writing of Social History: County Cork as a Case Study,” in Patrick O’Flanagan and Cornelius G. Buttimer, eds., *Cork: History and Society*, Dublin: Geography Publications, 1993, 249–308; Raymond Gillespie, “Migration and Opportunity: A Comment,” *Irish Economic and Social History*, 13 (1986), 90–95; Nicholas Canny, “A Reply,” Irish Economic and Social History, 13 (1986), 96–100; Michael Perceval Maxwell, “Migration and Opportunity: A Further Comment,” *Irish Economic and Social History*, 14 (1987), 59–61.

势？[1]换言之，在1641年之前的几十年中，爱尔兰社会是什么样子的？是一个和平的社会呢，还是处于一个起义已经难以避免的危局之中？考虑到1641年叛乱引发了“三国之争”和随后的克伦威尔征服，并且也一直被作为克伦威尔当局重新分配爱尔兰土地的借口，上述问题至关重要。[2]

① David Edwards, “Out of the Blue?: Provincial Unrest in Ireland Before 1641,” in Jane Ohlmeyer and Micheál Ó Siochrú, eds., *Ireland 1641: Contexts and Reactions*, Manchester: Manchester University Press, 2013, 99–114.

② Micheál Ó Siochrú, *God's Executioner: Oliver Cromwell and the Conquest of Ireland*, London: Faber & Faber, 2008.

第三部分

18世纪

第八章
新教统治地位

新教利益

1691年10月3日，萨斯菲尔德和威廉派指挥官戈达德·范里德·范金克尔（Godard van Reede van Ginkel）分别率领代表团签署了《利默里克条约》。从威廉派的角度看，这是一个合理的（即便不是完美的）协议，可以让他们把精力重新放在欧洲战争。具有讽刺意味的是，该条约的一个关键条款是，爱尔兰詹姆斯二世党人的军队将被遣往欧洲大陆，其中许多人最终在法国服兵役，即所谓“野鹅”（Wild Geese）。留下来的天主教徒，其地产得到承认，并获准从事原有职业（甚至可以携带武器，这取决于其社会地位）。他们还获得了某种程度上的宗教宽容待遇，不会因战时的行为被追究法律责任。然而，爱尔兰的新教徒被这些在他们看来过于“宽容”的条款激怒了，他们对自己在战争中遭受的损失得不到足够的补偿而不满，而且在他们看来，没有彻底征服信奉天主教的爱尔兰依然是危险的。1692年召开的战后第一次爱尔兰议会没有批准该条约，1695年的再次尝试也半途而废。爱尔兰议会直到1697年才批准该条约，但此时通过的条约已经“缩水”，删去了有关民事和宗教宽容的条款。

英格兰光荣革命的一个副作用是在爱尔兰催生了全部由新教徒组成的议会，首次议会在1692年召开。从一开始，这个议会就被宪法问题所主导，而这些问题归根结底是关于谁才是真正的掌权者。是通常由英格兰贵族所主导并任命英格兰人担任要员的政府，还是议会中代表爱尔兰（虽然只是名义上）的议员们？很明显，不列颠和英格兰人的利益并不总是自动与爱尔兰人的利益，尤其是爱尔兰新教徒的利益相一致。毕竟，与詹姆斯二世党人达成和解对威廉政府来说是有利的。但《利默里克条约》的签署及其所包含的让爱尔兰新教徒反感的条款似乎表明，爱尔兰新教徒以及他们所关注的问题最终将被置于次要地位。这是他们所不能容忍的。对爱尔兰议会来说，金钱问题为他们提供了可乘之机；当议会被赋予对爱尔兰政府和行政机构财政收入事务的“独占权”时，议员们开始意识到他们可以在英格兰的眼皮子之下，通过再次控制财权扩大对爱尔兰事务的控制权。但在政府方面，从17世纪90年代开始，爱尔兰政府开始借助所谓“议会主管”（managers）影响议会的立法工作，这些议会主管通过大范围施恩于议员来推动议会通过相关立法。在随后的几十年里，这两种治理风格都在不断演化和发展。

“独占权”主张最初由爱尔兰议会在1692年提出，随后的僵局迫使政府在1695年做出妥协，最终促成了爱尔兰议会定期会议的出现。

此后，随着《利默里克条约》修订版的通过，爱尔兰新教徒挥之不去的恐惧开始在准据法（Popery Laws，或称刑事法［Penal Laws］）获得通过后得到缓解。早在1691年，天主教徒就被禁止进入爱尔兰议会，因为议员们需要宣誓效忠于作为新教最高领袖的王室，并宣誓反对“圣餐变体论”（transubstantiation），天主教徒会对这种制度感到不满。1695年，爱尔兰通过了两部刑事法。其中第一部正式限定天主教徒不得拥有价值超过5英镑的武器和马匹，以免这些武器和马匹成为潜在的入侵者或天主教叛乱分子的战备资源。1695年颁布的第二部刑事法旨在有效限制赴欧洲大陆的爱尔兰学院就读的学生数量，从而限制爱尔兰天主教徒和他们的欧洲同道教徒之间的联系。鉴于流亡欧洲大陆的爱尔兰詹姆斯二世党人残余力量（“野鹅”）给爱尔兰天主教势力在欧洲大陆的知识和商业网络增加了军事层面的潜在意义，这些举措可以被当局合理化为必要的战时安全措施。[①] 针对爱尔兰天主教的进一步限制随之而来。

总体而言，1695—1709年通过的法律都是为了限制爱尔兰天主教的知识分子、宗教界和政治领袖。天主教的教会领导阶层和普通神职人员都将被驱逐。只有数量有限的世俗神职人员被允许留在爱尔兰，但他们需要向当局申请注册。1709年，当局开始要求这些人与斯图亚特王朝残余势力划清界限，人们普遍认为这些流亡法国的力量仍在图谋夺回三国王位。由于土地财富是政治和军事力量的根本基础，许多刑事法的颁布都旨在限制天主教的土地所有权。1704年，天主教

① C. I. McGrath, “Securing the Protestant Interest: The Origins and Purpose of the Penal Laws of 1695,” *Irish Historical Studies*, 30:117 (1996), 25–46.

徒被禁止购买土地，而且租地年限不得超过31年。他们继承土地的方式也在1704年遭到限制：天主教徒必须按照男性继承人均分土地制度将土地平均分配给家族每个子弟，而不能按照长子继承制由长子继承所有土地。这一规定是为了削减天主教徒所持有土地的规模和盈利能力。

新教徒对安全问题的关注也在其他一些刑事法中得到了体现。1728年，天主教徒被剥夺了选举权。18世纪30年代，天主教徒被禁止进入当地政府部门工作，不得进入都柏林圣三一学院（当时爱尔兰唯一的大学）学习，不得从事律师工作。[1] 这些政治和经济权利（特别是土地所有权）方面的限制，以及对天主教徒参与国家管理、选择职业和进入军事部门的限制，都旨在确保圣公会爱尔兰免受天主教徒和詹姆斯二世党人的威胁。虽然詹姆斯二世党人长期流亡海外，但他们在爱尔兰依旧存在巨大的号召力，因此在18世纪的大部分时间内一直被新教统治者视为潜在的威胁。部分新教群体对这些刑事法苛刻的限制性规定展开辩论，即这些法案是否只是镇压天主教徒的工具，还是可以成为让天主教徒皈依国教的手段：毕竟，让天主教徒皈依新教难道不是一个解决问题的长期方案吗？偶尔也有人试图促进爱尔兰天主教徒皈依新教，特别是通过教育手段，但收效甚微。事实上，确实有一些天主教徒皈依了新教，也有一些新教徒帮助天主教邻居和亲戚规避了刑事法的限制。这些法案是陆续出台的，可谓“零敲碎打”，不成体系，也难以全部奏效。但总的来

① S. J. Connolly, *Religion, Law, and Power: The Making of Protestant Ireland, 1660–1760*, Oxford: Oxford University Press, 1992, 263–313.

说，刑事法为18世纪的爱尔兰正式成为一个圣公会国家提供了便利。非圣公会新教徒也是这一体制的受害者，尤其是1704年的圣礼测试（sacramental test）将信奉爱尔兰国教定为担任国家公职的前提条件，这是非圣公会新教徒难以接受的。那些不服从国家教会的新教徒也丧失了参与国家事务的权利。

第一部刑事法的通过为《利默里克条约》的批准铺平了道路。根据这部刑事法，爱尔兰当局应于17世纪90年代开始没收天主教徒的土地，但停战协定——戈尔韦条款和《利默里克条约》——为大多数原本很可能遭到惩罚的人提供了法律保护。在一些案例中，部分参与叛乱的天主教徒得到了赦免，也有部分天主教家庭被允许索要一些被没收的土地：通常是从死于战争或逃往法国的人手中没收的土地。威廉政府所没收土地的规模不及克伦威尔政府，但他们对爱尔兰天主教徒拥有的土地份额的侵蚀更为严重。到18世纪中叶，天主教徒可能只拥有爱尔兰5%—10%的土地——这是一个不同寻常的巨大转变。

我们有必要停下来分析一下现在谁拥有这片土地。截至1700年，爱尔兰不同教派和社会阶层的新教徒大约占总人口的20%，其中圣公会教徒和非圣公会教徒各占一半（后者的数量在17世纪90年代因长老会移民的激增而达到顶峰）。他们通常是不列颠后裔，也有一部分是17世纪后期欧洲大陆胡格诺派等移民群体的后裔，其中一些人取得了不错的成就和地位。但统治精英是圣公会教徒。总体而言，新教发挥了关键性的作用，而且对包括威廉的生日（11月4日）、查理一世的处死日（1月31日）、王朝复辟日（5月29日）、1641年叛乱的爆发日（10月23日）、“火药阴谋”的揭发日（11月5日）在内的关键日期的惯例性纪念活动进一步增强了新教的纽带作用。钟声、篝火、酒宴、精心准备的烟花秀、游行和教堂仪式等官方和非官方仪式成为这些日期的标志，受到新教各个社会阶层的普遍喜爱。爱尔兰国教会刻意设计和渲染了与1641年叛乱相关的纪念活动，以提醒爱尔兰新教徒，他们是因为战胜了爱尔兰天主教徒才免遭毁灭（也可以用于灌输历史教训）。随着时间的推移，博因战役的爆发日（旧历7月1日）也被列为新的纪念日。

这些对过去的缅怀和纪念活动也有助于新教徒对天主教的潜在威胁保持警惕，对天主教的恐惧直到18世纪早期仍然是新教身份认同的重要内容。在不同的新教徒群体看来，天主教的威胁在1691年之后并没有减弱，只是转移至国外。在整个18世纪，“野鹅”在欧洲大陆上塑造了一个强大且富有活力的爱尔兰军事传统，其中又以1745年法国军队中的“爱尔兰旅”在丰特努瓦（Fontenoy）战役的英勇事迹尤其引人瞩目。在光荣革命之后的数十年中，不列颠和爱尔兰确实存在着对詹姆斯二世党人卷土重来的恐惧。詹姆斯二世党人于1715年和1745年发起的叛乱在爱尔兰产生的反响要弱于在英格兰或苏格兰，但无疑加剧了爱尔兰新教徒的担忧，直到18世纪中叶，爱尔兰的新教统治者依旧对欧洲大陆爱尔兰天主教势力的威胁怀有恐惧心理，害怕后者会试图攻击他们。

如果这种担忧引发了新教爱尔兰应该如何保护自己的思考，那么答案无疑就是防御措施。17世纪90年代，爱尔兰的防御体系被普遍认为相对落后。从1698年开始，爱尔兰新教统治者开始着手建设一个遍布全岛的新军营网络（1710年投入使用的皇家都柏林军营是当时欧洲最大的军营，也是新防御体系最引人注目的组成部分）。这些新的军事设施也是为了应付特定地区的爱尔兰民兵造成的持续威胁——

战争结束后这种威胁仍然存在，直至18世纪20年代才有所减弱。然而，新教徒对詹姆斯二世党的恐惧并没有消退，在这种恐惧的驱使下，爱尔兰的新教统治者常常没收天主教徒的武器和马匹，拘留嫌疑人，禁止公众集会。1699—1769年，爱尔兰军队在和平时期名义上有1.2万人，此后又增加到1.55万人，尽管实际服役人数通常相对较低。从1701年起，天主教徒和爱尔兰新教徒被正式禁止参军，但这些限制在战争时期往往有所放宽，爱尔兰军队的普通士兵中不乏天主教徒和新教徒。禁止爱尔兰新教徒参军旨在维护新教徒群体的完整性，确保其不会因大量新教徒在海外服役而受到削弱。故此，爱尔兰军队征召的士兵通常来自不列颠。18世纪40年代以后，圣公会教徒似乎已经被允许进入军队，非圣公会教徒仍被拒之门外。但在1756—1763年的七年战争[①]期间，由于需要大量后备力量，军队开始征召爱尔兰天主教徒入伍。

18世纪的爱尔兰军队常常被认为是一种外部强加的力量，因为它的人员组成和营区往往同整个社会脱离。这种军事举措也成为不列颠在其日益庞大的帝国版图内维持常备军的方法之一，毕竟在不列颠本土维持这样一支军队很可能是不受欢迎的。相反，这支军队将远离人们的视线，远离人们的思想，在爱尔兰的新军营中时刻整装待发。[②]

① 七年战争是英国–普鲁士联盟与法国–奥地利联盟为争夺殖民地和欧洲霸权而进行的战争。此战之后，英国成为海上霸主，法国进一步受到削弱。——译者注

② Ivar McGrath, *Ireland and Empire, 1692–1770*, London: Pickering & Chatto, 2012, 69–142.

权力的行使

新教爱尔兰是如何实现有效统治的？总督作为政府首脑，通常由英格兰人担任，不常驻爱尔兰，但需要参加爱尔兰议会会议。通常情况下，爱尔兰的日常事务由总督之外的其他高级官员负责处理。在此之下是各级行政和官僚机构、官员和闲职人员。政府机构中这些级别较低的公职人员主要由爱尔兰新教徒组成。爱尔兰国教会的人员构成也大致如此，尽管人们普遍认为教会中的牧师绝大多数是英格兰人。就其本质而言，国教会本身便是政府的一个重要助力，它常年关注新教社区群体的情况，尤其致力于开展教育和传教活动，以扩大爱尔兰的新教群体。

总部设在都柏林的司法部，通过在爱尔兰各地巡回执法的方式施行法律。这一时期的爱尔兰设有数量庞大的地方法官、治安官和治安法官。这些职位由士绅把持，负责地方司法活动以及基础设施和公共工程的建设与维护。概括而言，郡级大陪审团和议会分别处于爱尔兰行政体系的两端，中间则分布着庞杂的各级职能官僚机构。[①]爱尔兰议会是在英格兰议会的基础上发展而来的，从17世纪90年代开始，两院会议日趋频繁，与之前几个世纪鲜有会议的情况形成了鲜明的对比。上议院（贵族院）由爱尔兰贵族及国教会的22位主教和大主教组成。下议院（平民院）由来自不同选区（每个选区拥有2个席位）的300名议会成员组成；由于许多选区实际上处于士绅控制之下，下

① Neal Garnham, "Local Elite Creation in Early Hanoverian Ireland: The Case of the County Grand Jury," *Historical Journal*, 42:3 (1999), 623–642; Patrick Walsh, "The Fiscal State in Ireland, 1690–1769," *Historical Journal*, 56:3 (2013), 1–28.

院议员多是士绅手上的牵线木偶。农村选民由信奉新教的地主组成，城镇地区居民则有更广泛的选举权，政府雇员和自由民都可以参与投票。安妮女王统治时期，爱尔兰议会中也形成了辉格党和托利党的联盟。不过18世纪20年代这些特点逐渐消失，直到18世纪后期才重新出现。

但爱尔兰议会的权力相对有限。1720年的《公告法》(Declaratory Act)赋予了不列颠议会一系列权力，包括为爱尔兰立法等。1722年，(在国王情妇的推动下，)英格兰伍尔弗汉普顿(Wolverhampton)的威廉·伍德(William Wood)被授予铸造铜币的特许权。这一旨在补充爱尔兰因流通损耗而产生的货币缺口的决定，引起了爱尔兰人的强烈反对，因为这会导致爱尔兰货币大幅贬值。爱尔兰社会各界进行了激烈的抵制，并最终获得了胜利。这一事件反映了爱尔兰和不列颠之间的利益冲突，被很多人视为象征。其中最著名的论述来自非议会人士乔纳森·斯威夫特(Jonathan Swift)，他在1724—1725年出版的《布商书简》(*Drapier's Letters*)的第四封书信中对“爱尔兰全体人民”表达了关切。在此之后，政府决定未来所有高级职位仍由英格兰人担任，并通过代理人(undertakers)对议会施加影响。

议会代理人的主要作用正如其名称所寓：他们在总督不在场的情况下运作议会会议，对立法施加影响，有权支配政府手中数量可观的资源，促使有利于都柏林的提案在会议中顺利通过。对议会进行“运作”的概念早在18世纪初就已存在，但直到18世纪20年代才开始得到广泛应用。这项任务通常交给那些拥有可观财富和声望、担任高级职位的人物，其中最著名的是1728年之前的威廉·康诺利(William Connolly)和1732年后担任这一角色的亨利·博伊尔(Henry Boyle)。

从本质上讲，他们长期致力于以政府的名义哄骗和贿赂议员，这种制度一直持续到18世纪60年代。

财　富

1731年，都柏林新议会大厦的落成充分展现了爱尔兰新教统治阶级的权力，即所谓“新教统治地位”（Protestant ascendancy，该术语可以追溯到18世纪80年代，直至现在仍然被广泛使用）。[①]1715年之后，议会改为每两年召开一次会议；18世纪，都柏林作为议会所在地成为新教统治精英的聚集地，加上经济长期繁荣，其城市规模得到了空前的扩张。在经历了詹姆斯–威廉战争的破坏之后，爱尔兰经济缓慢复苏，不过18世纪20年代是一段尤其艰难的时期，连续的农业歉收导致一些地区爆发了饥荒。在20年代之外的其他历史时期，农作物歉收和流行病也时有发生，1740—1741年的寒冬造成的全国性饥荒带来了可怕的后果。

但总体而言，18世纪爱尔兰经济发展的轨迹是向上的；从17世纪60年代到18世纪70年代，爱尔兰的出口增长了5倍。这一时期的爱尔兰港口在货物进出口上各有侧重。德罗赫达和贝尔法斯特主要出口亚麻；都柏林、利默里克、科克和沃特福德则出口牲畜和食品。1696—1731年，爱尔兰与不列颠的殖民地没有直接的贸易往来：爱尔

① James Kelly, “Eighteenth Century Ascendancy: A Commentary,” *Eighteenth-Century Ireland*, 5 (1990), 173–188.

兰的出口以及糖、烟草、朗姆酒、木材和亚麻籽的进口都要经过不列颠，因为较大港口挤占了较小港口的业务空间。人为环境的变化也促进了国内经济的发展。自17世纪起，爱尔兰的地产和城市网络一直在扩张，但道路、城镇和集市等基础设施的建设在18世纪才开始加速。1729年，爱尔兰建成第一条收费高速公路。18世纪70年代，爱尔兰约建成3000个集市。

18世纪初，爱尔兰大概有2000个庄园农场，其中大部分都小于4000英亩，只有一些大庄园例外。[①] 芒斯特、伦斯特和东康诺特出现了规模更大的养牛场，给规模较小的农场带来了压力。它们还带来了另一个深远的影响：大农场的盛行使低地牧场被大量占用，从而加速了马铃薯的大规模种植，因为马铃薯很容易在较贫瘠的高地土壤中生长。尽管不列颠在18世纪末已成为爱尔兰的主要市场（1700年，约有45%的爱尔兰出口商品销往不列颠；到1800年，这一数字已经增长至79%），爱尔兰与不列颠殖民地之间的大西洋粮食贸易有力推动了爱尔兰农业向大规模乳牛畜牧业转化。18世纪，咸牛肉和乳制品是殖民地贸易的支柱，但爱尔兰主要贸易对象由西印度群岛逐渐转变为北美。[②] 财富和商业扩张也在爱尔兰的货物进出港口留下了印记。

天主教和非圣公会教徒的商业利益不受刑事法的影响，因为刑事法主要用于保护土地财富。亚麻等纺织品仍是主要的出口产品，到18世纪末，东北部的主要亚麻产地将成为爱尔兰最富裕的地区。阿尔斯

① David Dickson, *New Foundations: Ireland, 1660–1800*, Dublin: Irish Academic Press, 2000, 117.

② Thomas Bartlett, "Ireland, Empire, and Union, 1690–1801," in Kenny, ed., *Ireland and the British Empire*, 61–89.

特亚麻贸易的大规模扩张得到了地主们的支持，部分原因在于这一地区土地贫瘠，租金低廉。地主们也为新产品的销售提供了便利，东阿尔斯特的阿马—邓甘嫩—利斯本“亚麻三角”在18世纪下半叶成为经济增长的重要中心之一。亚麻产业最终向西延伸到养殖海带的大西洋沿岸，向南延伸到长期处于银行业和资本流动中心地位的都柏林（亚麻礼堂［Linen Hall］）。都柏林旧亚麻礼堂周围街道的名称——比如以阿马郡的同名小镇命名的利斯本街——依旧是都柏林与阿尔斯特亚麻贸易联系的见证。同样，18世纪织布作坊独具风格的长条形房屋也是爱尔兰北部地区乡土建筑的特色：为了容纳织布机，他们不得不将房屋建成长条形。这一时期爱尔兰财富和社会安全的另一种外在表现是，从18世纪30年代开始，爱尔兰士绅的住宅和私有领地的性质发生了变化，已经逐渐摒弃过去的半防御住宅风格。“乔治时代”的爱尔兰给后世留下了丰富的建筑遗产，18世纪的贵族住宅也许是其中最重要的组成部分。然而，在“新教统治地位”的社会表面之下依旧存在尖锐的矛盾，因为这些新的“大房子”依然扎根于一个当时仍是天主教徒占绝大多数的国家的乡村。现在我们有必要把注意力转向这一现实。

第九章
“隐性”爱尔兰

天主教徒和詹姆斯二世党人

1711年7月，戈尔韦郡黑德福德（Headford）教区的热心牧师理查德·托马斯（Richard Thomas）写信给蒂厄姆（Tuam）的主教约翰·维西（John Vesey），说他有很大的把握可以让奥弗莱厄蒂（O'Flaherty）家族的两个主要成员皈依新教。“这将极大地帮助我们将这里建设成为一个新教国家，也就是说，如果我们没有遭受那些在地下工作的鼹鼠——教士和修道士激烈反抗的话。”[①]从中我们可以看出两点：首先，爱尔兰国教会（或至少是它的个别成员）认为，有必要设法让某些具

① Ciarán Ó Murchadha, "Letter to John Vesey, Bishop of Tuam, July 1711," *Journal of the Galway Archaelogical and Historical Society*, 60 (2008), 117.

有重要地位的天主教徒改信新教，以利用他们在天主教社区内的影响力；其次，当他们试图这样做的时候，遭到了天主教反对者的阻碍（关于颁布刑事法是不是为了促进天主教徒皈依新教，这在当代引起了长期的争论）。如果爱尔兰在法律层面上是一个只有国教会成员才能充分参与公共生活的国家，这就等于是以一个单纯意义上的宗派理由将大多数人排除在外。这封信微妙地揭示了这一严峻的事实。使用“隐性”爱尔兰这样的形容是为了指出存在被排除在正式的政治公共生活之外的爱尔兰人。具有讽刺意味的是，这意味着18世纪爱尔兰人口的绝大部分都可以被描述为“隐性”的爱尔兰人。

天主教徒虽然占爱尔兰人口的大多数，但被排除在国家事务之外。然而，这并不是说天主教爱尔兰无足轻重。事实上，他们的政治立场是爱尔兰新教徒极为关注的事项。在一些有影响力的新教徒的支持下，效忠于被废黜的斯图亚特王朝的詹姆斯二世党在整个18世纪天主教爱尔兰中仍然保持着强大的影响力。他们对斯图亚特王朝的忠诚常常体现于盖尔语诗歌和歌曲中，这些仍然构成了充满活力的口头和手抄传统。尽管经历了17世纪的文艺复兴，但自16世纪以来盖尔秩序所承受的压力对其精神生活和知识阶层（英格兰当局对它长期怀有敌意）造成了严重的破坏。但是，面向诗人、系谱学家、律师和医生的世俗学校一直存在到17世纪甚至更久。爱尔兰诗歌界的社会声望可能有所下降，但其成员仍在用诗歌同他们所处的世界进行互动。部分诗歌类型如意象诗（爱尔兰语为aisling，通常描述带有寓意的意象）得以幸存，并被用于新的目的，变得更加通俗易懂。18世纪及19世纪早期的天主教学校校长和17世纪的诗坛精英存在承继关系。

伊·布伊·麦克·克勒廷（Aodh Buí Mac Cruitín）的职业生涯就是一个很好的例子。1680年左右，他出生于克莱尔郡，其家族传统是为托蒙德的奥布赖恩家族（O'Briens）担任世袭历史学家。他写了一些讴歌当地士绅的诗歌，后来发展为直率讴歌詹姆斯二世党人的诗歌。他搬到都柏林，翻译了大量作品，然后出版了一本英文书。这本书借鉴了杰弗里·基廷的著作，对理查德·考克斯（Richard Cox）等爱尔兰新教历史学家的著作提出了质疑。他在1728年加入法国军队之前编纂并出版了一本关于爱尔兰语语法的手稿。1731年，他在巴黎参与出版了一本英语词典，然后回到他的故乡克莱尔，并建立了一所学校。作为诗人、詹姆斯二世党人、学者、士兵和教师，麦克·克勒廷的职业生涯囊括了18世纪早期爱尔兰天主教世界的许多要素。

天主教徒对斯图亚特王朝的忠诚持续了很长一段时间，即便在后者失去英格兰、爱尔兰和苏格兰的王位后，这种忠诚依然存在。这不仅仅是怀旧：詹姆斯二世党心怀这样一种前景，即爱尔兰新教的新体制可能会被逆转，变得有利于天主教徒的利益。这些人相信，如果斯图亚特王朝重新夺回失去的王位，他们肯定会奖励那些仍然忠于他们的天主教臣民。部分天主教士绅在18世纪早期的土地没收运动中得以幸存，但也只是作为土地的使用者、佃户和佃农，而不是土地所有者。可能约有20%的爱尔兰土地依旧保留在原有土地所有者手中，他们多属于所谓“中间人”（middlemen）阶层，即残余的旧贵族势力，在所在社区中依旧保持着原有的地位，有“地下士绅”

（underground gentry）之称。[①]

詹姆斯二世党常常被认为还与其他形式的动乱有关联，例如18世纪20年代爱尔兰民兵带来的威胁。詹姆斯二世党还得到了天主教会的认可：1687—1765年被指派前往爱尔兰的129位天主教主教中，有124位得到了流亡的斯图亚特王朝的正式批准。爱尔兰与欧洲大陆的持续联系让詹姆斯二世党得以继续存在且越来越具威胁性。1727年，一名曾经登上凯里郡一艘商船的法庭证人的证词暗示了这一点。在听到船主为“杰米”（Jemmy，为“詹姆斯”的昵称）祝酒时，这位证人问谁是杰米，被告知“指的是詹姆斯三世国王”，“他还举杯祝詹姆斯三世健康，并在此之后攻击了一位与我一起为乔治国王祝酒的绅士”。[②] 詹姆斯三世的生日庆典、煽动性的祝酒行为、征召国外服役的士兵等举动，都提醒着新教徒斯图亚特王朝复辟的可能性，而许多天主教徒（与部分新教徒）则乐于见到这种情况的发生。

但斯图亚特王朝复辟的前景取决于西班牙、法国以及决定作用相对较小的瑞典和俄国的军事支持。1715年詹姆斯二世党人起义之后，作为主要同盟的法国却与不列颠达成和解，共同对抗西班牙，这种局面一直维持到了30年代。在整个18世纪，爱尔兰天主教徒始终怀揣大陆国家登陆爱尔兰的希冀，但1715年和1745年的詹姆斯二世党叛乱在爱尔兰均未得到支持。1745年起义失败后，詹姆斯二世党人元

① Kevin Whelan, “An Underground Gentry: Catholic Middlemen in Eighteenth-Century Ireland,” in Kevin Whelan, *The Tree of Liberty: Radicalism, Catholicism, and the Construction of Irish Identity*, Cork: Cork University Press, 1996, 3–56.

② Breandán Ó Buachalla, “Irish Jacobitism in Official Documents,” *Eighteenth-Century Ireland*, 8 (1993), 135.

气大伤，从此一蹶不振。1766年，詹姆斯二世的儿子及继承人詹姆斯·弗朗西斯·爱德华（James Francis Edward，即“老王位觊觎者”）[1]的去世标志着斯图亚特王朝一脉的终结。

詹姆斯二世党能够在爱尔兰长期蛰伏，同爱尔兰天主教势力与欧洲天主教势力之间的关系密不可分。天主教爱尔兰势力的重心已经通过多种方式转移至流亡欧洲大陆的侨民群体。在现有的爱尔兰学院和爱尔兰军事移民网络之外，爱尔兰天主教商人也在南特、波尔多(Bordeaux)等城市站稳了脚跟。他们中的一些人显然参与了这些港口的奴隶贸易，但葡萄酒和羊毛贸易这两项传统行业依旧是大多数人的主要营生。在18世纪后半叶的爱尔兰城镇中，天主教商人精英也日益壮大，并开始与他们在欧洲大陆的爱尔兰同行（通常是他们的亲属）建立联系。部分爱尔兰天主教徒在爱尔兰和其他国家都取得了相当可观的成就。

但这并不意味着那些影响绝大多数爱尔兰人的社会经济问题可以被忽视。1740—1815年，乳品业逐渐由西部向东部地区扩张。许多地区也形成了行业分工，如南方的乳品业，西伦斯特和东康诺特省的肉牛育肥行业，伦斯特的耕作农业等。耕作农业促进了诸如酿酒业和制粉业等食品加工业的发展。但耕作农业需要大量的劳动力，这直接导致了一个由无土地的劳工构成的底层社会阶级的形成。较为贫瘠的西部海滨则以小型农场为主。集体耕作习俗，如“小块土地占有制”（rundale，在该所有制中多个家庭或个人共同占有一片土地，每隔一

① 即前文提到的詹姆斯三世（1688—1766）。詹姆斯二世于1701年去世后，詹姆斯·弗朗西斯·爱德华在詹姆斯二世党人和法国国王路易十四的支持下继续对英格兰、苏格兰、爱尔兰王位提出要求，称英格兰、爱尔兰的詹姆斯三世，苏格兰的詹姆斯八世。——译者注

个时间周期以抽签的形式分配土地单位）通过最大化利用贫瘠土地资源，缓解了人口增长带来的压力。

这个“隐性”的爱尔兰世界并不与世隔绝，也绝非不谙世俗，但常常被视为落后之地，为寻常观察者所误解。经济的增长也引发了土地所有者和佃户之间的紧张关系。这些矛盾关系催生了一系列秘密的农民反抗组织，其中以豪格会（Houghers）和芒斯特的白衣会（Whiteboys，以他们夜间行动时穿着的白罩衫而得名）最为著名。农民动乱往往被认为与爱尔兰天主教徒的不满以及詹姆斯二世党人的谋划有着纠缠不清的关系——毕竟白色是与詹姆斯二世党密切相关的颜色[①]，但这些主张有时候不过是地主出身的地方官员残酷镇压农民运动的借口。然而随着18世纪的时间推移，爱尔兰的变革已如山雨欲来。1758年，限制天主教徒参与行会的规定遭到了动摇。七年战争中，一小支法国军队于1760年短暂占领了阿尔斯特的卡里克弗格斯，引发了爱尔兰天主教信徒的一系列抗议声，进而推动成立了一个由中产阶级天主教徒组成的、呼吁废除刑事法的天主教委员会（Catholic Committee）。“天主教问题”——承认天主教徒的政治和经济权利——将成为18世纪后半叶爱尔兰最重要的政治问题。

非圣公会新教徒与他们的移居

天主教徒不是惩罚性立法的唯一受害者。其他非圣公会新教徒同

① 指詹姆斯二世党的白色蔷薇旗。——译者注

样也是圣公会政府的针对目标。爱尔兰的圣公会精英长期以来一直对非国教徒持怀疑态度。但在威廉派与詹姆斯二世党的战争中，长老会教徒选择了与圣公会教徒并肩作战。这一偶然的联盟让爱尔兰国教会的部分成员相信，在面临共同的天主教威胁时，长老会和圣公会最终会形成共同的立场。因此，放松对非圣公会新教徒的限制并不是当务之急。长老会教徒对限制他们参与公共事务的1704年圣礼测试条例持极大的敌视态度，尽管这种限制在18世纪20年代有所松动。但长老会教徒和其他非圣公会教徒依旧是刑事法的受害者，尽管其受迫害程度不及天主教徒。例如，长老会教徒可以参与投票选举，但由于1704年的圣礼测试条例，他们被禁止担任公职。此外，他们的婚姻无法得到法律的承认——这给他们带来了严重的土地继承问题。但总体而言，他们的受排挤程度没有天主教徒那么严重。长老会神职人员在公共事务上往往比天主教神职人员更有发言权便是有力的证明。

阿尔斯特地区最初的长老会教徒移民主要来自苏格兰低地，他们带来了独特的文化特征，如当地方言、教育实践、乡土建筑和燕麦饮食习俗等。他们与苏格兰依旧保持着密切的联系。事实上，由于无法进入都柏林圣三一学院学习，能够负担得起大学教育的长老会教徒只能另辟蹊径，选择赴爱丁堡和格拉斯哥（Glasgow）的苏格兰大学求学。苏格兰移民的最近一次大规模涌入发生在17世纪90年代，但很快被另一次移民所掩盖——阿尔斯特的许多苏格兰人开始向北美移民。不利的经济条件、租金的上涨和纺织品贸易的衰落是这一移民浪潮的关键驱动因素，不过大西洋彼岸的广阔土地和相对较少的限制所带来的吸引力也是重要的推动因素。17世纪80年代到19世纪30年代，大约有15万长老会教徒离开爱尔兰前往北美（还有相当数量的天主教徒）。

特拉华地区（Delaware）成为阿尔斯特移民的主要目的地，卡罗来纳州、佐治亚州和弗吉尼亚州的边沿地区也成为阿尔斯特移民的主要聚居地。18世纪大西洋两岸也因此建立了广泛的联系：从美国进口亚麻籽获得的补贴促使更多人向美国移民。新教统治时期，爱尔兰天主教徒和长老会教徒之间存在着深刻的分歧。然而，和他们的爱尔兰圣公会统治者们相比，天主教徒和长老会教徒生活在一个无论是思想上还是地域上都远远超越了爱尔兰岛的广阔天地之中。

女性和族群

把爱尔兰女性视为“隐性”爱尔兰的一部分可能很奇怪。然而，如果我们将“隐性”爱尔兰的成员身份定义为被排除在公共和政治生活之外的群体，那么爱尔兰女性无疑是其中的一部分。就纯制度角度而言，政治生活是男性的专有领域。但政治不仅体现为议会等权力机构的成员身份，还涉及包括女性在内的更广泛的文化政治话题。即使在中世纪和近代早期的爱尔兰统治精英中，贵族女性也在政治生活中发挥着重要的作用。妇女享有的土地和财产继承权赋予她们一定程度的政治、经济和社会影响。然而，这种情况只发生于精英阶层。在社会的底层，女性往往只能扮演家庭用人的角色。到了18世纪，爱尔兰女性仍然被排除在正式的政治权力之外，但在职业和谋生方面她们有了更多的机会和选择。妇女可以通过做生意（通常是在服装和工艺品领域）来扩宽自己的影响力，尽管城市地区也有部分妇女沦为娼妓。

婚姻仍然是妇女获得正式社会地位最直接的途径。然而，爱尔兰当时的婚姻制度也与“罪恶且不可饶恕”的妇女诱拐罪行难脱干系。妇女诱拐往往伴随着暴力和强奸，最后以强迫婚姻告终。作为一种犯罪行为，诱拐妇女主要是出于经济动机，在很大程度上是“中等”阶层的犯罪，但对妇女的暴力行为是随意而普遍的。然而，在爱尔兰，诱拐妇女将被判处死刑的事实表明，除了父权社会的存在，还有一个更为复杂的现实。① 例如利蒂希娅·布谢（Letitia Bushe），她是基尔肯尼一个小地主的女儿，断断续续地担任公职，可以在18世纪中期的都柏林和米斯郡“上流社会”中维持一个充实和相对独立的生活，同时还能保持自己对政治和战争的意见。从官方角度，这些都被认为是男性的特权。可见，这一时期对爱尔兰妇女和其他群体所施加的客观限制不能反映她们的全部经历。② 同样，在汉诺威王朝时期的爱尔兰断断续续出现了非洲或东印度群岛的黑人男女——通常是家庭用人或奴隶——也反映出爱尔兰历史学家可能忽视的人类经验的其他方面。③18世纪的爱尔兰有许多“隐藏”的故事。

---

① James Kelly, “The Abduction of Women of Fortune in Eighteenth-Century Ireland,” *Eighteenth-Century Ireland*, 9 (1994), 7–43.

② S. J. Connolly, “A Woman’s Life in Mid-Eighteenth Century Ireland: The Case of Letitia Bushe,” *Historical Journal*, 43:2 (2000), 433–451.

③ W. A. Hart, “Africans in Eighteenth-Century Ireland,” *Irish Historical Studies*, 33:129 (May 2002), 19–32.

第十章
爱国者

18世纪下半叶，一种新的、可能相对松散的意识形态——爱国主义——开始成为爱尔兰新教统治阶级自我形象的基础。爱国主义新教精英的祖先是不列颠人，但随着时间的流逝，随后的几代人都出生于爱尔兰，而且逐渐形成了一个独特的、共有的、独立于不列颠之外的爱尔兰身份认同。他们对爱尔兰在政治上从属于不列颠的现状表现出极大的不满，认为爱尔兰新教徒与不列颠新教徒的地位应该是平等的，所以也应享受同等权利，这种不满进一步推动了上述认同的形成。1541年的《王位法案》为爱尔兰新教爱国主义提供了法律基础，该法案使爱尔兰成为一个独立的王国，其地位与英格兰相当。但现实是，爱尔兰新教徒的安全（爱尔兰的爱国主义是一种新教现象）最终取决于英格兰（以及后来的不列颠）议会，两者之间存在极不平等的权力关系，这阻碍了爱尔兰新教徒对平等地位的渴求。但无论如何，盎格鲁–爱尔兰在理论和实践层面的紧张关系有足够的理由存在。在“独占权”——爱尔兰议会是否有权发起财政立法——等问题上的分歧就是明证，该问题在当时已经演化成具有象征意义的事件，即爱尔兰新教精英能否在英格兰的控制之下维护自身权利。

最早也是最著名的捍卫爱尔兰议会管辖权不受外部干预的言论出现于1698年。当时，英格兰羊毛出口因战争的紧急状态而崩溃，英格兰政府试图禁止爱尔兰出口羊毛，以保持自身羊毛的竞争优势。这一企图在1699年得以实现，但它也促成了威廉·莫利纽克斯（William Molyneux）的《……爱尔兰的状况》(*The Case of Ireland ... Stated*)[1]于1698年出版。这本书否定了当时的英格兰议会对爱尔兰议会的管辖权（1707年英格兰和苏格兰统一为一个王国，只有一个议会）。18世纪20年代，英格兰人威廉·伍德获得了为爱尔兰铸造硬币的特许权，这引发了一场争议，凸显了激发爱尔兰爱国主义的一个关键政治问题：英格兰人对爱尔兰事务的干涉。爱国主义在爱尔兰并不是一个延续不断的传统，但无疑是一个循环往复的主题。18世纪40年代之后，爱国主义在爱尔兰公共生活中愈加关键。

1741年，一位来自克莱尔郡的药剂师查尔斯·卢卡斯（Charles Lucas）被任命为都柏林共同委员会（Common Council）的成员，该委员会是由行会代表、其他被任命者、市长以及24名市议员组成的管理机构。委员会的权力以历任国王颁布的各种中世纪宪章为基础，但卢卡斯开始鼓动对委员会进行改革，他认为这个委员会的管理方式不

① 完整书名为《英格兰议会法令束缚下爱尔兰的状况》(*The Case of Ireland's Being Bound by Acts of Parliament in England Stated*)。——译者注

以公民的利益为宗旨，而且正在大肆侵犯旧宪章所规定的权利。1749年，他参加了议会选举，并通过创立自己的竞选报刊——《监察官报》（*The Censor*）——阐述和宣传观点，他认为新教公民和都柏林自由民所应享有的权利可以追溯到中世纪，但这些权利已经被当权者的不当行径以及不列颠几个世纪以来的统治所侵蚀。下议院因此下达了对卢卡斯的逮捕令，卢卡斯最终不得不逃离爱尔兰。在1760年重新回到都柏林之前，他曾在巴黎、（荷兰）莱顿、伦敦和（法国）兰斯生活。但对英格兰而言，他如同打开了潘多拉魔盒。如果像他所主张的那样，爱尔兰的新教徒享有与不列颠新教徒同样的权利和特权，那么不列颠议会和不列颠行政人员就没有任何权利来管理爱尔兰。这是18世纪60年代到90年代之间爱尔兰新教统治者要解决的最大问题。

他们以新的方式来解决这个问题。“卢卡斯事件”表明，印刷文化和报纸的发展有利于培养和反映公众意见，这为爱尔兰的新教统治者带来启发。这不完全是个新现象：爱尔兰讽刺作家乔纳森·斯威夫特于18世纪20年代出版的《布商书简》，便是一场反对伍德铸造半便士硬币的公开运动。不过印刷文化在爱尔兰的政治和经济生活中发挥的作用已经愈发显著。18世纪，在各种官方和非官方教育体系（如为天主教农民提供基础教育的树篱学校［hedge schools］）的推动下，爱尔兰人的英语读写能力不断提高。都柏林当时是世界上第二大英语印刷中心，1800年之前审查制度或版权限制的缺失，使爱尔兰的印刷贸易得以蓬勃发展（这往往要感谢不列颠和欧洲大陆出版物的再版和翻译）。虽然只有那些正式享有政治权利的新教徒有资格参与政治论战，但并非所有政治都是制度化的。天主教问题的出现也促使人们逾越政治生活的正式界限大胆地发表自己的见解，如科尼柳斯·纳里

(Cornelius Nary)、查尔斯·奥康纳(Charles O'Conor)和约翰·柯里(John Curry)等天主教牧师和知识分子都在解读爱尔兰天主教社区所处的社会环境方面做出了贡献。[①]

宗教问题以出人意料的方式影响着知识分子的生活。柯里和奥康纳都专注于从事小册子制作。这种手册制作工艺的兴起在一定程度上是由于18世纪爱尔兰日益浓厚的对古文物的兴趣。这为揭开英格兰征服爱尔兰之前的历史提供了可能性，天主教徒和新教徒都可以投入这项事业。但这也引出了一个关于后来文化优越性（或反之）的尴尬问题；在天主教和新教学者就古爱尔兰人的性质和起源所进行的古文物学辩论中可能存在宗派主义倾向。

贵格会（Quakers）和天主教徒在都柏林出版界取得显著地位也许是无法避免的。其他省区的出版业直到19世纪才真正起步。在此之前，都柏林的印刷商已经拓展了相当广阔的业务范围：在小商贩非正式商业活动的推动下，他们建立了运转良好的图书分销网络；而1750年，爱尔兰大约有1800个有执照的小图书商贩。[②]在18世纪的爱尔兰，绝大多数（尽管不是所有）印刷品都是用英文印刷的，但将英文读写能力视为衡量识字水平的唯一标准是错误的。的确，英语取代爱尔兰语成为大多数爱尔兰人的地方语言，这种转变在18世纪就已经开始了，但并不要求其使用者具备读写能力。一直延续到19世纪的爱尔

① Jim Livesey, *Civil Society and Empire: Ireland and Scotland*, New Haven: Yale University Press, 2009, 90–127.

② Máire Kennedy, "Reading the Enlightenment in Eighteenth-Century Ireland," *Eighteenth-Century Studies*, 45:3 (2012), 355–378; Niall Ó Ciosáin, *Print and Popular Culture in Ireland, 1750–1850*, Dublin: Lilliput Press, 2011, 71.

兰手抄文化，可能在一定程度上弥补了英语在印刷活动中占据主导地位带来的文化缺位。如果认为爱尔兰语和英语在文化和知识世界中是相互隔绝的，那就大错特错了，事实恰恰相反。[1]

这一时期，国内外政治形势的变化扩大了爱尔兰的公众辩论空间。18世纪60年代，人们认识到，那些长久以来通过议会控制立法的"代理人"的影响力已经过于强大。这种意识在乔治·汤申德（George Townshend）子爵于1767—1772年担任总督时达到了顶峰。由于对约翰·庞森比（John Ponsonby）等前任治理下的旧议会"运作"制度失去了耐心，汤申德试图在议会中培养新的联盟，重新控制之前让渡给代理人的政治资源，同时增加自己在爱尔兰的居住时间，以增强在都柏林的存在感（他成为18世纪第一个这样做的总督）。他试图通过这些手段在无序的爱尔兰议会重塑爱尔兰当局的权威。这种新型不列颠政府很快遭到议会中迅速壮大的爱国者选民的反对，但这个选民群体依旧只是一个由不同利益集团拼凑起来的缺乏效力的松散联盟。18世纪70年代在大西洋彼岸爆发的危机最终促使他们走向团结，组成了一个更强大、更有效的游说团体。

美洲的革命

18世纪70年代，爱尔兰与大西洋世界的联系已经非常紧密。

---

① Michael J. Griffin, "The Two Enlightenments of Merriman's Clare," in Brian Ó Conchubhair, ed., *Brian Merriman's Midnight Court*, Syracuse: Syracuse University Press, 2009, 59–69.

1775年北美13个殖民地爆发的独立战争对爱尔兰产生了巨大影响。鉴于爱尔兰议会在法律意义上从属于不列颠议会，且自17世纪末以来，爱尔兰长期受到相当严苛的贸易限制，北美殖民地人民要求的政治自主、代表权、主权和贸易权等呼声无疑在爱尔兰引起了广泛的共鸣。爱尔兰的爱国主义话语与大西洋彼岸的呼声遥相呼应。正如本杰明·富兰克林（Benjamin Franklin）所指出的，大洋两岸的不列颠领地之间存在“许多相似之处”。[①] 即便抛开北美革命战争的爆发对爱尔兰爱国者的影响不谈，至少已经有一些天主教诗人在（爱尔兰语）诗歌中表达了对不列颠人在北美遭到挑战的欣喜之情，尽管这并不等于同情北美殖民者，后者在某种程度上与爱尔兰的新教精英有着相似的身份。[②] 在詹姆斯二世党人1745年叛乱失败后的几十年里，盖尔知识界的意识形态焦点，开始从明确的詹姆斯二世党人立场，转变为不以斯图亚特王朝为内核的詹姆斯二世党意识形态，这种转变越来越与天主教身份认同以及刑事法带来的不满相适应。[③]

北美殖民地的动乱也对爱尔兰的天主教问题产生了影响。在1756—1763年的七年战争期间，由于爱尔兰的天主教徒被剥夺了参军权，不列颠实际上少了一个主要的兵力来源。1774年，爱尔兰制定了一套新的为天主教徒所接受的效忠誓词，允许他们参军（对不列颠人

① Maurice Bric, “Ireland and the Atlantic World, 1690–1840,” in Alvin Jackson, ed., *The Oxford Handbook of Modern Irish History*, Oxford: Oxford University Press, 2014, 466.

② Vincent Morley, “Irish Political Verse and the American Revolutionary War,” *Journal of Irish-Scottish Studies*, 1 (2007), 45–59.

③ Breandán Ó Buachalla, “From Jacobite to Jacobin,” in Thomas Bartlett, David Dickson, Daire Keogh, and Kevin Whelan, eds., *1798: A Bicentenary Perspective*, Dublin: Four Courts Press, 2003, 75–96.

而言这无疑是一个有益的选择，因为他们需要增加兵力以镇压北美殖民地的反抗）。1780年，为了争取长老会教徒的支持，令人厌恶的圣礼测试被废除。同年，不列颠进一步取消了对爱尔兰与殖民地开展直接贸易的限制——这主要是迫于镇压北美独立战争的需要。在某种程度上，也可以说这是1778年和1782年颁布的天主教宽容法案的结果，这些法案解除了对天主教徒持有土地和宗教信仰的限制。越来越多人意识到，特别是在不列颠，对天主教徒的这种限制是不必要和不公平的。此外，他们还必须考虑现实需要。当大西洋彼岸迫切需要额外的军队时，不招募天主教士兵显然是不明智的；在天主教爱尔兰的传统盟友法国卷入北美战争的时候，保留那些招致天主教徒怨恨的制度也是不可取的。如果爱尔兰天主教徒没有被迫离开，那么他们也不会与英格兰的宿敌重新结盟。1779年2月，奥索里（Ossory）教区的天主教大主教约翰·特洛伊（John Troy）谴责美国革命者为“叛变者”，这一事实表明，就像天主教说客长期以来所说的那样，让天主教忠于国家并不像过去看起来的那么不切实际。

然而，这个时代最引人注目的政治创举来自新教徒。1779年，阿尔斯特地区掀起了征召民兵的志愿者运动（Volunteer movement），以保卫爱尔兰，抵御诸如法国这样的外敌入侵，从而将军队解放出来，投入北美战场。新运动带有更加鲜明的政治色彩，与爱国主义传统实现了紧密的结合。志愿者主动提出保卫爱尔兰，但前提是不列颠政府给予一定的回报，于是他们开始借此推动对爱尔兰贸易限制的改革。关于志愿者运动最著名的记录是弗朗西斯·惠特利（Francis Wheatley）的画作——《谨以1779年11月4日格林学院志愿者会议之画纪念威廉国王的生日》（*A View of College Green with a Meeting of the Volunteers on 4 November 1779 to Commemorate the Birthday of King William*）。[1]但惠特利的作品有一些关键的遗漏：它没有描绘出当天都柏林议会大厦外所挂的各类标语与横幅。其中包括披挂在威廉三世雕像上的写着“自由贸易，否则不合作”和“放开对爱尔兰的限制”等字样的条幅，以及挂在一门大炮上的写着“自由贸易，否则加速革命”的标语。[2]志愿者运动要求在爱尔兰事务上从不列颠那里获得更大程度的自主权，从而将爱国主义推向了高潮。志愿者运动呈现出多种形式的公众政治；除了像惠特利画作所描绘的集会和游行，他们的呼声也通过印刷品、纪念活动和其他物质文化进行传播。

18世纪70年代末的爱国主义运动发生在刑事法相对宽松的时期，这为天主教徒重新进入公共生活打开了大门，来自都柏林的议会议员亨利·格拉顿（Henry Grattan）等爱国者领袖也给予了他们鼓励和支持。许多通常被排除在爱尔兰政治生活之外的人群——如妇女、商人中产阶级，当然还有天主教徒——都参与了这场由志愿者发起的运动。虽然这项运动在志愿者内部或之外都没有得到普遍认同，但至少对一些人而言，惧怕天主教徒的传统理由正在消退，这一原则在当时是非常有意义的。18世纪早些时候，乔纳森·斯威夫特在《布商书简》中提到的“爱尔兰全体人民”大体可以被理解为“爱尔兰国教会群体”；18世纪70年代末和80年代初，这样一个狭隘的定义就不再适用了。但在这个特殊时刻，是否解救天主教徒于水火之中并不是爱尔兰公共生活中最紧迫的问题。在日益政治化的氛围中，越来越多人开始将爱

① Fintan Cullen, *Visual Politics: The Representation of Ireland*, Cork: Cork University Press, 1997, 57–62.

② J. T. Gilbert, *A History of the City of Dublin*, 3 vols. (1854–1859), 3:42–52.

尔兰的经济问题归咎于不列颠对爱尔兰的政策。这并不是对盎格鲁－爱尔兰关系的新表述，但在这个关键时刻，爱尔兰公众对这一问题的强调赋予其特殊意义。虽然没有出现支持爱尔兰脱离不列颠势力范围的主张，但必须重新商榷爱尔兰继续作为其中一部分的条件。

1782年："立法独立"

与志愿者动员运动相伴而来的是推行政治和经济改革的主张。新运动对主张的支持使不列颠当局无法忽视这些要求。1782年2月，志愿者代表们在蒂龙郡的邓甘嫩集会，要求政治改革和对天主教徒的宽容。爱尔兰公众意见的鲜明基调，加之不列颠在北美的受挫，以及伦敦政府的更迭，促使新政府同格拉顿和查尔蒙特伯爵（Earl of Charlemont）等爱国领袖进行谈判，最终爱尔兰赢得了1782年的"立法独立"。这些改革修正了《波伊宁斯法》(Poyning's law，该法案确立了爱尔兰的立法首先需要在伦敦得到批准等规定）的旧规定，此外，更重要的是，废除了1720年赋予不列颠议会对爱尔兰立法权的《公告法》。尽管如此，最终的方案依旧缺乏关键的改革内容：总督政府仍将不对议会负责，而议会也仍然可能被"运作"。爱尔兰爱国者们愿意掩盖这些漏洞，或许暗示了一种依旧残存的意识，即爱尔兰新教徒的安全最终仍取决于同不列颠的联系。

不是所有人都欢迎天主教徒参与志愿者运动。1784年，都柏林的志愿者运动开始接纳天主教徒。由于享有携带武器的权利往往被认为意味着充分参与公共生活——换言之，意味着公民身份——其象征意义是显而易见的。但此时的志愿者运动已经开始逐渐走向低潮。18世纪80年代，在不列颠和爱尔兰之间建立一个商业联盟——所谓1784—1785年“商业主张”（commercial propositions）——的尝试失败后，爱国者的改革运动陷入停滞并走向衰落。不列颠对威廉·皮特（William Pitt，自1783年起担任首相）施加压力，迫使他将爱尔兰排除在东印度公司利润丰厚的贸易之外，并提议爱尔兰的所有航运监管都必须服从不列颠议会的领导，这引发了爱尔兰的强烈抗议。这些提议仅以非常微弱的优势在议会获得通过，被很多人认为是行不通的，因此没有得到有效的实施（尽管爱尔兰后来的一些航海和贸易立法的确反映了英格兰模式）。在随后的几年中，不列颠在爱尔兰议会的影响力将由一批更为保守的新教贵族团体重新确立，他们对爱国主义政治持警惕的态度。这一团体的领导人是克莱尔伯爵约翰·菲茨吉本（John Fitzgibbon, Earl of Clare），在他看来，爱尔兰与不列颠的关系是爱尔兰新教安全的保障。

人口与政治

18世纪的最后几十年里，爱尔兰政治生活的快速演变与重大社会变革相伴而生。最明显的是，自1691年威廉派获胜以来，爱尔兰人口已经持续增长了约100年。据估计，1706年爱尔兰有175万—206万人口。1732年，这一数字已增长至216万—253万。1740—1741年的饥荒造成了爱尔兰人口的大幅缩减，1744年一度下降至191万—

223万，但此后又在1791年急剧攀升至440万。[1]

这只是自基尔代尔叛乱以来的250年里，爱尔兰社会经历的一系列剧烈变革中最新的一次。但爱尔兰的人口增长还带来了另一个后果：人口增长对现有资源造成的空前压力，似乎加剧了某些地区的社会经济矛盾及不同社会群体之间的紧张关系。到18世纪80年代，白衣会等农民组织的活动呈现出越来越鲜明的宗派主义色彩。爱尔兰新教组织在这10年如雨后春笋般快速成长，其中就包括阿尔斯特中部（一个人口非常混杂的地区）的"黎明小伙"组织（Peep O'Day Boys）。这种宗派主义在受到志愿者运动的一些因素的短暂挑战之后，很快将再次回归主流。志愿者运动对爱尔兰生活的主要贡献是：他们留下了一个政治化的民族；将爱尔兰政治生活拓宽至一个远远超越了爱尔兰议会及其有限选民的广阔范围。正如贝尔法斯特长老会教徒威廉·德雷南（William Drennan）所言："历史上由人民的直接行动带来伟大变革的例子非常罕见。"[2]后来者将会在这一遗产的基础上再接再厉，德雷南本人也在数年后成为推动爱尔兰人联合会（Society of United Irishmen）成立（1791年10月）的重要人物之一。

---

① David Dickson, Cormac Ó Gráda, S. Daultry, "Hearth Tax, Household Size, and Irish Population Changes, 1672–1821," *Proceedings of the Royal Irish Academy*, 82c (1982), 155.

② Padhraig Higgins, *A Nation of Politicians: Gender, Patriotism, and Political Culture in Late Eighteenth Century Ireland*, Madison: University of Wisconsin Press, 2010, 239.

第十一章
“法国病”与英爱合并

“为民之谋”

爱尔兰人联合会是18世纪晚期爱尔兰涌现出的无数政治俱乐部（或者说社团）之一，和许多其他组织一样，它是在法国大革命之后成立并焕发生机的。这个协会由德雷南医生创立，他出生于贝尔法斯特，是一名自由派长老会教徒。德雷南在爱丁堡接受教育，1782年后定居纽里，并在那里参与了志愿者运动。18世纪80年代，德雷南开始谋划成立一个组织，作为志愿者运动中激进分子的坚强核心：正如他在1791年所说，这是“一个善意的阴谋、为民的谋划，一个没有辉格党的俱乐部，它没有政党名衔，以兄弟会为名，以最多数人的权利和最大幸福为宗旨，以爱尔兰的真正独立为总目标，以实现共和主义为特殊使命”[①]。

德雷南随后移居都柏林，和其他许多人一样，他得出的结论是，如果没有天主教徒的参与，18世纪70年代和80年代激进分子要求的政治改革永远不会成功。他提议成立一个具有世俗和民主精神的新组织以推动这些改革。他的这种观点得到许多认可和借鉴，其中最著名的，是都柏林圣公会年轻律师西奥博尔德·沃尔夫·托恩（Theobald Wolfe Tone）在1791年撰写的一本名为《代表爱尔兰天主教徒的论见》（*An Argument on Behalf of the Catholics of Ireland*）的小册子。托恩认为爱尔兰当局是一个腐败和没有代表性的政府，亟需改革，他依据的假设是，如果没有天主教多数派的支持，任何改革都是不可能实现的，因为天主教多数派也与这些改革有密不可分的利害关系。这本小册子获得了巨大的成功，在它出版之后，托恩被邀请到贝尔法斯特参加1791年10月的爱尔兰人联合会成立大会。同年11月，联合会在都柏林成立分会。然而，在成立初期，联合会真正的激进主义核心在贝尔法斯特长老会教徒之中，都柏林分会则相对温和。

爱尔兰人联合会的重要之处可以在其名字中得到体现——他们建立了一个圣公会、长老会和天主教徒之间的联盟，这些成员都不同程度地对爱尔兰的统治方式感到不满。长老会教徒和天主教徒长期以来一直是爱尔兰法律的受害者，他们自然对此愤愤不平；但许多圣公会教徒也对他们眼中统治他们国家的腐败和没有代表性的寡头政体提出了异议。志愿者运动未能实现的承诺是另一个催生不满情绪的源头。

① Ian McBride, *Scripture Politics: Ulster Presbyterians and Irish Radicalism in Late-Eighteenth Century Ireland*, Oxford: Oxford University Press, 1998, 168.

由于长老会教徒传统上是所有新教徒中最反对天主教的宗派，这一联盟内部难免出现矛盾，但1789年法国大革命的爆发为爱尔兰的政治话语增添了一个新的世俗维度。在整个18世纪90年代，巴黎一直是爱尔兰激进分子的聚集地。正是与法国的这种接触，导致当局将爱尔兰人联合会视为一种威胁：自从1793年不列颠与法国爆发战争以来，亲法团体在爱尔兰是永远无法获得认可的。

爱尔兰人联合会最初是一个典型的激进社会组织，他们充分利用印刷文字传播自己的思想，甚至设立了自己的报纸：塞缪尔·尼尔森（Samuel Neilson）在贝尔法斯特刊印发行的《北方之星》（*Northern Star*），一度成为爱尔兰发行量最大的报纸。爱尔兰人联合会试图游说对政府进行彻底的改革——基于平等主义的理想（至少在宗教层面上），他们从18世纪70年代和80年代遗留下来的旧的激进政治模式中吸取了经验。但1793年英法战争爆发后，他们受到了来自爱尔兰当局的压力。当时的爱尔兰当局再次与法国成为敌人，正想方设法防止法国对爱尔兰的渗透。为此，爱尔兰政府在1793年出台了更加彻底的天主教宽容法案：在1792年赋予天主教徒从事法律工作的权利之外，进一步赋予他们携带武器、在圣三一学院求学以及担任一些文官和军职的权利。此外，该法案还赋予部分天主教徒在议会选举中的投票权，这些人即所谓“四十先令自由民”（forty-shilling freeholders）[①]。该法案旨在进一步争取爱尔兰天主教徒的忠诚。此时的不列颠和天主教会都面临着一个共同的敌人，那就是野心勃勃的法国新世俗主义共和

① 以不低于40先令的高额租金保有国王名义下的土地和财产，并因此享有投票权的爱尔兰天主教徒。——译者注

政府，这迫使他们结成了一个原本不太可能的联盟，以对抗法国的影响，即一位主教所说的“法国病”(French disease)。

如果说当局对天主教的宽容是胡萝卜的话，那么对亲法势力同情者的打击则是一根大棒，而爱尔兰人联合会是最明显的打击目标。该组织在1794年遭到镇压，但在1795年进行了重组。爱尔兰人联合会原有的激进主义力量被迫转入地下，发展为组织严密的地下革命运动，谋划通过发动起义推翻不列颠在爱尔兰的政府及其爱尔兰新教代理人。时运不济的自由主义派新总督菲茨威廉伯爵威廉·温特沃思（William Wentworth, Earl of Fitzwilliam）的上任和罢免过程，充分反映了爱尔兰人联合会反对不列颠及爱尔兰当局的原因：菲茨威廉伯爵曾表示倾向于进一步放开对天主教的限制，然而在他革职了一批高级官员后，很快被召回伦敦，取而代之的是更为保守的卡姆登勋爵（Lord Camden）。这一事件引起了爱尔兰不同信仰改革者的不满，因为它似乎证明爱尔兰人依旧处于一个保守的、极端新教的军政府的统治之下。

此后，尤其是1796年后，爱尔兰人联合会的活动重心开始从贝尔法斯特转移到都柏林。沃尔夫·托恩（他曾流亡美国）最终不得不赴巴黎寻求法国的援助，为爱尔兰人联合会发动起义做准备。1796年11月，沃尔夫·托恩如愿以偿，法国派遣了一支由50艘船只组成的舰队载着13 500名士兵开赴爱尔兰。但这支舰队在海上遭遇了风暴，只有35艘船只载着6400名士兵抵达科克海岸的班特里湾。由于天气恶劣，他们无法着陆，不久就返回了法国。但是，这支部队让爱尔兰政府及其支持者感到了危险，他们痛苦地意识到爱尔兰现有军事力量的薄弱以及爱尔兰人联合会与法国结盟将带来的威胁。虽然对法国人无能为力，但爱尔兰当局有能力对付法国人在爱尔兰的潜在盟友。此后，当局镇压爱尔兰人联合会的意愿愈加强烈，1797年臭名昭著的“阿尔斯特镇压”见证了爱尔兰当局在北部各郡是如何蛮横收缴武器和残酷杀害嫌疑者的。

但这一时期，爱尔兰人联合会再度蜕变，与包括白衣会在内的被称为捍卫者（Defenders）的反抗力量结成了联盟，这支力量是18世纪后半叶爱尔兰出现的天主教土地补偿运动参与者的后裔。捍卫者最早出现于阿尔斯特和伦斯特的交界地带，并延伸至康诺特北部地区。这些地区人口混杂，宗派关系紧张，矛盾尖锐。1795年于阿马郡成立的一个新教联谊会组织——橙带党（Orange Order），便是宗派矛盾激化的结果。

捍卫者组织很快蔓延到全国，并号召纠正经济上的不平等——这是此类组织的惯用手段。捍卫者组织比他们的前辈带有更鲜明的宗派主义和政治色彩。他们的信仰中似乎还残存詹姆斯二世党话语的痕迹，最明显的证据是他们寄希望于在革命主义的法国的帮助下，恢复天主教的地位，推翻新教统治。[1] 爱尔兰人联合会和捍卫者组织的联盟意味着当代有关数十万人参与了爱尔兰地下革命的说法可能并不离谱。“croppy”（姑且称作“短发鬼”）这个带有贬义的词便出自这个时代，是对模仿法国革命者剪短头发的爱尔兰人联合会成员的蔑称。

---

① Ó Buachalla, “From Jacobite to Jacobin.”

1798年叛乱

1798年初，在晋升为军队总司令后，杰拉德·莱克（Gerard Lake）将军将其在阿尔斯特地区推行的残酷镇压行动推广到全爱尔兰，这一举动受到了君主派的欢迎，但也为稍晚发生的事件埋下了伏笔。莱克将军可能认为，鞭打、焚烧房屋、酷刑和大规模逮捕等举措，可以起到激化反抗、使酝酿已久的叛乱公开化的作用。到1798年3月，爱尔兰的事态迅速紧张化。3月12日，爱尔兰人联合会的大部分领导人在都柏林被捕（富有传奇色彩的贵族领袖爱德华·菲茨杰拉德勋爵［Lord Edward Fitzgerald］逃过一劫，他在北美作战的经历使他在制订军事计划方面发挥了关键作用）。同年5月，当局在都柏林发现了武器和文件，并据此做出起义即将爆发的正确推断。联合会原计划于5月23日在都柏林发动起义，围绕着夺取市中心的一些关键地点展开。但到了指定的日期，依旧没有最终确定起义能否如期爆发，将以什么样的形式出现。尽管如此，爱尔兰当局在当晚派兵控制了史密斯菲尔德（Smithfield）和纽马基特（Newmarket）等被选为都柏林爱尔兰人联合会集会地点的市场，将起义扼杀在了摇篮之中。但在都柏林周边的威克洛、基尔代尔、米斯和都柏林郡北部地区确实发生了与之相关的起义。许多从都柏林出发的邮车被截停，这已经是起义爆发的信号。几天后，米斯的起义者与政府军在塔拉山（Hill of Tara）爆发了战斗。5月29日，数百名手无寸铁的囚犯在基尔代尔的卡勒（Curragh）平原上被屠杀。起义的重心很快从都柏林向外转移。

1798年的起义只持续了数周。现代史学界估计这次起义造成的死亡人数上限为3万人左右，但具体的数字也许将永远不为人所知。

起义主要发生在3个地区。1798年5月，伦斯特省爆发起义后，直到在东阿尔斯特长老会中心地带爆发起义之前，东南部的韦克斯福德郡一直是本次事件的中心。韦克斯福德起义爆发初期，起义军取得了一系列的军事胜利，夺取了韦克斯福德和恩尼斯科西等城镇。包括新罗斯在内的许多地方也爆发了激烈的战斗，直到6月21日，一支约2万人的起义军在恩尼斯科西城外的维尼格山（Vinegar Hill）被打败，才宣告了东南部起义的失败。爱尔兰人联合会成员在韦克斯福德犯下了两起臭名昭著的宗教暴行，他们点燃了一个挤满新教徒囚犯的谷仓，在韦克斯福德城中用矛（这一武器后来被普遍视为1798年事件的象征）捅死了70名囚犯。政府部队也制造了大范围的流血事件，如在威克洛郡的邓拉温（Dunlavin）地区大规模枪杀未经审判的犯罪嫌疑人等。然而在当时（以及随后的政治论战中），韦克斯福德发生的这些杀戮事件似乎证实了君主派的担忧，即无论爱尔兰人联合会的共和原则如何高尚，1798年事件不过是1641年宗派战争的延续。这一观念获得了很多人的认同，虽然事实上起义的第二大中心长期在安特里姆郡和唐郡，那里奋起反抗的爱尔兰人是长老会教徒，而非天主教徒。

6月12日，爱尔兰人联合会的反抗力量在巴利纳欣奇（Ballynahinch）战役中被击溃，安特里姆的起义遭到了残酷镇压。但同年8月，梅奥郡再次发生了紧急军情，让·约瑟夫·安贝尔（Jean Joseph Humbert）率领一支人数不多的法国军队在基拉拉（Killala）登陆并在康诺特展开了闪电式作战。他们在卡斯尔巴击败了不列颠军队，取得了令人瞩目的军事胜利。不列颠军队的狼狈撤退此后被戏称为“卡斯尔巴赛跑”（races of Castlebar）。法国军队一路打到朗福德郡的巴利纳马克（Ballinamuck）地区，但最终寡不敌众，于9月8日向人数远胜于他们的康沃利斯侯爵（Marquess of Cornwallis）率领的军队投降。法国人对爱尔兰迟迟没有发生他们深信必将发生的民众起义感到失望；不过，当他们的士兵被当作囚犯羁押时，他们的爱尔兰盟友却被当作叛乱者被屠杀。“法国年”（bliain na bhfrancach）事实上很短暂，但此后一直在爱尔兰的民间传说中流传。1798年10月，第二支法国远征军在前往多尼戈尔北部的斯威利湖的途中遭遇拦截。这次行动之所以意义特殊主要在于有沃尔夫·托恩的参与，他当时在法国军队中任职。他作为叛乱者被判处死刑——这意味着他将面临绞刑，而他以战俘身份接受枪决的要求遭到了拒绝。在囚禁期间，托恩割喉自戕，并在不久后死去。他的死亡为1798年的事件画上句号。起义虽然以失败告终，但是它所提出的共和分离主义思想将在19世纪再次复兴。然而此时，爱尔兰还有其他问题亟待处理。

18世纪90年代的事件凸显了不列颠和爱尔兰新教统治者之间的分歧，虽然爱尔兰新教统治者对自己的身份认同可能随着时间的推移而改变，但不列颠人对他们在爱尔兰的目的认知却没有发生改变。如果爱尔兰新教统治精英的使命是为不列颠管理爱尔兰事务，从而保护不列颠的利益的话，那么1798年的事件表明，他们在完成这一使命上遭到了惨败。在不列颠人看来，这次叛乱是一场灾难。它的发生要么是因为受到残酷镇压的逼迫，要么是因为新教统治者的玩忽职守。无论如何，法国都不应该在爱尔兰获得如此有利的战略位置。具有讽刺意味的是，不列颠人认为爱尔兰新教徒对1798年发生的事情负有部分责任，为此皮特首相重新提出了“联合”这一个古老的建议。

《联合法案》：动机与方法

1800年的《联合法案》(Act of Union)结束了爱尔兰的王国地位，将其并入日渐扩张的联合王国。都柏林议会被废除，这意味着爱尔兰议会代表将需要到威斯敏斯特参加会议。一方面，不列颠希望通过这种联合巩固对爱尔兰的控制；另一方面，它旨在安抚爱尔兰长期存在的宗派矛盾，尤其是安抚新教徒。爱尔兰被并入后，爱尔兰新教徒将成为联合王国多数人群的一部分，这可以在一定程度上缓解他们在爱尔兰仍然是少数人群这一现实带来的不安。但当时，出于爱尔兰爱国主义情感、商业考虑以及担心这种联合最终会威胁到新教在爱尔兰的“统治地位”等原因，许多爱尔兰新教精英对康沃利斯和爱尔兰首席政务秘书(Chief Secretary)卡斯尔雷子爵(Viscount Castlereagh)提出的联合提议持敌对态度。

1799年1月，联合议案的支持者在议会投票中遭遇了失败。在1800年举行的联合议案第二次投票中，联合派动用了包括提供“补偿”、赞助和贿赂在内的各种手段，诱惑投票者对联合议案投赞成票。联合议案最终在议会获得通过。爱尔兰天主教群体之所以没有爆发对联合议案的激烈反对，是因为他们和联合派私下达成了一种共识，即爱尔兰与不列颠的联合将为天主教徒带来解放，获得进入议会的权利。这对爱尔兰天主教徒而言将是一个具有巨大象征意义的变化，意味着他们将正式成为国家政治体制的一部分。然而，国王乔治三世由于宗派主义而对上述计划持反对态度，这一空口承诺最终化为泡影。1801年1月1日，伴随着新国旗的诞生，大不列颠及爱尔兰联合王国正式成立。联合王国国旗首次在都柏林上空飘扬，它所象征的联合将在未来的121年里长期作为爱尔兰的宪法框架。

“无畏”埃米特

1803年，《联合法案》的通过出现一个尾声，爱尔兰人联合会在罗伯特·埃米特（Robert Emmet）的领导下发动了第二次叛乱。埃米特出身于富裕家庭，他的父亲罗伯特是当时的爱尔兰总督专用医生。埃米特的长兄托马斯·阿迪斯·埃米特（Thomas Addis Emmet）是都柏林的一名律师，于1792年加入爱尔兰人联合会。托马斯与联合会的许多高层人物关系密切，经常在法庭上为他们辩护，根据他们的需要提供法律咨询。罗伯特于1796年加入了他们，并因此被圣三一学院开除。

罗伯特·埃米特后来试图策划的起义是对1798年起义失败的直接反应。早在1799年1月，爱尔兰人联合会就开始重新集结，并计划再次发动进攻。1799年4月，埃米特为躲避追捕逃到德国汉堡，又从汉堡逃往法国，并在那里为发动一场新的起义寻求法国的帮助。但是法国人对他的提议不感兴趣，他寻求法国帮助的希望也因此破灭。1802年10月他回到爱尔兰，继续密谋再次发动起义。他计划发动一场小规模但目的明确的起义，起义范围主要集中在都柏林地区，参与者人数较少，但在组织上要更加紧密。他并没有试图再次发动5年前那样的大规模起义。然而，和之前一样，1803年的起义最初也寄望能够得到法国的援助。

都柏林是这次起义的关键之所在。他们曾野心勃勃地计划通过杀死或俘虏总督和枢密院（Privy Council）大臣，以及通过占领都柏林城堡来推翻爱尔兰当局。这次起义的准备工作（包括强调城市作战，装备可拆卸长枪、定制枪支以及绑着金属碎片与钉子的火药桶——用于清除街道上的军队）基本没有引起新爱尔兰当局的注意。从邻国大量涌入都柏林的反抗力量是该计划的一个关键部分。但7月16日，埃米特秘密部署于市中心的一个军火库发生了爆炸事故，造成2人死亡，这迫使他们将起义日期提前到7月23日。随后发生的事情与完备的准备工作形成了鲜明的对比。起义力量确实在城市的许多地方集结，但最终埃米特向空中发射了一枝信号火箭，取消了行动，都柏林附近的大多数参与者都因此撤退了。埃米特本人在宣读了一份宣言的摘要之后，率领一个小队袭击了都柏林城堡。那天晚上，起义者用长矛刺死了首席大法官基尔沃登勋爵（Lord Kilwarden）。8月25日，藏身于威克洛的埃米特被捕。9月19日，他的审判催生了爱尔兰历史上最著名的演讲。在演讲中，他向他的听众表明，如果法国人也像不列颠人一样试图将暴政强加于爱尔兰，他肯定也会向法国宣战。他恳求他的追随者不要为他撰写墓志铭，直到爱尔兰成为一个自立于世界民族之林的（独立）国家。第二天，埃米特在都柏林被处决。他最后的安息地至今不为世人所知。

历史学家的分歧

18世纪的爱尔兰究竟是一个王国，还是一个殖民地，抑或是一个典型的旧制度社会呢？身份认同问题增加了这个问题的复杂性。爱尔兰的新教政治认同并不等同于爱尔兰认同：17世纪90年代，当爱尔兰新教徒与不列颠政府之间的关系趋于紧张之际，共同起源概念成为威廉·莫利纽克斯论点的基础，他认为爱尔兰应该得到平等的对待，因为它是一个王国，而不是一个殖民地。[①] 在现代历史学家中，肖恩·康诺利（Sean Connolly）在其有关“1660年以来的新教—圣公会—爱尔兰”（Protestant–Anglican–Ireland after 1660）的研究中提出了最有力、最持久的反对将爱尔兰视为殖民地的论点。他声称，“爱尔兰在任何明确的意义上都不是殖民地”。相反，他认为，爱尔兰与大多数欧洲旧制度社会没什么不同，它的主要活力来源于社会而非族群或宗教（虽然他用于证明爱尔兰并非殖民地的论点同样适用于更早期的爱尔兰）。[②] 对肖恩·康诺利上述观点最有力的批评来自文森特·莫

---

① Jim Smyth, "'Like Amphibious Animals': Irish Protestants, Ancient Britons, 1691–1707," *Historical Journal*, 36:4 (1993), 785–797.

② Connolly, *Religion, Law, and Power*, 123. 需要指出的是康诺利此后接受了殖民化概念适用于16世纪爱尔兰的观点：S. J. Connolly, *Contested Island: Ireland, 1460–1630*, Oxford: Oxford University Press, 166–168。

利（Vincent Morley）。后者认为，如果从爱尔兰社会关系的整体来看，认为爱尔兰是一个旧制度社会的论点是站不住脚的，因为它排除了构成爱尔兰人口主体的天主教徒，而且爱尔兰天主教徒在这个问题上有他们自己的观点。[①] 如果将爱尔兰视为一个旧制度社会，那么它也必须是一个新教社会。

关于18世纪爱尔兰国家的新教性质的讨论离不开对刑事法的思考。它们在现实中有多重要？如果18世纪确实是新教徒占统治地位的时期，那么一个长期存在争议的问题就是，如何确定促成这一结果的法律的确切性质。学界对刑事法史学的批评并不鲜见，对这些刑事法的大致情况也存在一定程度的共识。[②] 虽然它们大体上是一致的，但几乎不成体系，其实际执行情况和影响也存在天壤之别。爱尔兰新教当局即使有强制执行的意愿，也没有足够的能力。这些刑事法存在各种各样的可以让自身变得形同虚设的漏洞，有些甚至得到了自由派或友好的新教徒的默许。近几十年来，对这些刑事法开展的最引人注目（可能有争议）的重新评估与它们的目标有关：康诺利认为，这些法律并非像传统认为的那样，是普遍针对天主教徒的压迫性立法，而是针对“这个国家自然统治精英的一部分”——天主教徒精英。[③] 但考虑到詹姆斯二世统治时期发生的情况，这部分统治精英之

---

① Vincent Morley, *Irish Opinion and the American Revolution, 1760–1783*, Cambridge: Cambridge University Press, 2002, 12–14.

② L. M. Cullen, “Catholics Under the Penal Laws,” *Eighteenth-Century Ireland*, 1 (1986), 23–36; Thomas Bartlett, *The Fall and Rise of the Irish Nation: The Catholic Question, 1690–1830*, Dublin: Gill and Macmillan, 1992, 17–29; Connolly, *Religion, Law, and Power*, 263–313; John Bergin, Eoin Magennis, Lesa Ní Mhunghaile, Patrick Walsh, eds., *New Perspectives on the Penal Laws*, Dublin: Eighteenth-Century Ireland Society, 2011.

③ Connolly, *Religion, Law, and Power*, 312.

所以在1691年之后成为刑事法的限制目标，正是因为他们的天主教色彩。对任何一部刑事法——尤其是1695年解除天主教徒武装和限制他们去海外接受教育的刑事法——的最新深度研究都认为，它们是爱尔兰新教徒感受到威胁时的外显反应（explicit response），这种威胁既来自岛上爱尔兰天主教多数人群，也来自在欧洲大陆重新壮大的（新詹姆斯二世党人）爱尔兰军事移民群体——“野鹅”。① 在这一解释中，那些看似零敲碎打的刑事法立法之间存在合乎逻辑的延续性关系，而非各自孤立。它们在制定和实施上可能缺乏系统性，但宗旨是大体一致的，即消除新教徒对他们的天主教敌人的恐惧。天主教群体和新教政府之间的关系，对于回答18世纪爱尔兰是否为殖民社会这一问题具有重要的意义。凯文·惠兰（Kevin Whelan）关于天主教“地下士绅”的研究认为，后者的存在便可回答上述问题。托比·巴纳德（Toby Barnard）对此提出了异议，他辩称，社会和文化障碍的流动性远比这一结论所暗指的要多变。②

关于18世纪爱尔兰的其他一些重要问题，都与遭到刑事法区别对待的群体有关。20世纪20年代，丹尼尔·科克里（Daniel Corkery）在其作品中描述了一个“隐性”爱尔兰：被一系列障碍（尤其是语言）隔绝在讲英语的新教精英之外的另一个社会和文化世界。③ 在18世纪的爱尔兰，爱尔兰语仍然是使用最广泛的本地语言。爱尔兰语的传统

---

① McGrath, “Securing the Protestant Interest.”

② Whelan, “An Underground Gentry”; T. C. Barnard, “The Gentrification of Eighteenth-Century Ireland,” *Eighteenth-Century Ireland*, 12 (1997), 137–155.

③ Daniel Corkery, *The Hidden Ireland: A Study of Gaelic Munster in the Eighteenth Century*, Dublin, 1925; L. M. Cullen, “The Hidden Ireland: Reassessment of a Concept,” *Studia Hibernica*, 9 (1969), 7–47.

仍然很强势，特别是在芒斯特和南阿尔斯特这两个被视为詹姆斯二世党人大本营的地区。[①] 爱尔兰詹姆斯二世党人的意识形态很多（即便不是大多数）都是用爱尔兰语表述的。还有哪些信仰是用爱尔兰语表述的呢？盖尔语诗歌构成了盖尔世界的思想和信仰历史的唯一主要来源，但在过去，这些诗歌普遍没有得到应有的重视。一位历史学家最近提出："爱尔兰语诗歌和散文已经开始得到重新解读。其成果并不总能激励人们相信会有惊人的新发现。"[②] 但其实在20世纪的大部分时间里，爱尔兰语诗歌和散文就一直在被反复解读，学者们对爱尔兰手稿进行了"挖矿式"的深度研究，希望可以从中考证爱尔兰大众政治化和意识形态的发展程度。尽管有人认为诗歌基本上没有任何意识形态上的意义，但爱尔兰语并不妨碍人们深度理解这一世界。[③] 近年来，学术界就出现了一批大量使用爱尔兰语资料的突破性研究成果。阿蒙・奥・基阿尔查在其关于爱尔兰詹姆斯二世党的研究中大量使用爱尔兰诗歌作为佐证。布兰丹・奥・布查拉（Breandán Ó Buachalla）在同一主题的爱尔兰语研究中对爱尔兰诗歌做了更大范围的梳理。[④] 文森特・莫利关于美国革命对爱尔兰三大宗教群体影响的研究也是如

---

① David Dickson, "Jacobitism in Eighteenth-Century Ireland: A Munster Perspective," *Éire-Ireland*, 39:3 & 4 (2004), 38–99.

② Toby Barnard, *A New Anatomy of Ireland: The Irish Protestants, 1649–1770*, New Haven: Yale University Press, 2003, vii.

③ S. J. Connolly, "Jacobites, Whiteboys, and Republicans: Varieties of Disaffection in Eighteenth-Century Ireland," *Eighteenth-Century Ireland*, 18 (2003), 63–79; Vincent Morley, "The Continuity of Disaffection in Eighteenth-Century Ireland," *Eighteenth-Century Ireland*, 22 (2007), 189–205.

④ Ó Ciardha, *Ireland and the Jacobite Cause*; Breandán Ó Buachalla, *Aisling Ghéar: Na Stíobhartaigh agus an tAos Léinn, 1603–1788*, Baile Átha Cliath, 1996.

此。[1] 重要历史事件往往能够流传于世：盖伊·拜纳（Guy Beiner）撰写了一部关于梅奥地区1798年民间记忆的研究成果，这些民间记忆很多都来自20世纪的爱尔兰语表述。[2] 盖尔爱尔兰是一个与外部世界息息相关的国际化社会，只是对不列颠统治时期爱尔兰的过度关注让人们忽视了这一事实。

再者是思想如何传播和大众政治化问题。需要指出的是，虽然爱尔兰的社会与文化历史并非永远与政治进程紧密关联，但帕德雷格·希金斯（Padhraig Higgins）对18世纪爱尔兰新教志愿者运动的研究展示了政治信息如何通过物质文化和街头流行文化进行折射。[3] 同样，吉姆·利夫西（Jim Livesey）对商业命题的研究也指出，政治、经济和思想史能够实现有效的融合，而不应被孤立于各自的范畴中。[4]

大众政治化问题对18世纪90年代的研究有着特殊的启示。人们常常认为，爱尔兰天主教农民群体赤裸裸的宗派主义观念让爱尔兰人联合会的崇高理想化成虚幻。1798年出现的宗派主义现象经常为学者所强调（汤姆·邓恩［Tom Dunne］是最近的提及者），但它绝不是18世纪90年代的全部。[5] 奥·布查拉也考察了在颠覆新教统治地位方面，意识形态的连续性和话语是如何在詹姆斯二世党人力量终结时得以幸免，并且在捍卫者组织和爱尔兰人联合会的时代继续存在，以及这

---

① Morley, *Irish Opinion and the American Revolution.*

② Guy Beiner, *Remembering the Year of the French: Irish Folk History and Social Memory*, Madison: University of Wisconsin Press, 2007.

③ Higgins, *A Nation of Politicians*.

④ James Livesey, "Free Trade and Empire in the Anglo-Irish Commercial Propositions of 1785," *Journal of British Studies*, 52:1 (2013), 103–127.

⑤ Tom Dunne, *Rebellions: Memoir, Memory and 1798*, Dublin: Lilliput Press, 2010.

一意识形态如何在18世纪90年代的熔炉中涅槃重生。[①] 希金斯对志愿者运动的研究也指出了政治意识形态是如何随着时间的推移而演变的。伊恩·麦克布赖德（Ian McBride）写了一篇关于爱尔兰长老会教徒激进政治信仰的重要文章，他认为，如果把注意力集中于18世纪90年代的政治是如何从早期的爱国主义政治和天主教问题中演化而来，就会忽视长老会教徒激进政治信仰的影响。[②]

惠兰认为，爱尔兰人联合会很可能借助了预言的力量传播他们的思想，这在当时的流行文化中是一股强大的力量。此外，他还深入研究了爱尔兰人联合会利用流行文化的各种方法。[③] 即便如此，这是一个非常主观的领域，很难找到精确的答案。[④] 但是，正如布兰丹·麦克·希夫内在20世纪最后25年对爱尔兰西北部地区的研究中所探讨的那样，政治化可能有其物质基础，它深深扎根于特定的物质和文化环境中。[⑤] 到18世纪90年代，爱尔兰已经形成了发展完善的"公共领域"：报纸、读书会和咖啡馆（在都柏林数量最多，但它不是唯一存在这些事物的地区）。启蒙运动的修辞在当时的爱尔兰公共话语中很常见。尽管经济民生和盎格鲁-爱尔兰关系等问题占有很大比重，但启蒙运动的宗教宽容原则长期被前几代人借以解决天主教问题，用于支撑不同宗教群体之间的和解与团结，以击败不列颠的利己主义（如

---

① Ó Buachalla, "From Jacobite to Jacobin."

② McBride, *Scripture Politics*.

③ Kevin Whelan, "The Republic in the Village: The United Irishmen, the Enlightenment, and Popular Culture," in Kevin Whelan, *The Tree of Liberty*, 59–96.

④ Jim Smyth, "Wolfe Tone's Library: The United Irishmen and 'Enlightenment,'" *Eighteenth-Century Studies*, 45 (2012), 423–435.

⑤ Breandán Mac Suibhne, "Politicization and Paramilitarism: North-West and South-West Ulster, c. 1772–1798," in Bartlett et al., eds., 1798, 243–278.

沃尔夫·托恩所言）。但是，传播这些思想时并不是简单地把从法国引进的思想强加于爱尔兰人。相反，这些思想也因爱尔兰的国情而演化。正如乌尔坦·吉伦（Ultan Gillen）所言，如果说爱尔兰的公共生活中充斥着启蒙运动的理想，那么这些理想本身也会带着“光荣革命、威廉战争以及爱尔兰与不列颠的关系所导致的政府体制、政治文化和社会分裂”造就的独特痕迹。[①]

① Ultan Gillen, “The Enlightenment and Irish Political Culture in the Age of Revolutions,” in Richard Butterwick, Simon Davies, Gabriel Sánchez Espinosa, eds., *Peripheries of the Enlightenment*, Oxford: Voltaire Foundation, 2008, 181.

第四部分

19世纪

第十二章

奥康奈尔时代

天主教解放之阻碍

《联合法案》从根本上改变了爱尔兰的政治格局。诚然，新教精英将依旧是爱尔兰的主要统治阶层，而且将持续几代人。但是，尽管新教精英的经济实力和社会地位没有受到太大的影响，他们的政治权力却发生了根本性的变化。爱尔兰议会的有限自治权已消失不再，因为爱尔兰已经在政治上并入了新的联合王国。原本在爱尔兰境内四面楚歌的新教少数人群摇身一变，成为联合王国新教多数群体的一部分；伴随而来的一个现实表现是，英格兰和爱尔兰的国教会将联合起来。但从纯粹的政治角度而言，在爱尔兰并入联合王国后，逻辑上应该解除对天主教的限制和压迫，即实现天主教的解放。

联合是防止爱尔兰发生革命的政治手段，但这并不意味着它可以成为改革的禁区。18世纪后期出台的天主教宽容法案在很大程度上满足了自18世纪50年代以来人们关于解放天主教的要求，但天主教徒仍然无法享有全部权利。他们不仅被禁止进入议会，而且因为许多高层政治和司法职位在就职上存在令天主教徒难以接受的誓言要求，他们事实上也被剥夺了参选和担任这些职位的权利。就联合的根本目的而言，让天主教徒充分融入国家是理所应当的。事实上，皮特和他的同僚们完全相信天主教的解放将会随之而来。但如果认为这种情况会自然发生，那就低估了不列颠统治精英和民众阶层（也包括部分爱尔兰统治精英和民众）对天主教解放运动的敌意。这种敌意是从高层开始的：国王乔治三世曾直言不讳地表示坚决反对天主教的解放。天主教委员会依然活跃，但陷入了关于解放条款的分歧，尤其是国家在天主教会的运行中应扮演什么角色方面，例如，1808年有人提议允许国家否决主教的任免以确保天主教会的忠诚。尽管亨利·格拉顿等自由派爱尔兰新教徒多次尝试在议会通过天主教宽容法案，但在19世纪20年代之前，这些努力都无果而终。至少从这个意义上讲，多数爱尔兰人及其未来的代表们对所谓联合国家失望透顶。

19世纪20年代：洛克队长运动与“第二次宗教改革”

在爱尔兰并入王国之后的几十年中，天主教问题仍然是主要的政治问题，天主教徒依旧被排除在高层职务之外的现实似乎进一步刺激了天主教的宗派自我意识。诚然，罗伯特·皮尔（Robert Peel）在爱尔兰的当权预示着官方对这一问题的态度已经有所缓和，到1820

年，威斯敏斯特议会上关于天主教解放议题的讨论氛围出现了令人鼓舞的变化。当新国王乔治四世于1821年8月访问爱尔兰时，大批热情的爱尔兰民众涌上街头向他致意。当时的爱尔兰民众普遍以为（或误解）新国王会支持天主教解放。支持天主教解放的理查德·韦尔斯利爵士（Sir Richard Wellesley，威灵顿公爵［Duke of Wellington］的弟弟）被任命为爱尔兰总督的举动，似乎预示着天主教徒即将苦尽甘来。然而，在天主教解放前景有所好转的同时，发生了所谓“第二次宗教改革”，这是一批由新教教会和机构在拿破仑战争结束后发生的长期危机——经济萧条、1817年饥荒和流行性斑疹伤寒——的背景下发起的福音运动。这些危机引发了农民动乱的再度爆发，并与一系列神秘组织（如芒斯特1806—1816年盛行的领巾会［Caravats］和老马甲会［Shanvests］）发起的针对土地持有阶级的宗教和阶级斗争相互交织，催生了1821—1824年的洛克队长运动（“Rockite” movement）。该运动因其领袖的化名——洛克队长（Captain Rock）——而得名，主要活跃于利默里克和科克郡（虽然也蔓延到了邻近的地区），是类似于白衣会和正义团（Rightboys）的农民运动组织，他们以恐吓信和极端暴力手段打击地主阶级并掠夺其财产，以表达和发泄对地租、什一税以及土地所有制度的不满。与他们的前辈相比，他们更具有鲜明的宗派主义色彩，但有时也具有某种政治意识，1821年他们在蒂珀雷里张贴的一份告示很好地体现了这一点：

> 我们遭受着英格兰政府严刑酷法的压迫，被他们用地租、什一税等税费压榨得滴油不剩，对此我们已经忍无可忍……英格兰的法律必须改变，因为我们的愤怒永远无法

> 平息，除非我们能够像以前一样拥有爱尔兰议会并在爱尔兰有自己的国王。[①]

类似情绪并不鲜见。

奥康奈尔和天主教解放

19世纪20年代不仅见证了神秘的洛克队长运动的崛起，也见证了丹尼尔·奥康奈尔（Daniel O'Connell）政治时代的到来。在爱尔兰政治领袖中，奥康奈尔影响巨大，尤其是他的行事方式。奥康奈尔出生于凯里郡一个显赫而富有的盖尔天主教家庭。和其他一些盖尔人家族一样，奥康奈尔所在的家族在18世纪的社会变革中保留了他们的财富（并通过走私赚取了更多）。奥康奈尔年轻时曾在法国和英格兰接受教育，他对法国大革命的过度暴力深感厌恶。他有着自由主义的思想观念，但在社会交往上却相对保守。他反对《联合法案》，后来成为一名成功的律师。19世纪20年代，他成为天主教委员会中最具号召力的人物之一。此时，天主教委员会中较为年长的贵族领袖们正逐渐被奥康奈尔这样的反对给解放问题施加任何限制的中产阶级少壮派所取代。

1823年，奥康奈尔创立了天主教协会（Catholic Association），为爱尔兰的天主教解放事业开创了一个新的起点。在天主教神职人员的

① James S. Donnelly, "Captain Rock: Ideology and Organization in the Irish Agrarian Rebellion of 1821–1824," *Éire-Ireland*, 42:3 & 4 (2007), 66.

参与，所谓天主教会费（Catholic rent，每月1便士的会员费）的资助，以及奥康奈尔的个人魅力和雄辩才华的共同作用下，天主教协会依托天主教农民阶层迅速发展壮大。虽然爱尔兰的天主教农民并非天主教解放事业的直接受益者，但他们依旧会因为天主教群体可能获得哪怕是最低程度的胜利而受到感召。会费是群众参与的关键，它为天主教协会赢得了比任何先驱组织都更为广泛的支持基础。天主教协会的动员方法，包括群众集会（奥康奈尔深知数字游戏的重要性）、请愿书、舆论宣传等，都跟志愿者运动和天主教委员会的旧战术大同小异。这些方法也是大众政治的早期案例，随着世纪的推移，大众政治成为爱尔兰政治生活的固定特征。天主教协会巧妙地借助了当时正处于重新焕发活力、雄心勃勃的罗马天主教会的力量，以及爱尔兰人通过不断扩大的市场和贸易网络而日渐增长的社会和国际交往能力。天主教协会于1825年被取缔，之后被新成立的“新天主教协会”（New Catholic Association）所取代。奥康奈尔在1828年竞选克莱尔郡议员时，再次提出了天主教解放问题（具有讽刺意味的是，他的竞选对手是一位支持天主教解放的自由派新教徒）。奥康奈尔当选的事实迫使不情愿的不列颠政府最终承认天主教徒拥有进入议会的权利。因为如果不这样做，就可能引发严重的动乱。1830年2月4日，奥康奈尔进入下议院。此后，天主教徒可以参加议会，并有资格担任除少数几个公职之外的所有职位（尽管他们仍然被禁止进入君主制）。但这一胜利的积极影响很大程度上被大幅提高的选举权的财产资格所抵消，这意味着大部分天主教选民失去了选举资格——天主教选民的人数因此减少了80%。但这无法掩盖这位被后世称为“解放者”（Liberator）的先驱所获胜利的象征意义：在竞选过程中，奥康奈尔表达了历史上被剥夺了权利的天主教群体的心声，他将继续为了天主教徒的解放而努力。[①]

联合带来的影响

当奥康奈尔进入议会的时候，他所正式参与管理的国家也正在逐步渗透爱尔兰社会的各个方面。尽管已经进行了联合，两个议会也合二为一，但1800年之后的爱尔兰和不列颠在治理方式上依旧有所不同。不同于威斯敏斯特的爱尔兰议员的参政模式，都柏林城堡仍然保持着一套独立的行政管理体系。19世纪初，政府开始远离像博因战役周年纪念这样的公开宗派庆祝活动。圣帕特里克节（St. Patrick's Day）则被认为是一个分歧较小的官方节日。[②]天主教问题依旧没有完全解决，联合还涉及了经济层面的问题：虽然爱尔兰和不列颠现在同处一个自由贸易区，但一些关键商品的关税直到19世纪20年代才取消。

受拿破仑战争的影响，19世纪的头几年出现了普遍的粮食短缺和农民动乱。爱尔兰的西部和西南部地区尤其如此，甚至早在《联合法案》通过之前，那里就曾在1798年事件的余波之中爆发了一场反对什一税——一种不同教派教徒都需要向国教会缴纳的税种——的激进暴力运动。虽然类似问题在很多地方都存在，但总体上并不普遍。

① Gearóid Ó Tuathaigh, "Gaelic Ireland, Popular Politics, and Daniel O'Connell," *Journal of the Galway Archaeological and Historical Society*, 35 (1974–1975), 21–34.

② Jacqueline Hill, "National Festivals, the State, and 'Protestant Ascendancy' in Ireland," *Irish Historical Studies*, 24:93 (1984), 37–39.

1815年拿破仑战争的结束导致不列颠对爱尔兰商品需求骤降，加速了由不列颠通往欧洲大陆的通道被切断而带来的爱尔兰经济繁荣的终结。在拿破仑战争期间，不列颠市场取代北美市场成为爱尔兰的主要贸易对象。但与此同时，纺织业和制造业等爱尔兰老牌行业也容易受不列颠竞争的冲击。19世纪20年代，当联合政府取消之前设立的关税壁垒之后，爱尔兰的羊毛和棉花行业遭到了毁灭性的打击，经济随之出现衰退。都柏林的传统手工业——尤其是纺织业——所受冲击尤为严重。从更宏观的视角来看，18世纪晚期的人口增长也带来了新的严峻局势，因为即便经济陷入停滞，人口增长仍在继续。但另一方面，东北部的亚麻产业出现了欣欣向荣的景象。简而言之，贝尔法斯特趋于繁荣，都柏林日渐衰落。这一时期的爱尔兰确实有一些积极的发展案例（例如，酿造和蒸馏业愈加发达，铁路和蒸汽船等基础设施的进步也为爱尔兰产品打开了新的不列颠市场），但联合政府成立后，爱尔兰经济并不健康。在此之外，它还承受着前所未有的人口压力。1821年第一次人口普查的数据显示，爱尔兰人口从1800年的500万左右激增至此时的680万。到1845年，这个数字可能已达850万。其中增长最快的是康诺特（27.8%）和芒斯特（23.8%），这两个地区的人口增长速度大约是伦斯特（12.3%）的两倍。阿尔斯特的人口也增长了19.4%。①

农村人口是爱尔兰丰富口头传统的传承者。形式多样的口头传统已经成为爱尔兰农村的一种社交文化：歌曲、舞蹈、故事、体育赛事

① Cormac Ó Gráda, *Ireland: A New Economic History, 1780–1939*, Oxford: Oxford University Press, 1994, 10.

和集市是农村贫困人口生活的重要组成部分。超自然信仰与融合了民间传统的本土天主教共存于爱尔兰民间，比如守灵（wakes）和主保圣人庆祝活动（patterns，这是与基督教圣徒相关的传统祈祷和礼拜活动，包括节期等；随着时间的推移，当局对这些公众集会愈发不信任）。在爱尔兰的大部分地区，这个丰富的文化世界都是以爱尔兰语作为表述语言的；19世纪上半叶讲爱尔兰语的人比以往任何时候都多。这是一种以口头文化为主的语言文化，但部分手抄传统也得到了延续。然而，此时的爱尔兰也是一个正在逐渐发生语言转型的社会。例如，洛克队长运动的恐吓信是用英语写的——尽管常常写得并不准确——这是英语文化正在向农民群体渗透的标志。这就是由奥康奈尔领导的爱尔兰农民世界，它受到帝国统治者的严密监视。

就那些处于社会金字塔顶端的人而言，原有的新教统治阶层保留了很大的权力和影响，且依旧占据着地方和国家各级政府的许多职位。然而，19世纪20年代和30年代，随着国家强制力和行政能力的扩张，国家把触角伸向了之前从未触及的角落，缓慢但明确地超越了传统上统治爱尔兰社会的地方贵族。这一时期，爱尔兰开展了大量且覆盖广泛的议会质询（如1833—1836年的贫困质询）。19世纪30年代，爱尔兰建立了教育系统的雏形，引入了《济贫法》（Poor Law），设立了地形测量局，成立了正式的警察部队，创设了新的地方行政单位，如大陪审团和工程委员会。爱尔兰的主要基础设施建设也在这一日趋商业化的历史阶段逐渐成形；建立了邮车网络，第一次通过马车为国民提供公共交通，此后又在19世纪30年代修建了铁路。

18世纪下半叶，爱尔兰的大众识字率开始上升。[①]这其中有很多原因。爱尔兰的商业经济在这一相对稳定的时期迅速扩张，随之而来的各种商业记录的需求促进了文字的使用。政治方面也是如此：在18世纪90年代的动荡岁月中，爱尔兰的城市和乡村都充斥着小册子、海报、传单、书籍和报纸。在试图颠覆政权的过程中，爱尔兰人联合会等反抗组织普遍把文字作为斗争工具，他们的对手为了维持现状也采取了相似的战术。除了这些俗世冲突，文字在传播宗教信仰方面也扮演了重要的角色。在19世纪20年代的“第二次宗教改革”中，天主教会和新教教会都将印刷文字作为争取皈依者的工具。不列颠政府也需要依赖书面文字管理爱尔兰迅速扩张的官僚体系。但这些识字人口究竟是本来就已经存在的，还是爱尔兰教育体系新培养出来的，人们对此还存在争议。我们需要谨慎对待这一时期爱尔兰人口文字读写能力的统计数据，而且“读写能力”这一概念本身也可以有多种含义。但事实俨然是，到19世纪中叶，印刷文字已经成为爱尔兰社会中前所未有的重要角色。

比较没有争议的是，英语读写能力显然与教育的发展密切相关。1824年，在总数为680万的爱尔兰人口中，多达56万人就读于不同形式的小学，其中大部分就读于当地非官方的树篱学校。这些学校之所以被称为树篱学校，是因为它们没有固定的教学场所，甚至有可能在野外上课。我们有时也可以从这些平凡的人和事物中发现那个时代的政治脉动。托马斯·克罗夫顿·克罗克（Thomas Crofton Croker）在1824年为树篱学校校长（家长只需向他支付少量学费）创作了一幅钢

---

① Ó Ciosain, *Print and Popular Culture in Ireland*, 177–194.

笔画，在画中将该校长描述为历史意志的传播者，对不列颠施加于爱尔兰的压迫深恶痛绝，坚信爱尔兰爱国主义力量的存在（少数叛徒除外），是不列颠统治爱尔兰合法性的坚定抗拒者；此外，他也“经常是起义的发动者”。[①]1831年，为了规范爱尔兰的教育体系，不列颠在爱尔兰建立了国家学校体系，并设置了一整套课程。按照克罗夫顿·克罗克的描述，树篱学校的校长在新体系中大概是不受欢迎的。

“撤销英爱联合”运动：支持与反对意见

随着解放运动的成功，奥康奈尔把他的注意力转向了一个更大的目标：撤销爱尔兰与不列颠之间的联合关系。“撤销英爱联合”(Repeal of the Union）成为他第二次竞选的口号。从1832年起，奥康奈尔坚持要求那些想要得到他支持的议员竞选者必须承诺支持撤销联合提议；此后，有39名支持奥康奈尔的爱尔兰候选人当选议员。尽管“撤销”（repeal）一词的确切含义一直模棱两可，但奥康奈尔的主要论点很明确：不列颠人在1800年剥夺了爱尔兰的议会，自那之后的几十年中，他们对爱尔兰的统治一直是不公正和苦难的根源。恢复位于学院绿地（College Green）广场的爱尔兰议会将是解决这些问题的关键。但很显然，1834年威斯敏斯特对这些措施并不感兴趣。19世纪30年代，奥康奈尔与自由党政府结成了松散的联盟，推动了数量有限的改革，要

① Thomas Crofton Croker, *Researches in the South of Ireland*, Dublin, 1824, 328–329.

求撤销英爱联合的呼声因此有所缓和。与此同时，怨声载道的什一税制度在“什一税战争”(Tithe War，1830—1833)期间引发了剧烈动荡。直到1838年，当什一税并入地租并改由地主向教会支付后，动荡才有所平息。1840年爱尔兰的地方政府改革为奥康奈尔于1841年当选都柏林市长铺平了道路。他是自1691年以来第一位担任这一职务的天主教徒。

1840年，奥康奈尔成立了撤销英爱联合协会(Repeal Association)。1843年，也就是“撤销联合年”(repeal year)，奥康奈尔组织了大规模集会，要求撤销爱尔兰与不列颠之间的联合。他还提出成立一个“三百人委员会”(Council of 300)，作为推动撤销英爱联合事业的准国民议会。奥康奈尔亲自参与的集会都成了规模盛大的活动——“巨型集会”(monster meetings)。这些巨型集会通常在具有象征意义的地点举行，如米斯郡的塔拉(Tara)广场等。一位不愿透露姓名的民谣歌手为塔拉广场集会写了如下歌词：

为丹尼尔和高贵的(托马斯·)斯蒂尔[①]欢呼吧，
他们是爱尔兰的骄傲，
威灵顿和皮尔又能怎样，
我们终将获得解放。

他在歌词中总结道：

① 托马斯·斯蒂尔(Thomas Steele)是丹尼尔·奥康奈尔的重要追随者和伙伴。作为一名新教地主，他对奥康奈尔助益颇多。——译者注

上帝保佑我们的女王，她的统治万寿无疆，
她的威严何人敢冒犯？
格拉努阿（Granua）[①] 的子孙们手持剑和枪，
时刻准备保卫女王。
无论他属于什么教派，
愿所有与丹尼尔为伍的人寿长，
不管托利党如何阻挠，
我们必将联合撤销。[②]

撤销联合并不意味着共和分裂主义，而是传达了自治的愿望。在这些巨型集会上，戏剧表演和演讲同样重要。不同立场的观察者对1843—1845年巨型集会出席人数的记录存在天壤之别。例如，关于1843年7月梅奥郡卡斯尔巴举行的巨型集会的出席人数，不同的数据来源给出了从1.5万到30万不等的统计数字。[③] 在这样的巨型集会上，奥康奈尔的演讲很难被所有人听到，但是音乐和视觉效果，比如装饰，甚至是精心制作的实物展示等，可以让人们充分理解他的观点。那些围观的人也能从中体会到奥康奈尔想要表达的信息。官方限制使用那些被认为可能具有挑衅意味的旗帜和横幅，但人们可以通过佩戴

① 爱尔兰神话人物，这里指代爱尔兰。——译者注

② Georges Zimmerman, *Songs of Irish Rebellion: Irish Political Street Ballads and Rebel Songs, 1780–1900*, Dublin: Allen Figgis, 1967, 50. 此处引用的爱尔兰语原文得到了“四庭出版社”（Four Courts Press）的同意。

③ Gary Owens, “Nationalism Without Words: Symbolism and Ritual Behaviour in the Repeal ‘Monster Meetings’ of 1843–1845,” in James S. Donnelly and Kerby A. Miller, eds., *Irish Popular Culture, 1650–1850*, Dublin: Irish Academic Press, 1998, 243–244.

丝带或挥舞树枝（恰好也是绿色[①]）的方式作为替代，这样在规避了官方限制的同时，也表示了对奥康奈尔及其事业的支持。在游行之后，他们通常会召开一个真正意义上的会议，最后还会举办一个较小的庆祝宴会，可以说这些集会都是经过精心设计的政治大戏。但并不是每个地方都愿意参与这些活动。阿尔斯特只于1843年在莫纳亨郡举办过一次奥康奈尔的巨型集会。信奉新教的阿尔斯特不愿意接受这一主要由天主教群体发起的运动。

然而，撤销联合运动与当局的对抗已经不可避免。1843年10月，运动与爱尔兰当局在都柏林郊外的克朗塔夫（Clontarf）发生了冲突。首相罗伯特·皮尔爵士随后宣布撤销联合运动的会议为非法。奥康奈尔没有为此做出有力的回应，这种让步对他的声誉造成了巨大的损害。他试图通过与辉格党结盟维持影响力，但此后他的事业每况愈下。他于1847年去世，但次年发生的事件表明，爱尔兰民族主义者在表达他们的目标方面有着不同的方式。

青年爱尔兰组织与民族主义言论

1842年，撤销联合运动的盟友，即由年轻的民族主义者组成的松散组织，开始刊印一份名为《民族报》（*Nation*）的报纸。受朱塞佩·马志尼（Giuseppe Mazzini）领导的意大利民族主义运动的启发，他们为自己起了一个相似的名字——青年爱尔兰（Young Ireland），并

① 绿色是爱尔兰和天主教的象征颜色。新教的象征颜色为橙色。——译者注

以此为世人所知。他们持坚定的非宗派主义思想。正如《民族报》的第一篇社论所言："事实上，爱尔兰只有两个党派：因丧失国格而遭受苦难的人以及从中渔利的人。"[①]这个团体由托马斯·戴维斯（Thomas Davis）、约翰·布莱克·狄龙（John Blake Dillon）、乔治·加万·达菲（George Gavan Duffy）和约翰·米切尔（John Mitchel）等人组成，他们起初和奥康奈尔保持着良好的关系，但是随着奥康奈尔在教育改革问题上采取了更加强硬的天主教立场，他们与奥康奈尔的关系开始趋于紧张。奥康奈尔曾多次宣称，他从不希望用天主教来取代新教的统治地位，但他与天主教会的紧密联盟，在天主教与爱尔兰宪政民族主义之间建立了一种有力而持久的联系（东北部的新教徒尤其反感这种结合）。当皮尔提议在贝尔法斯特、科克和戈尔韦建立大学网络时，遭到了各色人群的强烈反对，包括牛津大学福音派保守党[②]议员罗伯特·英格利斯爵士（Sir Robert Inglis），以及罗马天主教蒂厄姆大主教约翰·麦克海尔（John MacHale），他们都谴责该计划是一个"无神论"主张。奥康奈尔在这件事情上采取了拥护天主教领导层的立场，这让青年爱尔兰的成员非常反感。

1846年，在是否放弃使用暴力方式追求政治目标（如撤销英爱联合或者甚至是寻求爱尔兰的独立）的问题上，双方终于出现了分歧。青年爱尔兰成员希望保留以暴力方式实现政治目标的选项。1848年，受当年法国二月革命的启发，他们将这一选项付诸实践。那年夏天，在饥荒日益严峻以及政府对政治异见者的镇压日趋升级的背景下，威

① *The Nation*, 15 October 1842.

② 1833年，托利党改称保守党。——译者注

廉·史密斯·奥布赖恩（William Smith O'Brien）于7月底在蒂珀雷里郡发动了一场小规模的起义。这次起义仅维持数天，造成两人死亡。之后，其领导人被判处叛逆罪，但他们的死刑被改判为发配至澳大利亚。不过青年爱尔兰的意义并不在于他们失败的起义。他们在《民族报》上表达了一种新的爱尔兰文化民族主义的诉求，强调不同宗教教派可以共享爱尔兰的独特历史和文化，就像18世纪的一些新教和天主教古文物研究者所尝试的那样。他们还创造了一套可以充分表达其思想的话语和符号。这是对18世纪爱国主义信念的一种别样的、更为持久的继承。但1847年奥康奈尔的去世和1848年青年爱尔兰组织的起义很快就被随后发生的事件所淹没；与抽象的政治诉求相比，那些给人们带来生命威胁和死亡恐惧的事件更为重要。

第十三章
饥荒和移民

人民与马铃薯

19世纪40年代末的大饥荒（an gorta mór），是自1801年英爱联合到1922年获得独立这段历史内在爱尔兰发生的最重要事件。爱尔兰人口从1841年的820万下降至1851年的650万；1845年饥荒爆发前夕，爱尔兰人口可能在850万左右。在如此巨大的人口流失之中，约有100万人死于营养不良、饥饿和疾病。[①] 移民构成了人口流失的剩余部分。马铃薯这种可能于16世纪晚期传入爱尔兰的作物的歉收是造成这次饥荒的主要原因。马铃薯最初是作为园艺作物传入爱尔兰的，

① 如未经特别指出，所有数据均来自 John Crowley and William J. Smyth, eds., *Atlas of the Great Irish Famine*, Cork: Cork University Press, 2012。

但到了18世纪，它已经是爱尔兰生活中不可或缺的一部分。从苏格兰引入的被称为“码头工人”(Lumper)的马铃薯品种在贫瘠的土地上广泛种植，很快成为爱尔兰快速增长的人口中最贫穷阶层的主食。爱尔兰（尤其是大西洋沿岸地区）潮湿的气候和酸性的土壤为其广泛种植提供了完美的条件。牛乳与乳品业的大规模扩张迫使许多农村贫困人口转向种植马铃薯，并搬到高地地区。在爱尔兰人的饮食中，马铃薯取代了乳制品和豆类。[①]

最依赖马铃薯的是贫穷的小农和无土地的劳工，他们处于复杂而等级森严的土地所有制的底层。在饥荒发生之前到访爱尔兰的旅行者的记录中，上层社会对广大下层阶级的可怕物质剥夺是一个反复出现的主题。1845年到过爱尔兰的前奴隶弗雷德里克·道格拉斯（Frederick Douglass）曾对废奴主义者威廉·劳埃德·加里森（William Lloyd Garrison）说：“在离开美国之前，我听到了许多关于爱尔兰人民的苦难和不幸的故事，我已经做好在抵达爱尔兰后亲眼看见这些的准备。但我必须承认，我的亲身经验使我相信，我在美国所听到的不及我在爱尔兰所见情况的一半。”都柏林脏乱的街道以及城市周围破败不堪的村庄让道格拉斯深感惊骇。这位曾目睹过奴隶居住的小屋的人写道：“在见证人类苦难、无知、堕落、污秽和悲惨的所有地方中，爱尔兰贫民屋最为突出。”[②]尽管这种印象可能是在夏季的非收获月份旅行时形成的，在这个工作机会匮乏的季节，爱尔兰下层人民会愈加贫困潦倒，但爱尔兰贫困问题之严重已经是不争的事实：1841年的人

① Whelan, “The Modern Landscape,” 86–91.

② Don Mullan, ed., *Narrative of the Life of Frederick Douglass, an American Slave*, Dublin: A Little Book Company, 2011, 211–217.

口普查记录显示，爱尔兰51%的住房属于四级住房，官方称其为“只有一个房间的泥屋”。[①] 但人口普查并不能全面反映真实情况，饥荒爆发前爱尔兰农村社会的复杂性和多面性往往被观察者忽视，爱尔兰社会同样存在的积极特征往往没有得到关注。事实上，夏季正值就业不足和粮食短缺的时候，所以这个季节的旅行者看到的是这个国家最糟糕的一面。

农夫处于爱尔兰社会金字塔的最底层。他们从农场主或地主手中租用一间小屋或者再加上一小块维持生计的土地，通常以提供劳动而非现金作为偿还。金字塔的顶端是持有土地的新教精英。在这两个极端之间还存在一个多层级的土地所有体系，转租部分土地或者将土地分为小块租赁 / 出售是该区间普遍存在的现象。在这一体系中，马铃薯扮演着关键角色。作为粮食和饲料作物，它的高产量和膳食质量保障了自身的重要价值。的确，那些对爱尔兰人的贫穷感到震惊的游客，也可能对他们健康的身体感到困惑。例如，18世纪末和19世纪初，东印度公司招募的爱尔兰人的身高数据显示出他们良好的体格。[②] 马铃薯是一种营养成分多样而丰富的食物，富含碳水化合物、蛋白质以及维生素 B 和 C。足量的马铃薯——成年男性每天食用10—14磅——加上适量乳制品，就可以构成一份高营养价值的（日常）膳食。在19世纪40年代后期的饥荒爆发之前，爱尔兰三分之一的农业产出都归功于马铃薯种植。对于那些既不适合种植其他作物也不适合饲养牲畜的贫瘠土地，马铃薯的种植推动了这些土地的开垦。这究竟是饥

---

① Thomas Linehan, “History and Development of Irish Population Censuses,” *Journal of the Statistical and Social Inquiry Society of Ireland*, 16, part 4 (1991–1992), 103.

② Ó Gráda, *New Economic History*, 17–23.

荒前爱尔兰人口快速增长的原因，还是人口增长带来的结果，我们对此尚不明确，但两者之间肯定存在关联。

饥荒的爆发还有一个直接的原因。1845年6月，比利时发现了一种侵害马铃薯植株的奇怪病菌。同年8月，这种病菌在都柏林被首次发现，但9月初爱尔兰各地便都出现了类似病情。1845年，这种“马铃薯晚疫病菌”（*phytophthora infestans*）以惊人的速度摧毁了爱尔兰的马铃薯植株，并在1846年几乎灭绝了爱尔兰的马铃薯作物。这种马铃薯“枯萎病”带来的影响不限于爱尔兰。19世纪40年代中期，整个欧洲大陆的马铃薯作物都遭到破坏，但没有哪个欧洲国家的人口像爱尔兰穷人那样依赖马铃薯，其结果——饥荒的爆发——是灾难性的。

饥　荒

19世纪20年代和30年代，由于马铃薯歉收，爱尔兰也曾多次出现粮食短缺的情况。但19世纪40年代的马铃薯歉收情况之严重前所未见。马铃薯作物出现了灾难性的大面积死亡。1845年，爱尔兰约有240万英亩土地用于种植马铃薯；到1847年，由于枯萎病的破坏，这个数字已经下降到28.4万英亩。1845年，爱尔兰四分之一到三分之一的马铃薯作物死于枯萎病，这迫使罗伯特·皮尔爵士的保守党政府紧急出台救援措施，绕过联合王国限制谷物进口的保护主义谷物法，下令秘密购买北美玉米，并在爱尔兰西海岸建造粮食仓库。1845年马铃薯仅是部分歉收，但紧接着到1846年，马铃薯作物完全沦陷，这是因为马铃薯晚疫病菌的孢子被冬季的雨水冲到地下，第二年又重新爆发。伴随着马铃薯的严重歉收，爱尔兰出现了这次饥荒的首次死亡报告，政府也随之展开了救援工作。1838年《济贫法》出台后修建的130所济贫院到1846年底已经逐渐不堪重负。当时的爱尔兰济贫院系统有着高尚的道德宗旨，为了防止投机主义，它设立了严格的规章制度，确保只有真正的穷人才能成为救济对象。但是，这些济贫院，以及现有的公共机构（如药房），从来就不是为了应对现在所面临的这种危机而设计和成立的。

饥荒爆发后，动乱很快随之而来。引发群众激愤的一个特别原因是，饥荒爆发初期爱尔兰依旧在出口经济作物，这在沿海城镇引起了粮食暴动。危机结束时，不列颠在爱尔兰的驻军规模几乎翻了一番，从1843年的1.5万人增加至1849年的2.95万人。引人侧目的是，在整个饥荒期间，政府用于保障安全的资金（1400万英镑）超过了用于救济饥荒的资金（950万英镑）。然而，尽管随时准备镇压动乱，政府的救济措施还是产生了积极的影响：到1847年底，约有70万人受雇于公共工程，1847年1月至10月，施粥站养活了大量人口。但也是在1847年，约翰·罗素爵士（Sir John Russell）领导的新辉格自由党（Whig-Liberal）政府将救济灾民的负担转移给了爱尔兰《济贫法》。他们认为，尽管爱尔兰是联合王国的一部分，但应该用爱尔兰的资源解决爱尔兰问题，公共工程应该成为开展救济工作的主要方式。官方慈善是有限的，尽管施粥站的效果很明显，但还是被逐步取消了。财政部高级官员查尔斯·特里维廉（Charles Trevelyan）等人表达了一种短视的观点，认为饥荒是爱尔兰各种社会弊病不可避免的后果，其爆发说明爱尔兰亟需改革。在这种观点看来，饥荒是一种征候而不是原因，它给爱尔兰改革提供了机会。不列颠政府认为，救济饥荒是爱尔兰地主的责任，因为他们应该对佃户的困境负责。尽管有一些地主富有责任感和人道主义精神，但大多数——包括许多较为富裕的农场主——以饥荒为借口，大肆驱逐一无所有的贫民和佃农，或从危机中牟取暴利。

总体而言，官方在赈灾问题上做出的反应，就资源投入而言，是远远不够的：当时可能还需要5000万英镑才可以填补粮食的缺口。但即使有这笔开支也未必能提供一个完整的解决方案。[1] 事实上，民间慈善机构在一定程度上弥补了这一差额。例如，贵格会在联合王国和北美组织了一系列慈善募捐活动，一定程度上缓解了饥荒带来的严峻的人道主义危机。英格兰贵格会教友威廉·贝内特（William Bennett）在访问梅奥郡——灾情最严重的郡——的贝尔马利特（Belmullet）时，对爱尔兰的惨况做了如下描述：

> 我们所目睹的人类苦难和悲惨情景将化作某种鲜活、可怖而暴虐的错觉，而非现实中清醒的征候，长久地留存于我的想象之中……也许那些穷苦的孩子们的景象是最可怜、最令人心碎的。他们许多人虚弱得无法站立，他们四肢瘦小无力——除非可怕的肿胀已经遮掩了原有的瘦弱模样——无法支撑他们移动时的意志力。他们的脸上见不到任何幼稚的表情，个别孩子甚至已经失去理智和智慧。那些

① Cormac Ó Gráda, *Black '47 and Beyond: The Great Irish Famine in History, Economy, and Memory*, Princeton: Princeton University Press, 1999, 83.

> 挤在一个小屋里的许多孩子已经是遗孤，被同样贫困的亲戚家庭收留，甚至陌生家庭也会收留孤儿……但他们很少抱怨。当被问及发生了什么事时，所有人的回答都大同小异——“当然是饥饿”(Tha shein ukrosh)。此时，我们才真正明白了那个悲伤的词“饥饿”(ukrosh)的可怕含义。[①]

只有通过这些文字记载，我们才能听到饥荒受害者的声音。

尽管饿殍已经随处可见，营养不良却为最嗜杀的杀手——伤寒、痢疾和霍乱等疾病——打开了大门。我们几乎可以肯定，确切的死亡人数要比1851年的人口普查所给出的数据高出许多。在这次人口统计中，公共机构以外的死亡人数由家庭成员负责记录。但是如果整个家庭都死于饥荒了呢？或者移民了呢？

不列颠政府应对饥荒的一些举措反映出他们的种族主义和宗派主义倾向。不列颠官僚机构冷酷的立场，遭到爱尔兰民族主义者的强烈谴责，事实上也遭到了许多同时代的不列颠人和爱尔兰人的强烈谴责。饥荒期间死亡率最高的地区是南部和西部，也是纯粹因饥饿而死亡的人数最多的地区。大量移民涌入贝尔法斯特、科克和都柏林等主要沿海港口，导致了争抢工作和食物的骚乱，同时也给城市现有的基础设施带来了巨大压力：在都柏林，疾病似乎已经成为比饥饿更可怕的杀手。饥荒的影响反映了东部和西部地区的差异：一个是文化程度相对较高、以英语为母语的混合经济体，另一个是基本上不识字、讲爱尔兰语的农业区。这个国家的西半部住房条件最差，识字率最低，

① Peter Gray, *The Irish Famine*, London: Thames & Hudson, 1995, 140–141.

农业从业人口比例最高。相比而言，混合经济程度较高的地区，如东北部，更有能力应对危机。但是，这场灾难的规模和后果——人口下降、随之而来的土地使用的转变、移民潮的触发及其后续影响——对爱尔兰社会产生了深刻而不可逆转的影响。没有任何地区可以幸免。

爱尔兰移民

1801—1921年，全球大约有800万移民人口来自爱尔兰。早在饥荒爆发之前，爱尔兰人就是不列颠和美国海外劳动力的主要来源。这个时期的移民绝大多数年龄在30岁以下。1820—1845年，以家庭为单位的移民相对较少。然而，在饥荒期间和之后，情况发生了巨大变化：大约有140万人在1845—1852年离开了爱尔兰。19世纪20年代到90年代，政府偶尔会为向海外移民人口提供援助，地主有时也会支付移民费用，以便腾出那些被无利可图的佃户占用的土地。但是，促进向海外移民的大部分经济资助来自那些已经离开爱尔兰的人：1848—1887年，大约有3400万英镑被送往联合王国，尤其是爱尔兰。[①]逃荒移民群体多数来自贫民阶层，他们当中说爱尔兰语的人多于不说爱尔兰语的人，天主教徒多于新教徒。爱尔兰西部沿海最贫穷的地区——从梅奥到科克——受饥荒影响最严重，移民率却低得惊人：这里的人民已经穷得无法离开爱尔兰。通过公共或私人途径成功移民的

① David Fitzpatrick, *Irish Emigration, 1901–1922*, Dundalk: Economic and Social History Society of Ireland, 1984, 21.

人仅占一小部分。这些移民对目的地国家和地区产生了巨大影响。虽然身在不同的目的地，爱尔兰逃荒移民在生活上却有很多共同的特点：他们生活在恶劣的条件下，往往以体力劳动者的身份寻找工作，而且经常是偏见的受害者。和大多数的饥荒受害者一样，绝大多数移民都来自社会较底层。只是季节性的迁徙现在变成了永久的离开。

对爱尔兰移民来说，不列颠是至关重要的，而且往往是不可避免的目的地（或中转地）：1846年，301艘船只载着爱尔兰移民到纽约，其中214艘来自利物浦。不过随着时间的推移，越来越多的轮船开始直接从爱尔兰港口出发，开往美国和加拿大，从不列颠港口中转的必要性逐渐下降。在饥荒过后的几十年中，持续不断的爱尔兰移民使得包括利物浦和格拉斯哥在内的许多不列颠城市出现了数量可观的著名爱尔兰社区：今天依旧活跃于格拉斯哥的凯尔特足球俱乐部便是这些爱尔兰移民的持久遗产之一。对于那些选择更远地方的移民群体而言，美国东北部是一个重要的目的地，包括波士顿、纽约、费城和巴尔的摩等港口城市都因此平添了独特的爱尔兰风俗。1845—1855年，纽约接收了90万爱尔兰移民，该地出生于爱尔兰的居民数量超过了都柏林，有名的五岔路（Five Points）等街区和坦曼尼协会（Tammany Hall）等机构都因此而来，后者是纽约市民主党的总部所在地。还应该指出的是，随着爱尔兰移民的大量涌入，爱尔兰语成为许多美国城市的方言之一。大量记录着饥荒的影响的盖尔语手抄本被它们的主人带往国外。

饥荒期间的那种移民规模后来再也没有出现过，但大规模移民现象已经开始，且再也没有停止。虽然移民的规模可能会有变动，如19世纪70年代美国的经济衰退一度导致移民数量的下降，但移民潮仍然是爱尔兰乡村生活的重要现实，不管牧师和政治家对此有何看法。饥荒的结果之一是土地继承方式的改变：原本已经被分块租赁/出售的小块土地被再次分割成更小、更不经济的土地单元。这导致爱尔兰农村下一代人越来越没有选择权，他们原本有望继承一些遗产，没有土地可继承的现实让他们只能选择离开。19世纪下半叶，向海外移民几乎成了爱尔兰生活不可分割的一部分，爱尔兰人口以惊人的速度下降。

饥荒过后，人们注意到科克、戈尔韦和凯里等西部地区的儿童普遍移民。在第一次世界大战之前的40年里，美国是爱尔兰西部移民的主要目的地；北部和西北部地区的移民则青睐加拿大，并且出现了"链式迁移"（chain migration）现象，一个家庭，有时是整个社区，逐渐集体迁移。随着爱尔兰移民的大量涌入，美国的许多城市也日渐扩张，成为这些新来者的家园——他们在这片新的土地上成为劳工和用人。家政服务行业为美国带来了大量女性移民，在饥荒之后的几十年里，爱尔兰女性在这些职业中占据相当可观的比重。煽风点火的英格兰作家詹姆斯·安东尼·弗劳德（James Anthony Froude）出版了一本有关爱尔兰历史的书，当时这本书被许多人视为对爱尔兰的进一步抹黑。之后他于1872年前往美国举行巡回讲座，在其旅途中，爱尔兰裔服务人员都拒绝为他提供服务，这足见"镀金时代"[①]前夕爱尔兰仆役的普遍程度。

① 从南北战争结束（1865年）到20世纪初叶的美国历史时期被称为"镀金时代"。——译者注

大英帝国中的爱尔兰人

然而，爱尔兰移民还有另一个显而易见的目的地：大英帝国本身。帝国在饥荒期间和之后接收了一部分爱尔兰移民：1845—1855年，7万名爱尔兰人在澳大利亚定居，其中许多人，包括青年爱尔兰的乔治·加万·达菲和威廉·史密斯·奥布赖恩，都是作为罪犯被流放至澳大利亚的。1855—1860年，另有17.5万名爱尔兰移民抵达澳大利亚。除了被流放的囚犯，还有一个因素让许多爱尔兰人不得不在帝国内部移民——他们可能从事特殊的职业，比如士兵或行政人员。18世纪刑事法的废除让天主教徒获得了在国家机构中就职的权利，而对大多数天主教徒来说，最可能为他们提供工作机会的国家机构便是军队。1830年，不列颠军队中42.2%的士兵——40 979人——是爱尔兰人，而当时爱尔兰人只占联合王国总人口的32.2%（尽管到1898年这一具体数字已经下降到26 376人）。1857年之前，爱尔兰人在东印度公司的军队中所占比重也高于正常的比例。他们在步兵中最为常见（许多移民在爱尔兰境外入伍），尽管饥荒影响了爱尔兰新兵的健康和数量。[①] 当兵为他们提供了一条摆脱贫困的道路，有时意味着他们可以不再为了生计而触犯法律。在普通士兵之外，爱尔兰新教精英在军官阶层中也占据可观的比例，威灵顿公爵阿瑟·韦尔斯利（Arthur Wellesley）就出生于都柏林（尽管据说他不承认自己的出身，认为生于马厩并不意味着就一定是一匹马）。宗教分歧问题是19世纪的军队

---

① E. M. Spiers, “Army Organisation and Society in the Nineteenth Century,” in Thomas Bartlett and Keith Jeffrey, eds., *A Military History of Ireland*, Cambridge: Cambridge University Press, 1996, 335–357.

极力避免的问题，他们对宗派主义尤其敏感。1822年，橙带党被禁止参军，天主教牧师则逐渐被接受。到了19世纪下半叶，虽然英帝国对爱尔兰士兵的忠诚仍旧有戒心，但帝国的基本军事需求让其别无选择。如果驻扎在爱尔兰，军队就必须处理法律和秩序问题。1836年爱尔兰新建立的警察部队开始取代军队行使上述权力，但士兵仍然是政权的重要辅助力量。①

爱尔兰士兵的服役之地不限于爱尔兰，还有一个庞大的帝国需要他们为之战斗。在1857年的印度兵变中，东印度公司的1.4万名士兵中大约有一半是爱尔兰人。该公司在印度的统治结束后，爱尔兰人在不列颠军队以及印度的新行政部门中依旧占据显著的比重——拉迪亚德·吉卜林（Rudyard Kipling）在其于1901年出版的著名小说《吉姆》（*Kim*）中，将主人公吉姆的身份设定为一名爱尔兰士兵的儿子就反映出这一点——这为爱尔兰人继续通过筛选进入军队服役创造了条件。1857年，三分之一的印度新公务员是爱尔兰人，这个比例让伦敦政府感到不安，以至于在招聘过程中刻意倾向于牛津和剑桥大学的毕业生，而非爱尔兰的女王学院。所有这些学院，包括圣三一学院，都提供印度语课程和印度历史课程。1886—1914年，在印度的官僚机构中，80%的新入职爱尔兰公务员是天主教徒。②

天主教（以及较低程度上的新教）的传教活动也得到了帝国的庇佑；尽管爱尔兰人的传教活动并不局限于大英帝国的辖区，但天主教

① Virginia Crossman, "The Army and Law and Order in the Nineteenth Century," in Bartlett and Jeffrey, eds., *A Military History of Ireland*, 358–378.

② Kevin Kenny, "The Irish in the Empire," in Kenny, ed., *Ireland and the British Empire*, 102–103.

传教士尤其在撒哈拉以南非洲地区的传教活动中扮演了重要的角色。[①] 在国内，不列颠统治带来的物质文化在爱尔兰城镇中日益明显；大英帝国已经成为爱尔兰人生活的基本背景，但事情是双向的。不列颠在爱尔兰的统治成为其在印度统治的重要参照。1858年建立的印度总督办公室显然是基于爱尔兰的版本。[②] 同样，科学技术在帝国统治中的推广也参照了他们在爱尔兰的经验；19世纪50—70年代英帝国在印度进行的大三角勘察（Great Trigonometric Survey），也是以19世纪30年代的爱尔兰地形测量计划为参照蓝本。然而，帝国内部的这种人员流动和思想传播并不意味着爱尔兰人已经接受了帝国成员的身份。一些爱尔兰民族主义评论家批评不列颠对印度兵变的反应，他们认为那是对压迫的反抗，并对之持同情的态度，他们还将不列颠在爱尔兰的统治与其他地方的帝国统治做了消极的比较。[③] 人们普遍认为饥荒带来的灾难是不列颠暴政的产物，这在爱尔兰内外留下了深远的影响；随着爱尔兰人在英属印度的统治地位日渐显著，这一遗产开始以激进且影响深远的方式显露出来。

---

① Kenny, "The Irish in the Empire," 113–121.

② Alvin Jackson, "Ireland, the Union, and the Empire," in Kenny, ed., *Ireland and the British Empire*, 125.

③ Barry Crosbie, "Ireland, Colonial Science, and the Construction of British Rule in India, c. 1820–c. 1870," *Historical Journal*, 52:4 (2009), 963–987; Matthew Kelly, "Irish Nationalist Opinion and the British Empire in the 1850s and 1860s," *Past & Present*, 204:1 (2009), 127–154.

第十四章

新的起点

社会经济层面的变化

在饥荒之后几代人的时间里，爱尔兰经历了一系列深刻的文化、经济和社会变革：大规模移民和人口下降；城市化进程加快（最明显的例子是贝尔法斯特大规模扩张，成为一座具有全球意义的工业城市）；由于农夫几乎被消灭，爱尔兰农村的社会结构也发生了变化，新的天主教中产阶级开始出现在城镇和农村地区。

移民也许是爱尔兰不同社会层次发生变革的最重要推动力。饥荒之后的60年里，随着爱尔兰岛居民的大规模移民和出生率的下降（移民潮是这个历史阶段特有的现象，而非常态），爱尔兰人口减少了一半（见图2）。土地租金并没有像商品价格那样快速上涨，但日益商业化的经济导致爱尔兰农业步入现代化，农业劳动者在饥荒后的爱尔兰

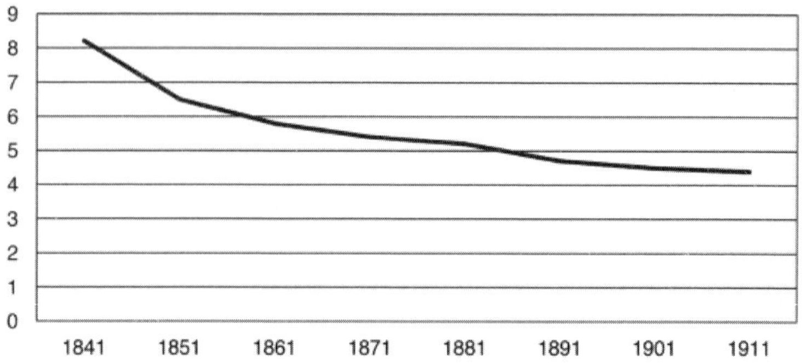

图2：19世纪40年代到一战前夕爱尔兰人口的下降趋势（单位：百万）。在饥荒之后的几十年中，爱尔兰的人口自然增长率一直低于移民率。（数据来源：A. J. Fitzpatrick and W. E. Vaughan, eds., *Irish Historical Statistics: Population, 1821–1971*, Dublin: Royal Irish Academy, 1978）

失去了工作。这些劳动者与他们所服务的农场主之间没有清晰的界限，因为他们中的许多人本身也耕种自己的土地。但在后饥荒时代，爱尔兰的农村劳动阶级明显出现了萎缩的趋势；爱尔兰农业模式从耕作转向放牧导致了劳动力需求下降，移民潮则进一步侵蚀了农业劳动阶层。由于牲畜的利润更高，爱尔兰用于牧场的农业用地占比从1851年的68%跃升至1876年的79%。[①] 芒斯特地区的转变最为显著（牧场几乎已经完全占据了康诺特较贫瘠的土地）。土地变得稀缺，可转租给农业劳动者的土地越来越少。土地可分割继承传统的改变也推高了爱尔兰的平均结婚年龄；因为可供分配的土地越少，就意味着有越多的人无法依靠土地谋生或结婚。终生未婚的人口越来越多，除独身生活外，移民也是一种选择（需要指出的是，在后饥荒时代，为治疗精神疾病而建立的爱尔兰地区精神病院系统所接纳的人数也大幅度上升）。

① Samuel Clark, *Social Origins of the Irish Land War*, Princeton: Princeton University Press, 1979, 108.

农场主成为爱尔兰农村社会的主要组成部分。每1000名爱尔兰男性人口中的农场主数量从1831年的732人下降至1911年的547人。同样，1841年，每100名农场主所雇用的农业劳动者数量为271人，到1922年，这一数字已降至131人，爱尔兰穷人阶层的外流很可能缓解了这一时期的阶级矛盾关系。[①] 在饥荒和第一次世界大战之间，爱尔兰人的工资和寿命均有所上升，移民潮很可能在这方面发挥了一定作用，因为它缓解了爱尔兰的资源压力和就业竞争。

表2　后饥荒时代爱尔兰的社会变化情况（基于农场规模的变化）

农场规模 / 农场数目 / 年份	1—5英亩	5—15英亩	15—30英亩	30—50英亩	50—100英亩	100—200英亩	200英亩以上	所有1英亩以上[②]
1860年	82 800	181 400	140 900	72 400	54 000	21 700	10 100	563 200
1870年	74 300	171 000	138 000	72 400	55 300	21 700	9800	542 500
1880年	64 300	161 300	136 500	72 900	56 200	22 400	9900	523 600
1890年	60 800	155 800	134 200	73 700	56 600	23 000	10 000	514 000
1900年	62 200	154 800	133 500	74 000	57 600	23 100	9800	514 900
1910年	62 100	154 100	136 700	75 900	58 700	22 800	9400	519 800

注：由于土地所有权得到巩固，30英亩以下的农场数目日趋减少，30英亩以上的农场数目逐渐增加，这一现象刺激了贫民阶层的向外移民和农村中产阶级的崛起。（数据来源：Central Statistics Office, http://www.cso.ie/en）

大农场主开始作为一个新的农村中产阶级出现于爱尔兰。住五居室或以上的爱尔兰农村人口占比从1841年的17%上升至1851年的27%，到1901年这一比例更是上升到56%。这反映出饥荒之后爱尔兰

① David Fitzpatrick, "The Disappearance of the Irish Agricultural Labourer," *Irish Economic and Social History*, 7 (1980), 87–88.

② 该列原书数据如此。由于统计误差，该列数据并未必然小于前列数据之和。——编者注

农村发生了深刻的社会变革，原有的农夫阶层逐渐退出生活舞台，中产阶级农场主成为爱尔兰农村人口中人数最多，也最具影响力的群体。在中产阶级农场主崛起的同时，爱尔兰城镇也出现了一个新的城市中产阶级，他们通常因为家庭和婚姻关系以及共同的经济利益同农业阶级紧密联系在一起。越来越多的人开始购买食物而非自耕自种，爱尔兰人的饮食在这几十年里也发生了变化，虽然不一定是良性的变化。例如，白面包变得更加普遍，但作为马铃薯的替代品，它的营养价值要低得多。

需要通过购买才能获得的物品越来越多：休闲方式、时尚以及商业生产的变化带来风格标准化，服装也发生了变化。因此，随着许多爱尔兰城镇开始对自己重新定位，以迎合蓬勃发展的农业的需求，零售商和酒吧行业变得越来越重要。通过大力削弱农村下层阶级，文化影响的天平——如语言和宗教实践——决定性地转向了天主教新中产阶级。

在后饥荒时代，农村劳动者并不是唯一遭到冲击的群体；女性就业率（从事体力劳动、纺纱、编织等行业）也从1851年的28%下降到1911年的19.5%。但酿酒、铣削和食品加工等行业表现良好。东北部繁荣的工业中心地带的经济增长——造船业成为贝尔法斯特的一个巨大产业——吸引了不少不列颠人移民至此。最具特色的移民群体包括东欧（尤其是立陶宛）犹太人，他们开始在贝尔法斯特、科克、都柏林和利默里克定居。詹姆斯·乔伊斯（James Joyce）于1922年出版的小说《尤利西斯》（*Ulysses*）的主人公利奥波德·布卢姆（Leopold Bloom），就出生于一个由犹太移民和爱尔兰新教徒母亲组成的混合家庭。但正如乔伊斯所设定的那样，他的背景、语言甚至他的政治身份几乎注定了他无法融入都柏林的“小耶路撒冷”这个讲意第绪语的社区。尽管如此，布卢姆仍然是都柏林一度繁荣的犹太社区的持久（虽不确切的）代表。[①]

宗教与文化层面的变化

19世纪20年代为了“心灵和思想”而进行的宗派斗争在改变宗教信仰方面作用甚微，但对不同教派间的相互关系产生了不可忽略的影响。1834年，在爱尔兰的人口中，天主教徒占80.9%，圣公会教徒占10.7%，长老会教徒占8.1%。到1901年，爱尔兰74.2%的人口是天主教徒，13%的人口是圣公会教徒，9.9%的人口为长老会教徒（从19世纪50年代开始，新教所有主流教派都出现了更加鲜明的福音主义倾向）。[②]新教徒群体主要集中于阿尔斯特省，在其他地方则较为分散；在阿尔斯特以外，圣公会教徒的主要聚居地为都柏林和威克洛。在爱尔兰地主阶级中，圣公会教徒所占比例明显过高；并且虽然长老会地主占多数，但所有新教教派都在商业和专业阶层中占据重要地位。尽管如此，圣公会的特权正在逐渐削弱，尤其是1869年爱尔兰国教会实行政教分离后更是如此。圣公会地位的丧失与其天主教对手的不断壮大形成了鲜明的对比。这两个主要的教会都在19

① Cormac Ó Grada, “Lost in Little Jerusalem: Leopold Bloom and Irish Jewry,” *Journal of Modern Literature*, 27:4 (2004), 17–26.

② S. J. Connolly, *Religion and Society in Nineteenth-Century Ireland*, Dundalk: Dundalgan Press, 1985, 3.

世纪早期实行了改革和精简，但在后饥荒时代，天主教会明显变得更加自律和高效。1840年，每2750人中有1名天主教神父；到1900年，这一比例已经转变为每900人中有1名天主教神父。[①]尽管爱尔兰人口在减少，天主教神职人员的队伍却日益壮大；新的天主教中产阶级提供了大部分新的神职人员，天主教社会不容忽视的地位也日益稳固。

1850年8—9月，罗马天主教会议在蒂珀雷里郡的瑟勒斯(Thurles)小镇举行；这次会议具有划时代的意义，它结束了爱尔兰天主教在饥荒爆发前的无序局面，同时为爱尔兰天主教会在饥荒后的几十年里变得更有活力和高效提供了制度框架。召开一次全国会议是梵蒂冈向新任命的爱尔兰总主教兼阿马大主教保罗·卡伦（Paul Cullen）下达的一项指示。为了召开这次会议，他们特地授予保罗·卡伦为教皇代表。这是自中世纪以来举办的第一场如此规模的宗教大会。会中提出的建议包括：谴责19世纪40年代在科克、戈尔韦和贝尔法斯特建立的“无神论”女王学院；重申建立一所天主教大学的要求；改善将在梅努斯神学院接受培训的神职人员的管理和纪律，在指定的官方礼拜场所摆放圣礼；抵制天主教徒皈依新教。对纪律的强调反映了卡伦的威权式教会管理观念，这对爱尔兰天主教产生了深远的影响。在卡伦和像他这样的罗马天主教主教的管理下，爱尔兰的天主教会在很多方面发生了新的变化。爱尔兰天主教的“放权革命”（devolutional revolution）摧毁了许多传统习俗；事实上，许多观察家认为，爱尔兰

① Emmet Larkin, *The Historical Dimensions of Irish Catholicism*, Washington, D.C.: Catholic University of America Press, 1976, 77, 84; Emmet Larkin, *The Pastoral Role of the Roman Catholic Church in Pre-Famine Ireland*, Dublin: Four Courts Press, 2006, 271.

丰富的本土文化有很多已经毁于饥荒。参加康诺特地区天主教教堂礼拜的群众出席率相对较低，但在该地区可以看到人民对本土宗教的强烈依恋，虽然这个本土宗教遭到了饥荒的严重打击。

我们似乎有理由认为，天主教的这些改革与饥荒的余波相互交织，在某种程度上促进了人们对天主教的认同和皈依。在卡伦领导下日益制度化的天主教会很可能占据了这一时局的先机。其神职人员数量的急剧增加，以及基督教兄弟会（Christian Brothers）等布道机构的扩张，都反映了其权力和影响力的不断增强，群众的礼拜出席率逐渐提高，天主教会也越来越倾向于在维护公共道德方面发挥作用。饥荒后爱尔兰的乡土建筑同样反映了天主教会的新地位。限制天主教徒拥有土地的刑事法的废除为饥荒前的那一代人在爱尔兰东部建造教堂创造了条件。瑟勒斯会议将这些现有趋势具体化；而这些趋势也可能促进教会新规的实施，因为各地都新修了更多正式的礼拜场所。不仅如此，后饥荒时代的新天主教对爱尔兰的文化和社会也产生了影响。教会对不受他们管制的、不符合道德规范的集会持反对态度，这种倾向对爱尔兰的音乐和舞蹈传统产生了不利的影响。同样，像爱尔兰式曲棍球这样的传统运动也引起了神职人员的不满，他们认为这样的运动赛事是不受管控且过于喧闹的集会（这项运动此前就已招致放牧人的不满，因为他们想把自己的土地用来养牛，而不是用作运动场地）。天主教会对大饥荒后在爱尔兰和北美出现的新组织——芬尼亚（Fenians）——也深恶痛绝。

芬尼亚

1858年3月17日，即圣帕特里克节那天，詹姆斯·斯蒂芬斯（James Stephens）、托马斯·克拉克·卢比（Thomas Clarke Luby）和约翰·丹尼弗（John Denieffe）在都柏林秘密成立了一个地下起义组织，旨在通过武装斗争实现爱尔兰独立。斯蒂芬斯曾参加1848年的青年爱尔兰起义，后来在巴黎待了一段时间，并接触了一些有意策划另一场起义的爱尔兰裔美国人。这个秘密组织的起源和它的原有名称均已不详，直到更晚的时候，它才开始以爱尔兰共和兄弟会（Irish Republican Brotherhood，IRB，有时也被称为爱尔兰革命兄弟会［Irish Revolutionary Brotherhood］）的名称为世人所熟知。当时，"共和主义者"（republican）一词有分裂主义者的含义，即主张爱尔兰以共和国的形式脱离不列颠的统治。第二年，约翰·奥马霍尼（John O'Mahony）在纽约成立了一个姐妹组织，这个组织的名字——芬尼亚——很快就被用于统称这两个分支。

这是一场群众运动，在大西洋两岸都迅猛发展。在爱尔兰之外，它得到了那些饥荒爆发以来背井离乡的愤怒的移民的支持；他们中的许多人在美国内战中加入了联盟军或联邦军。例如，在南卡罗来纳州萨姆特堡（Fort Sumter）的86名联邦士兵中，有38名是爱尔兰人。在此后的4年中，大约有15万爱尔兰人在联邦军队中服役，另有2万人在南部联盟军队中服役。[①] 可见，北美等地区仍然存在大量久经沙场的爱尔兰军人，他们很可能会被哄劝加入这个由新组织发动的武装

① Damien Shiels, *The Irish in the American Civil War*, Dublin: History Press, 2013, 30.

起义。这一运动还渗进拥有大量爱尔兰士兵的不列颠军队内部。爱尔兰共和兄弟会是一个通过盟誓维系的秘密组织，形成蜂窝状的“层级圈”，等级有别，难以渗透。与天主教会相反，该组织并不介意策划重大的公共活动，如为青年爱尔兰组织成员特伦斯·贝柳·麦克马纳斯（Terence Bellew McManus）举行葬礼，后者的遗体于1861年从美国运回都柏林安葬。然而，天主教会对地下反叛组织深恶痛绝，尤其是芬尼亚运动。一位天主教主教曾说过一句名言：地狱的温度和永恒的时间都不足以惩罚芬尼亚成员。

1863年斯蒂芬斯创办了《爱尔兰人民报》(*Irish People*)，致力于传播共和革命的福音。该报纸由运动的重要成员斯蒂芬斯、卢比、杰里迈亚·奥多诺万·罗萨（Jeremiah O’Donovan Rossa）及查尔斯·基克哈姆（Charles Kickham）拟稿和管理，截至1865年被镇压时，发行量达到8000份。该报纸在爱尔兰以及在有爱尔兰社区的不列颠城市（如利物浦等）广泛发行。它毫不掩饰自己的政治立场。在1865年9月16日（即其办公地点遭到突袭的第二天）的最后一期上，它刊发了一篇激进的社论，评论天主教神职人员对芬尼亚运动的敌意，同时公开声称：“如果不推翻英格兰人对爱尔兰的统治，我们美丽、富饶的土地将成为外国人放牛的牧场，我们民族的残余将成为全世界的流浪者和弃儿。革命是我们唯一的希望。”[①] 在1865年12月和1866年1月对约翰·奥利里（John O’Leary)、卢比和奥多诺万·罗萨的审判中，控方引用了上述言论作为证据。由于美国的芬尼亚运动是公开进行的，在领袖被抓捕后，政府和媒体都将美国芬尼亚兄弟会（Fenian

① *The Irish People*, 16 September 1865.

Brotherhood）与爱尔兰共和兄弟会相联系。运动遭到了渗透，报纸也被查禁了。

1866年，芬尼亚兄弟会试图对加拿大发动袭击（三次未遂袭击中的第一次），目的是在英美战争爆发时为爱尔兰的事业创造一个讨价还价的筹码，并希望大西洋彼岸的这次事件能激励爱尔兰的运动。这次行动虽然以失败告终，但它反映了一个事实：就像它的共和主义先辈爱尔兰人联合会一样，这个新组织打算利用国际事务推进其目标。

1867年3月4日，芬尼亚组织在爱尔兰发动了策划已久的起义，但以惨败告终。尽管在行动上精心策划，包括提议突袭切斯特城堡，将武器转移至爱尔兰等，但这次起义明显准备不足，都柏林山区以及蒂珀雷里、利默里克、克莱尔、沃特福德爆发的小规模战斗很快就被镇压。芬尼亚组织的装备也很简陋：他们的美国支持者集结了一批武器，但直到1867年5月才运到斯莱戈港，起义的时机显然已经过去（至少就那一年而言是如此），他们因此又掉头回去了。爱尔兰警察部队被授予"皇家"称号，以表彰他们在镇压起义中发挥的作用。为了应对芬尼亚运动的持续威胁，爱尔兰各地开始修建带有防御工事的警察营房。

虽然遭遇了失败，但他们并没有就此逃走。1867年9月，两名芬尼亚成员——托马斯·凯利（Thomas Kelly）和蒂莫西·迪西（Timothy Deasy）——在曼彻斯特被捕。在被从法庭押往监狱的途中，二人乘坐的囚车遭到一大群人的袭击，这些人开枪打死了几匹马和一名警察，砸开囚车解救了他们。此后，警方突击搜查了曼彻斯特的爱尔兰社区，导致一大波逮捕和审判，5名男子被判处死刑。其中一项死刑判决被撤销，另一项被减刑为流放，最终5人中有3人因谋杀被绞死，他们分别是威廉·艾伦（William Allen）、迈克尔·拉金（Michael Larkin）和迈克尔·奥布赖恩（Michael O'Brien）。

这些“曼彻斯特殉难者”（Manchester Martyrs）是自罗伯特·埃米特以来第一批因政治罪被处死的爱尔兰人，他们的命运引起了公众对芬尼亚理想的广泛同情。歌曲《上帝保佑爱尔兰》（“God Save Ireland”）正是创作于这一时期并广泛流行于爱尔兰民间，在1914年第一次世界大战爆发之前，这首歌一直被视为爱尔兰的非官方国歌。1868年12月，该组织的另一名成员因在伦敦克勒肯维尔监狱（Clerkenwell Prison）安放炸弹以协助越狱而被处决。1876年4月，捕鲸船卡特尔帕号在澳大利亚西部营救了6名被囚禁的芬尼亚成员。这次营救的组织者是一个名为盖尔人兄弟会（Clan na Gael）的美国新芬尼亚团体，他们躲过了抓捕，并于次年8月将被解救者安置在纽约。在19世纪70年代乃至之后，芬尼亚威胁仍然是一大难题。它很快与爱尔兰生活的方方面面相互交织。

本土自治主张的提出

艾萨克·巴特（Isaac Butt）是一名有着新教联合派背景的都柏林律师，曾在19世纪60年代末为许多芬尼亚囚犯辩护。1870年，出于对爱尔兰民族主义事业的同情，巴特成立了“本土治理协会”（Home Government Association），随后又于1874年成立了“本土自治联盟”（Home Rule League）。

他的自治主张在某种程度上是奥康奈尔19世纪40年代提议的重

演：它既不是共和分裂主义，也不是革命主义，而是相对温和的自治要求。但出于对帝国完整性的担忧，不列颠人拒绝在爱尔兰独立问题上做出任何让步，他们担心爱尔兰一旦独立就可能会为帝国其他地区树立非常危险的榜样。因此，自治必须基于一个简单的原则——爱尔兰将继续留在联合王国之内，以保持帝国的领土完整不受影响。不列颠政府只需同意在都柏林建立一个权力有限的议会，不过这个议会将使爱尔兰民族主义者对爱尔兰事务有一定的控制权。

然而，巴特召集的爱尔兰议员们各有所图。巴特对议会制度和传统怀有深深的敬意，却没有能力整合出一支有凝聚力的队伍。这项使命将留给威克洛郡地主查尔斯·斯图尔特·帕内尔（Charles Stewart Parnell）这个具有神秘色彩的人物。帕内尔于1875年当选为威斯敏斯特议员，由于支持巴特追随者中较为激进的“阻挠派”（obstructionists，阻挠派试图利用程序问题扰乱议会事务，迫使议会将爱尔兰问题纳入议程），他很快在爱尔兰声名鹊起，同时在不列颠声名狼藉。在做出1867年曼彻斯特没有发生谋杀行为的声明后，帕内尔作为实干者的声望达到了巅峰，他的这一说法在不列颠引起激愤，但也引起了蛰伏起来的芬尼亚运动的注意。这一声明预示着帕内尔职业生涯中的一个持久特征：他刻意的模糊立场使他能够团结爱尔兰民族主义的不同派别。他的确与爱尔兰共和兄弟会有过一些接触，并成为那些对艾萨克·巴特不再抱有幻想的爱尔兰议员们的关注焦点。70年代末，帕内尔接替巴特的条件已经成熟。作为巴特的继承者，他将更具行动力，领导爱尔兰的事业走得更远。

土地联盟运动与土地战争

在饥荒之后的几十年中，爱尔兰地主阶级承受的压力越来越大。许多地主早在饥荒之前就已经陷入岌岌可危的财务困境之中，饥荒爆发之后，不列颠统治精英更是漠视他们的困境，强行转嫁赈灾义务，最终导致他们中的很多人破产，因此他们对以更有效的政府取代不列颠统治精英没有什么良心上的不安。1849年出台的《抵押地产法》（Encumbered Estates Act）旨在向潜在投资者（通常是爱尔兰人）出售负债的土地，其交易规模前所未有（也许有四分之一的爱尔兰土地是以这种方式出售的）。1851年，爱尔兰地主的数量可能还不到1万人，他们的世界受到了后饥荒时代迅猛而广泛的变化的深刻影响。在饥荒之后的几年里，爱尔兰的农业发生重大转变，转向了利润更丰厚的畜牧业，而且正如在多尼戈尔的德里瓦庄园（Derryveagh estate）所发生的臭名昭著的事件那样，用于饲养牲畜的土地通常是通过驱逐以前的居民获得的。到19世纪70年代，爱尔兰大约有50%的土地掌握在1000名大地主手中。但像唐谢尔庄园（Downshire estate）这样占地11.5万英亩、横跨5个郡的大庄园只是少数。约20%的地主把持着2000—5000英亩不等的土地。其中部分大地主当时已经步入大英帝国顶级富翁的行列，在19世纪80年代之前，他们的政治权力基本没有受到挑战。①

此时的爱尔兰农民，不论其身份地位如何，都很可能是佃农。这

① W. E. Vaughan, *Landlords and Tenants in Ireland, 1848–1904*, Dublin: Economic and Social History Society of Ireland, 1994, 5–6.

个时期爱尔兰地主和佃户之间的宗派、族群和阶级矛盾关系的紧张程度不容低估。从19世纪70年代开始，持有土地的精英阶层开始缓慢但无疑趋于衰落，而这一变化的催化剂是一个由归国移民建立的组织。迈克尔·达维特（Michael Davitt）出生于大西洋沿岸相对贫穷的梅奥郡，后随家人移民至英格兰兰开夏郡（Lancashire）的工业中心地带。在一次工厂事故中失去一只手臂之后，达维特开始接受教育，并于19世纪70年代末回到梅奥。他在那里的所见所闻使他相信，爱尔兰的经济状况，尤其是与土地所有权有关的经济问题，很可能导致爱尔兰在全球经济衰退期间发生另一场饥荒。达维特开始游说各方，支持芬尼亚成员参与这些问题的新解决方案，并在美国争取到盖尔人兄弟会对他的新计划的支持。事实证明，这两点具有决定性意义，它们促成了“土地联盟”（Land League）运动，要求对爱尔兰土地所有权问题采取行动，这是自饥荒到第一次世界大战期间爱尔兰人生活中最重要的问题。1879年6月，以纽约的约翰·德沃伊（John Devoy）为代表的芬尼亚组织、以达维特为代表的土地改革者和以帕内尔为代表的本土自治派，组成了一个至少能够形成一定共同目标的松散的联盟（尽管芬尼亚组织和本土自治派的终极目标相去甚远），这被视为爱尔兰民族解放事业的“新的起点”。它为1879—1882年的“土地战争”奠定了基础。

爱尔兰乡村地区的标准共识是，在没有书面协议的情况下，佃农从地主那里租用土地的期限为1年——这很难激励佃农做长远规划。地主可以驱逐佃农，将之作为胁迫佃农的工具，以确保后者及时缴纳佃租。19世纪50年代，人们曾试探性地要求在法律上赋予佃农更大的权利，所谓“阿尔斯特惯例”（Ulster custom）就是一个例子。阿尔斯特惯例的主要内容即所谓“三F”原则：价格合理的租金，固定租期的权利，以及在迫不得已或得到许可的情况下向其他租户自由出售田地使用权的权利。[①]饥荒之后，人们提出上述要求的原因——地主和农民的贫富差距——变得愈加明显，关于经济正义的要求已经成为一个不仅仅影响到农民的问题：19世纪50年代到80年代，为避免生计受到上述问题的影响，芒斯特多次出现劳动者破坏机器的行为。不过农业问题总有更显著的社会动员潜力，丝带会（Ribbonmen）等秘密农民运动在饥荒前后的爱尔兰甚至海外依旧活跃：19世纪70年代活跃于宾夕法尼亚煤田的“莫莉·马圭尔运动”（Molly Maguires）便是多尼戈尔的丝带会在大西洋彼岸的新分支。在19世纪70年代的爱尔兰，洛克队长运动带来的恐惧已经被月光队长（Captain Moonlight，相对激进的农民组织，在恐吓他们的目标时常使用这个化名）所取代。至少在20世纪20年代之前，农民动乱一直是爱尔兰生活的一部分。

农业犯罪往往很难定义。1848—1880年，爱尔兰共发生这类事件16 579起，但杀人案只有206起。而在1858—1878年发生的100起杀人案中，可能只有四分之一同地主和佃户之间的纠纷有直接关系。[②]土地战争始于一场向地主要求更公平的地租的运动。一旦这些要求遭到拒绝，佃农就会停止缴纳地租，并依靠土地联盟获得相应的支持。联盟会干涉地主对佃农的驱逐，使地主难以用新的佃农取代被驱逐者。对地主的攻击和恐吓引发了更多暴力活动。在土地战争中，“暴行”最泛滥的地区包括凯里、蒂珀雷里、奥法利、韦斯特米斯、利特

① 简单说来，即“Fair rent”，“Fixity of tenure”，“Free sale”。——译者注

② Vaughan, *Landlords and Tenants in Ireland*, 17.

里姆和戈尔韦。土地战争导致动乱和驱逐事件激增——仅1882年就有11 215起，但地主们已经逐渐失去了对法律的掌控。土地问题的修辞力量不容低估，因为它触及了不列颠在爱尔兰统治的基础。

帕内尔经常在温和和极端之间走钢丝。的确，当他以爱尔兰领袖的身份在威斯敏斯特出现时，这是一个有用的策略。因为，如果不列颠政界人士对他持敌对态度，谁能说得清接替他的又会是什么呢？但帕内尔也不能公开主张反抗地主，因此，1880年9月，他在克莱尔郡的一次演讲中提出了一种新的集体行动形式，当时他在演讲台上提出了以下问题：

> “现在，如果一个佃户从地主手中租用了遭到驱逐的佃农的农场，我们该怎么处理这个佃户呢？”
>
> 许多人说：“射杀他！”
>
> 帕内尔先生回应道：“我刚才似乎听见有人说‘射杀他’（欢呼声）。我想向你们指出一种更好的方式——一种更加符合基督教教义和仁慈的方式，它将给这个迷失的人一个悔过的机会。”（笑声，以及“说来听听，听听”的回应声。）“当一个人从另一个被驱逐的人那里拿走农场的时候，在路边遇到他时，你一定要回避他；你一定要在小镇的街道上回避他，在商店里回避他，在露天集市和市场上回避他，通过不理睬他，将他置于道德孤地，像对待麻风病人一样将他与他人隔离，你必须让他知道你对他所犯罪行的憎恶。”[1]

① *Freeman's Journal*, 20 September 1880.

这种新策略的第一个受害者是一名有着英格兰姓氏的人——梅奥郡的地产经纪人查尔斯·坎宁安·杯葛（Charles Cunningham Boycott）。

本土自治主张的高潮

土地联盟这一围绕土地问题而形成的民族主义联盟的发展，恰逢在爱尔兰问题上倾向于和解立场的自由党领袖威廉·尤尔特·格莱斯顿（William Ewart Gladstone）担任联合王国首相。这位首相在十几年前便见证了爱尔兰国教会的政教分离过程。在这个过程中，爱尔兰新教教会于1869年失去了其独特却不受欢迎的国家教会地位。与此同时，帕内尔在1881年遭到监禁，其间他试图发布一份要求佃农拒绝支付租金的宣言，但失败了，土地联盟也因此遭到了官方的镇压。但格莱斯顿首相选择向这位爱尔兰人领袖示好。帕内尔获释后，在他的领导下，一场纪律严明的政治运动开始在爱尔兰兴起，并于19世纪80年代在威斯敏斯特活动。此时，帕内尔的主要注意力已经从土地问题转移到了本土自治这一政治问题。

在某种程度上，帕内尔只是把土地问题作为实现本土自治的一种手段。他对待他妹妹安娜（Anna）创建的妇女土地联盟（Ladies Land League）的态度就是一个很好的例证。该联盟鼓励激进行为，支持被驱逐的佃户和土地联盟囚犯，这种好战立场被帕内尔视为一件让他难堪的事情；帕内尔在与不列颠自由党结盟的过程中解散了该组织，他的妹妹因此再也没有和他说过话。到1882年，本土自治运动已经同致力于土地改革和爱尔兰自治的不列颠自由党结成了牢固的联盟。事实上，格莱斯顿热情地接受了爱尔兰的自治事业。

然而，对于不列颠保守党反对派，或者格莱斯顿自己政党中相当大的一部分人来说，情况就不一样了，这些人都强烈反对爱尔兰自治。在19世纪80年代帝国危机时期，布尔人的胜利和德国的入侵威胁到了英帝国在非洲的统治。在此背景下，帕内尔的运动最终将爱尔兰自治问题提到了不列颠的议程上。[①]1886年和1893年，在威斯敏斯特通过爱尔兰自治立法的尝试都以失败告终，格莱斯顿的自由党在这一问题上出现分裂，他的一些追随者站在了反对这一问题的保守党一边；事实上，由于支持这项在不列颠极不受欢迎的事业，自由党从未完全恢复。但是，他们后来需要依赖帕内尔和他的议员们提供的大约80张议会选票，意味着他们在这一问题上无力反对。关于自由党对爱尔兰自治的承诺，保守党认为没有必要效仿，并认为对自治问题毫不妥协的反对态度会带来更大的选举优势。在第一次世界大战爆发之前，本土自治在不列颠人的政治生活中一直是一个争议性问题。

"无冕之王"与爱尔兰独立的"长妊娠期"

1893年，当格莱斯顿在议会中提出第二版本土自治法案时，帕内尔组建的政党已经陷入混乱，他本人也已经去世。帕内尔自19世

① Deirdre McMahon, "Ireland, the Empire, and the Commonwealth," in Kenny, ed., *Ireland and the British Empire*, 183.

纪80年代初就开始与凯瑟琳·奥谢（Katherine O'Shea）交往，后者是帕内尔的议会同僚威廉·奥谢（William O'Shea）的妻子。帕内尔虽然躲过了凤凰公园的谋杀——1882年芬尼亚分支组织试图在都柏林刺杀新任命的总督与首席政务秘书，但被点名导致了奥谢夫妇的最终离婚（之前曾因威廉·奥谢想从妻子应得的遗产中受益而延迟）。格莱斯顿表示，他的政党绝不能容忍与一个被许多人视为通奸者的人所领导的政党开展任何合作。帕内尔拒绝放弃对爱尔兰自治党的领导，导致该党最终分裂。1890—1891年，对立的自治党阵营展开了激烈的竞选对抗。两者间的分歧如此严重，以至于爱尔兰首席政务秘书阿瑟·贝尔福（Arthur Balfour）特意让反对自治的联合派分子不要参与选举，以免干扰两个自治党派别之间“自掘坟墓式”的恶性竞争。[①] 帕内尔于1891年6月与凯瑟琳·奥谢结婚，并于该年10月6日在英格兰的布赖顿（Brighton）附近辞世。

尽管在他生命的最后几年里，公众对他进行了激烈的抨击，帕内尔的葬礼却是一场非同寻常的公众盛会。10月10日，他的遗体在都柏林附近的金斯敦（Kingstown，现邓莱里［Dun Laoghaire］）装殓，并被抬到都柏林市政厅接受公众的吊唁。在载着他的遗体开往都柏林北部的格拉斯奈文公墓（Glasnevin Cemetery）的灵车后面，跟着包括议会党和芬尼亚兄弟会成员在内的一大群人，其中就有詹姆斯·斯蒂芬斯和约翰·奥利里等人。他的坟墓由一整块威克洛花岗岩修砌而成；帕内尔自称希望与爱尔兰人民合葬，因此他的坟墓坐落于一个霍乱坑的上方，坑里埋葬着成千上万的饥荒受害者。在一代人的时间内，帕

---

① Jackson, "Ireland, the Union, and the Empire," 131.

内尔作为一个已故领袖的形象将出现在詹姆斯·乔伊斯的作品《都柏林人》(*Dubliners*)和《一个青年艺术家的画像》(*A Portrait of the Artist as a Young Man*)之中。不过诗人威廉·巴特勒·叶芝（William Butler Yeats）对帕内尔的去世及其影响做了最佳的诠释，他曾事后诸葛亮地提出，帕内尔的去世以及他的政党陷入分裂和衰败标志着“长妊娠期”的开始，那些事件将在一代人的时间里为爱尔兰赢得独立。叶芝的观点是有争议的。但毫无疑问的是，帕内尔死后，爱尔兰自治议题失去了其原有的大部分吸引力，其他形式的政治和文化活动开始日趋活跃。

第十五章

文化战争

土地所有权的变化

除了移民，后饥荒时代爱尔兰社会生活中最深刻的变化还发生在城镇之外，那就是1879—1882年土地战争之后的几十年中发生的土地所有权革命。威斯敏斯特议会于1881年、1885年、1891年、1903年和1909年通过了一系列土地法，允许佃农用不列颠财政部（该部有意通过提高土地的售价诱使地主出售土地）的贷款从地主手中购买土地。其结果就是，爱尔兰在独立之前的几十年中发生了一场社会革命，数百万英亩土地的所有权发生了变化。这打击了形成于17世纪的爱尔兰地主阶级的势力，创造了一个新的“土地所有者阶级”。此外，还促使在饥荒之后的几十年中出现的城乡中产阶级日益占据主导地位。帕内尔试图统治和达维特希望改造的爱尔兰，不管如何，都在发生变化。还会有更多的人前赴后继，致力于改变爱尔兰。

运动领域的变化

几个世纪以来，体育赛事一直是爱尔兰重要的社交盛会。但总有个别运动项目更受人们的喜爱。一方面，与马有关的运动，如赛马和狩猎，通常为士绅和上流社会的运动项目；他们拥有参与这些运动的资本，而且这样的运动也具有明显的身份意义。另一方面，爱尔兰式曲棍球这一沿革至今的古老体育项目的社会和道德地位在19世纪出现了下降的趋势，在饥荒后的几十年中仅局限于戈尔韦、科克、韦克斯福德等郡（向畜牧业的转变导致很多地区失去了合适的曲棍球运动场地）。爱尔兰也深受维多利亚时代体育革命的影响，到19世纪80年代，足球、橄榄球、板球和高尔夫等运动在爱尔兰变得越来越受欢迎，也越来越规范。许多爱尔兰民族主义者对这种变化感到不满；这是因为，不列颠体育运动的传播往往受到军事基地位置的影响（“驻军运动”[garrison games][①]这一贬义术语正是因此而来）。对他们而言，在最坏的情况下，这些运动可以被视为不列颠文化影响的代理人，或者在最好的情况下，它们可以被视为不适合爱尔兰国情的消遣活动。盖尔运动协会（Gaelic Athletic Association，GAA）成立于1884年，旨在为爱尔兰提供特有的运动选择。

① 当时足球运动仅局限于都柏林和少数省份，部分城镇的足球运动是由驻扎该地的不列颠陆军的球队发起，因此被嘲笑为“驻军运动”。——译者注

创建该组织的关键人物是克莱尔郡的一名公务员迈克尔·丘萨克（Michael Cusack），他年轻时是一名运动员，也是板球和橄榄球的狂热爱好者，尽管如此，他还是对“本土”运动的衰落以及足球、橄榄球和板球在爱尔兰的迅速渗透感到担忧。他创立盖尔运动协会的动力不仅包括客观的需要，还包含意识形态方面的考量。体育比赛是爱尔兰乡村生活中一个不可或缺的元素，但丘萨克和他的同伴莫里斯·达文（Maurice Davin）认为，在爱尔兰日渐普遍的不列颠规则根本不适合爱尔兰的社会环境。例如，不列颠强调在周六举行集会，这与爱尔兰强调在周日举行体育比赛的悠久传统产生了冲突。与此同时，人们还担心，在这样的规则下，体育运动的精英主义倾向会日益抬头。而盖尔运动协会则被认为是一个不分贵贱、人人皆可参与的组织。

1885年，该协会凭借自身的资源制定了不同运动——最初是爱尔兰式曲棍球和田径——的比赛规则，并开始以郡为组织框架，迅速发展壮大。1886年，84个俱乐部参加了该协会组织的年度会议，正式成立郡级理事会并决定举办全爱尔兰锦标赛。1887年，爱尔兰举办了首届全爱尔兰锦标赛。盖尔运动协会和其他运动协会之间的关系颇为紧张，例如爱尔兰业余田径联盟（Irish Amateur Athletics Union，盖尔运动协会最初也以田径为方向）就对之持抵制态度。爱尔兰式曲棍球和足球很快就在盖尔运动协会中取代了田径运动的地位，而且不少教区被选为协会的基本组织单位，这一举措对后来体育运动的发展产生了深远影响。该协会还寻求向海外扩张。1888年，50名曲棍球队员与其他运动员访问了美国。在经历了艰苦的航行（特别是许多人还来自内陆地区）后，这些运动员抵达美国并在美国游历了1个月。他们中有17人留在了那里，还有一些人是为了在移民前处理一些事务才回到爱尔兰，这让达文非常懊恼。[①]

盖尔运动协会在成立之初就带有广泛的民族主义倾向，这为爱尔兰共和兄弟会成员加入该组织提供了有利的条件。爱尔兰当局很快就试图渗透盖尔运动协会。为防止这种情况，协会从1887年开始禁止国家警察部队——皇家爱尔兰警察部队——成员加入（虽然初期是允许武装部队成员加入的）。19世纪80年代末，盖尔运动协会实际上已经被爱尔兰共和兄弟会控制，但由于该协会是唯一一个支持帕内尔的主要全国性组织，它在爱尔兰自治党失势后遭遇了巨大挫折。它引起了教会的愤怒，并被迫在90年代大范围缩减规模，直到20世纪10年代才有所恢复。爱尔兰铁路网的发展使大量观众能够便利地往返各地观看比赛，这在很大程度上促进了协会的扩张。对于这样一个旨在吸引各界人士广泛参与的团体而言，在成立早期存在内部矛盾可能是无法避免的，虽然这些分歧最终并未从根本上阻碍它的发展。

语言和读写能力

后饥荒时代，英语代替爱尔兰语作为最广泛使用的本土语言的趋势进一步加快了。1851年的人口普查首次将语言熟练程度纳入统计范畴，其数据显示，饥荒结束初期的爱尔兰以英语为主要语言。这对读写能力的衡量标准有着显而易见的影响，因为读写能力高低越来越表

① Mike Cronin, Mark Duncan, and Paul Rouse, *The GAA: A Peoples History*, Cork: Collins Press, 2009, 99–100.

现为能否用英语阅读和写作。随着19世纪30年代国家学校体系的创建，19世纪下半叶爱尔兰人口英文读写水平大幅提高（虽然饥荒对说爱尔兰语的文盲人群的毁灭性打击可能加速了这一进程）。1841年的人口普查首次对读写能力进行了量化统计。这一年，爱尔兰5岁以上的人口中，有47%的人宣称他们具备阅读能力。到1911年，这个数据达到88%。这些数据所隐藏的内容和它们揭示的情况一样多；要看到，不同地区、阶级、性别和职业之间显然存在文化水平差异。但我们可以从中得出一个直接的结论：从19世纪到20世纪，越来越多的爱尔兰人获得了读写能力。19世纪50年代以来，省级报刊的显著增长肯定促进了这一进程。同样，杰拉德·格里芬（Gerald Griffin）等小说家——也包括芬尼亚运动的成员查尔斯·基克哈姆（其1873年的小说《诺克纳构》[*Knocknagow*]获得了巨大成功）——的成功都表明识字并不仅有实用功性。

但是，英语读写能力的提高与爱尔兰语使用量的下降是同时发生的。英语读写水平的上升与爱尔兰语的衰落之间的关系还存有争议。例如，在西戈尔韦，爱尔兰语读写能力的提升与英语的传播是同步的，而在多尼戈尔西北部则不然。[①] 几个世纪以来，爱尔兰一直是一个多语言社会；饥荒的影响加快了英语的使用。根据人口普查，1851年只有不到25%的人说爱尔兰语。其中，319 602人（4.88%）会说一种语言，1 204 683人（18.38%）会说两种语言。大多数讲爱尔兰语的人口集中在贫穷的西部农村地区，其他地方也有零星分布：1851年，

① Mary Daly, "Literacy and Language Change in the Late Nineteenth and Early Twentieth Centuries," in Mary Daly and David Dickson, eds., *The Origins of Popular Literacy in Ireland*, Dublin: Trinity College Dublin, 1990, 153–166.

伦斯特只有3.54%的人讲爱尔兰语，而康诺特有50.77%的人讲爱尔兰语。[①]很显然，爱尔兰语的使用率一直在降低，且这一进程在后饥荒时代加速了。到1891年，大约只有15%的人讲爱尔兰语，爱尔兰语的使用范围正在缓慢但明确地向西撤退。几个世纪以来，英格兰与爱尔兰的关系让爱尔兰成为一个双语国家，讲爱尔兰语和英语的人口中双语者和单语者各占一半，但爱尔兰语人群集中于相对贫困的地区，这些地区在饥荒时期受灾最为严重，在后饥荒时代又遭到移民潮的重击（不过另一方面，侨资的汇入也为西部沿海地区的社区注入了活力）。[②]

几个世纪以来，官方对爱尔兰语的态度已经从谨慎转向敌视。此前，爱尔兰国教会曾对爱尔兰语表现出间歇性的兴趣，18世纪的爱尔兰民间也出现了对爱尔兰语言和文化的浓厚的古文物学兴趣。这种倾向有时会成为关于爱尔兰过去的真实本质和爱尔兰未来可能性的政治化辩论的议题（毕竟，与宗教相比，语言更不容易造成认同分裂），虽然有时也可能是出于真正的学术动机。尽管从近代早期开始，在爱尔兰占统治地位的语言一直是英语。但到了18世纪，英语也成了反抗权力的语言，因为不论其文化或意识形态纲领是什么，政治运动都是通过英语开展的。国家机构，尤其是教育和法律机构的扩张，也促进了英语的使用，甚至在很大程度上，在卡伦的领导下得以复兴的天主教会也在其中扮演了重要的角色。此外，英语毕竟还是商业语言，因此也是成功人士的语言。但是，爱尔兰语的衰落，以及由此反映出

---

① Murphy et al., eds., *Atlas of the Great Irish Famine*, 582–583.

② Catríona Clear, *Social Change and Everyday Life in Ireland, 1850–1922*, Manchester: Manchester University Press, 2007, 70.

来的本土文化和世界观的丧失，越来越多地被视为一种损失。这种损失最好用定性而非定量的方式去理解。

试图将爱尔兰语复兴为本土语言的努力并没有促成一个统一的运动。青年爱尔兰运动的成员曾对爱尔兰语表现出兴趣。19世纪60年代，曾出现零星的试图复兴爱尔兰语的尝试，甚至70年代一些西部报纸还设了爱尔兰语专栏。也是从70年代起，各种爱尔兰语保护主义团体和出版物相继成立。1881年，戈尔韦人迈克尔·洛根（Michael Logan）在纽约出版了一份爱尔兰语报纸。但爱尔兰语是向后看还是向前看呢？它是过去的遗产吗，它在这个快速现代化的世界中是否有价值？如果有，它应该如何迎接挑战呢？1892年，盖尔语学者道格拉斯·海德（Douglas Hyde）在一场题为“爱尔兰去英国化的必要性”（“The Necessity for De-Anglicising Ireland”）的演讲中，试图回答上述问题。海德认为，爱尔兰语的衰落反映了一种更为普遍的文化问题，即爱尔兰人处于“一种最反常的境地，他们模仿英格兰，但显然也憎恨英格兰”。此外，他认为语言的丧失是关键："失去它是我们最大的损失，也是爱尔兰迅速英国化给我们造成的最沉重打击。”[①] 1893年盖尔语联盟（Conradh na Gaeilge）的成立是爱尔兰语在思想和意识形态上的一个具有开创性的时刻。在更实际的层面上，为了应对激进主义分子的压力，爱尔兰语在1878年被列入学校课程。1908年，会说爱尔兰语正式成为爱尔兰国立大学的入学要求，尽管有人认为这没什么大不了。爱尔兰语的复兴以及盖尔运动

① Maureen O'Rourke Murphy and James MacKillop, eds., *An Irish Literature Reader: Poetry, Prose, and Drama*, Syracuse: Syracuse University Press, 2006, 140, 146.

协会的日益发展壮大，都将成为维多利亚时代后期爱尔兰文化复兴最明显的标志之一。[①]

复兴主义和“非主流”政治

盖尔运动协会和盖尔语联盟是19世纪末20世纪初爱尔兰一股强有力的潮流——仁人志士不断尝试复兴爱尔兰文化、经济和社会生活——在当代的最突出表现。然而，这一潮流最著名的代表却来源于爱尔兰的文学圈，如叶芝和奥古丝塔·格雷戈里夫人（Lady Augusta Gregory）等作家，他们与1899年成立的爱尔兰文学剧院有着密切关联。此外，还有其他一些组织也是这一潮流的推动者，如以反动记者莫兰（D. P. Moran）为代表的“爱尔兰语爱尔兰”（Irish Ireland）运动，阿瑟·格里菲思（Arthur Griffith）领导的主张经济民族主义的新芬党（Sinn Féin），甚至还包括霍勒斯·普伦基特爵士（Sir Horace Plunkett）的合作运动。可以说，所有这些都是对爱尔兰被降至二流甚至省级地位的担忧而做出的回应。“重生”理念对年轻一代有着天然的吸引力，尽管它从来就不是一场同质化的运动，不同个人和组织的动机也各不相同，而且可能在不同的个人和意识形态之间带来矛盾与冲突。

辛格（J. M. Synge）1907年的讽刺剧《西部世界的花花公子》（*The*

---

① P. J. Mathews, *Revival: The Abbey Theatre, Sinn Féin, the Gaelic League, and the Co-operative Movement*, Cork: Cork University Press, 2003, 35–45.

Playboy of the Western World）所引发的“骚乱”便是最著名的例证。辛格对爱尔兰西部贫困社区生活的描述，被谴责为是对爱尔兰农民的不尊重和不道德的描述。西部地区日益被文化民族主义者理想化，被他们视为能够以最纯粹的形式保存盖尔文化的宝库。辛格非常熟悉西部沿海地区，早年住在阿伦群岛的时候，他的爱尔兰语已经很流利。他也用自己的作品证明了他是一个敏感而富有同情心的爱尔兰西部沿海生活的记录者。然而，当他的戏剧试图揭示现实与理想之间的鸿沟时，引起了一些民族主义者的愤怒。该剧在都柏林艾比剧院（Abbey Theatre）的首演多次被打断，叶芝也对该剧表现出极大的反感。这些对《西部世界的花花公子》等文学作品内容的争议，也反映在争论者对文学作品形式的关注上，因为他们对艺术表达的媒介也存在不同的意见：爱尔兰新认同的文学表达应该用爱尔兰语还是英语？虽然爱尔兰知识界对这些问题从来没有形成任何程度的一致意见或给出权威的回答，但是，这些问题的提出本身就证明了那个时代的思想活力。

伴随着19世纪80年代以来的文化复兴，“非主流”的政治运动也有了显著的发展。1881—1885年，爱尔兰共和兄弟会在不列颠各城市发起了一场轰轰烈烈的运动，此后趋于衰落。不过，1898年举行的“1798年起义100周年庆祝活动”给爱尔兰的共和分离主义打了一剂强心针，爱尔兰共和兄弟会重新焕发活力，并开始暗地里重新招募激进主义分子。然而，这仍然是一个边缘问题，1898年一个精心安排的事件最终惨淡收场就是明证。这一年，为了给都柏林的沃尔夫·托恩建立纪念碑，人们发起了一场筹款活动，但只筹到了561英镑，离所需的1.4万英镑相去甚远。[1]

布尔战争的爆发，推动了公开共和主义的复兴，尽管规模不大。当时，一些边缘民族主义者表达了与南非定居者们团结一致的立场，呼吁共同对抗不列颠的帝国主义势力。支持布尔人的爱尔兰德兰士瓦委员会（Irish Transvaal Committee）吸引了大量活动分子的支持，叶芝、社会主义者詹姆斯·康诺利（James Connolly）和芬尼亚前成员托马斯·克拉克·卢比都参与其中。布尔战争为同样持反对态度的爱尔兰自治党带来了新的动力。[2]此外，有人从南非的爱尔兰移民中招募了一支400人的部队与布尔人并肩作战，尽管与不列颠军队中多达2.8万名爱尔兰士兵的数字相比，这支“爱尔兰旅”显得有些微不足道。都柏林的圣斯蒂芬绿地公园（St. Stephen's Green）原本将作为沃尔夫·托恩的纪念碑的陈列地，但事与愿违，1907年，当局在通往绿地公园的入口处修建了一个巨大的拱门，用于纪念在南非阵亡的皇家都柏林燧发枪团（Royal Dublin Fusiliers）成员，这是不列颠从都柏林及其腹地招募的主要军团。

维多利亚时代晚期的爱尔兰还出现了其他政治意识形态。在同一时期的不列颠，妇女的教育和政治权利问题十分突出，爱尔兰也存在相同的问题。早在1825年，威廉·汤普森（William Thompson）就提出了爱尔兰妇女权利的主张。事实上，妇女确实是这一时期爱尔兰政治活动或组织（如妇女土地联盟等）的积极参与者。19世纪70年代颁布的已婚妇女财产法案（Married Women's Property Acts）和允许女

① Mathews, *Revival*, 66.

② McMahon, "Ireland, the Empire, and the Commonwealth," 192–194.

性接受大学教育的1879年《大学法案》(Universities Act)，在保护女性的社会经济和教育权利方面取得了显著的进步，1904年圣三一学院开始正式招收女生标志着这个过程的完成，虽然时任校长乔治·萨蒙(George Salmon)对此非常反感。

19世纪70年代，伊莎贝拉·托德(Isabella Todd)和安娜·哈斯拉姆(Anna Haslam)等女性创立了主张女性投票权的组织(女性投票权活动家往往来自中产阶级)。1898年，妇女在地方选举中获得了投票权，到1911年，她们已经可以进入郡议会。但是，爱尔兰妇女和不列颠妇女一样，仍然不能在议会选举中投票。1908年，爱尔兰妇女公民权联盟(Irish Women's Franchise League)的成立标志着，为了实现这一目标，爱尔兰出现了一个更为激进的政治运动。对于赋予妇女投票权的想法，自治党内的主流爱尔兰民族主义者持相当敌对的态度；有时，妇女参政主义者也会对这种敌意还以颜色。随着时间的推移，部分爱尔兰妇女开始觉得妇女的解放同争取爱尔兰独立的斗争是相互交织不可分离的。

这一时期的劳工政治运动也相当活跃。19世纪，行业工会已经在爱尔兰出现，在1893年爱尔兰劳工联合会(Irish Trade Union Congress，ITUC)成立之前，许多爱尔兰工会都以不列颠劳工联合会(Trade Union Congress，TUC)为首。在1894年6月爱尔兰劳工联合会第一次会议上，119名代表参加了会议，他们直接或间接地代表了6万名工人。从19世纪80年代起，都柏林就出现了一些较小的社会主义团体。但不可避免的是，工业发达的东北部率先出现了主要的大型劳工组织。爱尔兰工会很快发生了变化，这在很大程度上是受利物浦出生的詹姆斯·拉金(James Larkin)的影响。1907年，拉金在贝尔法斯特策划了一场大型码头罢工，之后将注意力转向了都柏林。拉金时代的到来预示着爱尔兰劳工组织进入了一个新的、更加主动的政治时代。其中一个重要原因就是拉金在1909年建立的工会——爱尔兰运输和普通工人工会（Irish Transport and General Workers Union，ITGWU）——寻求将爱尔兰工会组织的群众基础从熟练工人扩大到非熟练工人。

爱尔兰历史上最著名的劳工积极行动的案例发生于1913年的都柏林。由于工业规模相对较小且临时就业程度较高，都柏林的实际贫困人口比例——30.4万人中有8.7万名贫困人口——高于联合王国的任何其他城市。都柏林的雇主称他们与传统意义上的工会没有任何矛盾，但拉金在广大非熟练贫困劳工中组织工会的尝试遭到了他们的激烈反对。1913年8月，都柏林的主要雇主之一——交通大亨威廉·马丁·墨菲（William Martin Murphy）——禁止其雇员加入爱尔兰运输和普通工人工会，在此之后，拉金组织他的工会举行了罢工活动。墨菲继而煽动都柏林其他雇主集体反对"拉金主义"，拉金组织的工会的成员遭到这些雇主的解雇或拒绝聘用，导致这场纷争被称为都柏林"停工"（Dublin "lockout"）。

罢工和停工愈演愈烈，逐渐演变成一场行业纠纷，一直持续到1914年初。它凸显了爱尔兰巨大而持久的阶级差别，但爱尔兰社会对不列颠统治的关注往往会导致这种差别被忽视。1913年9月底，英格兰工会试图介入此事以解决争端，政府开始征募军队以保护其资产并确保政府机构的物资供应，英格兰工会提供的食品供应也开始抵达都柏林。值得注意的是，工会在纷争中表现出了令人瞩目的团结：尽管当局和爱尔兰自治民族主义者对罢工者展现出深深的敌视姿态，但不列颠劳工联合会还是筹集了10.6万英镑的救济资金用于缓解该市的困境。都柏林绝大多数非熟练工人居住的贫民窟受到的冲击最大。不列颠劳工联合会筹集的资金总额与都柏林市长设立的6400英镑救助基金形成了鲜明的对比，前者三分之二的资金来自都柏林天主教主教和德里主教的捐赠。

1913年12月，忍饥挨饿的工人们逐渐被迫就范。在1914年的头几个月中，罢工逐渐平息。雇主们坚持要求那些返回工作岗位的人签署一份断绝与爱尔兰运输和普通工人工会关系的保证书。这些雇主声称击败了罢工，但在现实中，他们小心翼翼，不敢再提原先的要求，以免激起第二个灾难性的停工。他们显然已经难以再经受一场暴风雨的洗礼。爱尔兰运输和普通工人工会因此得以继续发展壮大：到1920年，它已成为爱尔兰最大的工会，拥有12万名成员。

本土自治和建设性联合主义

本土自治依旧是民族主义爱尔兰最具主导性的政治议题，在其影响之下，爱尔兰的民族主义组织如盖尔运动协会、盖尔语联盟及爱尔兰运输和普通工人工会等日益发展壮大。尽管如此，在不列颠政治生活的主要场所和机构中，很少有人同情爱尔兰本土自治。在1886—1906年的大部分时间里，保守党在不列颠都处于执政地位，尽管他们极力反对本土自治，但他们对爱尔兰事务的态度是非常务实的。对保守党而言，本土自治议题在不列颠的不受欢迎可以加以利用，作为选举期间击败自由党的有效手段，因此他们在这一问题的处理上采取了胡萝卜加大棒的政策。具有讽刺意味的是，19世纪90年代和20世纪10年代，保守党政府在爱尔兰实施了一系列引人瞩目的进步政策。这种举措存在一定的利己主义，因为爱尔兰的改革有望绥靖爱尔兰的自治要求，其中最有效的手段便是在时断时续的社会动荡背景下继续推进土地改革。引入郡议会制度（1898年），使得地方政府获得了一定的权力。这种有限的地方民主制度的建立，有效地摧毁了地主阶级剩余的地方权力。此前，新土地法的颁布已经对这种权力产生了极大的冲击。1891年，爱尔兰成立人口密集地区委员会（Congested Districts Board），解决辖区内的长期贫困和欠发达问题。1909年，人口密集地区委员会的职权范围扩大到爱尔兰的整个大西洋沿岸地区，甚至延伸到东康诺特的部分地区。

这种“建设性联合主义”（constructive unionism）政策旨在绥靖爱尔兰自治运动，消除可能对帝国构成的威胁。假设爱尔兰人有能力自治（这种辩论往往带有种族主义色彩），他们应该被授予自治权吗？难道他们不会要求更多吗？爱尔兰逐渐从帝国议会的统治中独立出来的情景，会不会为帝国的其他领地树立一个危险的先例？保守党在任何情况下都不准备在这个问题上妥协。1893年，保守党主导的上议院否决了第二个版本的本土自治提案。格莱斯顿最终辞去了首相一职，以及保守党于1895年重新执政这两大事件都让爱尔兰本土自治成为无法实现的幻想。帕内尔事件之后，爱尔兰自治党陷入四分五裂、群龙无首的局面，更是雪上加霜。1900年以后，在约翰·雷德蒙（John Redmond）相对温和且更具扩张性的领导下，爱尔兰自治党实现了重新统一，这在一定程度上给该党注入了新的活力，但是只要保守党继续掌权，爱尔兰就不可能实现自治。不过鉴于不列颠最伟大的政党之一仍旧致力于（尽管并非完全出于本心）爱尔兰的自治事业，雷德蒙和他的追随者似乎没有理由转向任何敌对的意识形态。想要实现理想，他们只需有耐心和必要的环境条件，而后者必定会随着时间的推移到来。爱尔兰自治党的政客们擅长使用激烈的言辞，这完全与他们有限自治的要求背道而驰。该党在立场和意识形态上的模糊性使之可以满足各种各样的愿望，这或许可以解释为什么它在信奉天主教的民族主义爱尔兰得到了大众的支持。

尽管在这个时代，本土自治的前景并不乐观，但我们可以从中看到一个新的天主教统治阶级正在逐渐壮大：在整个19世纪的漫长岁月中，新天主教精英阶层的子女们在缓慢但平稳地茁壮成长，他们通常从事商务、法律和医疗工作。在维多利亚时代晚期，爱尔兰的年轻一代是在诸如伍德学院（Clongowes Wood）和安维尔山中学（Mount Anville）这些优秀学校的培养下成长起来的，更不用说还有人来自海外的精英学校；不过也要看到，1911年只有6%的爱尔兰人在小学毕业后继续上学。[①] 这些年轻一代出生于天主教宪政民族主义家庭，属于生活稳定的中产阶级，从19世纪70年代起，他们在爱尔兰生活中日趋活跃，并逐渐在爱尔兰的职业和教育体系中站稳脚跟。其中，学者兼政治家托马斯·凯特尔（Thomas Kettle，生于1880年）等人被视为自治爱尔兰的潜在领导人，这种自治可能很快就会到来。在20世纪之交，爱尔兰自治事业处于低潮，但在10多年

① Senia Paseta, *Before the Revolution: Nationalism, Social Change, and Ireland's Catholic Elite, 1879–1922*, Cork: Cork University Press, 1999, 29. 也见 Ciaran O'Neill, *Catholics of Consequence: Transnational Education, Social Mobility, and the Irish Catholic Elite, 1850–1900*, Oxford: Oxford University Press, 2014。

之后，它似乎已接近成功的边缘。不过，在之后不到20年的时间里，它就会退出历史舞台。

历史学家的分歧

也许近年来对19世纪的研究并没有出现根本性的重新阐释，但新的方法已经开始照亮被人们忽视的角落。正如对流行文化和流行政治的研究照亮了18世纪一样，它也为我们了解19世纪初的爱尔兰提供了帮助。19世纪20年代和30年代，随着不列颠国家权力在爱尔兰的扩展，前者对爱尔兰进行了前所未有的细致调查，从中积累的信息为爱尔兰历史学家研究这一时期的历史提供了重要的史料。例如，尼亚尔·奥·基尚（Niall Ó Ciosáin）近期在对1830年“贫困质询”的研究中，考察了前饥荒时代爱尔兰的流行文化。[①] 在许多当代评论家的想象中，前饥荒时代的爱尔兰是个可怕和充满暴力的世界，但这或许并没有真实地反映出当时爱尔兰的现实情况：在前饥荒时代，爱尔兰的暴力杀戮事件没有他们想象中的那么频繁。[②]

史学界对前饥荒时代的爱尔兰历史最重要的重新考察同《联合法案》的社会和经济影响有关。这一时代的许多人以及后来的历史学家都认为，联合导致爱尔兰进入了一段持续的贫困和欠发达时期（这些

① Niall Ó Ciosáin, *Ireland and Official Print Culture, 1800–1850: A New Study of the Poor Inquiry*, Oxford: Oxford University Press, 2014.

② Richard McMahon, "'A Violent Society?': Homicide Rates in Ireland, 1831–1850," *Irish Economic and Social History*, 36 (2009), 1–20.

问题在19世纪被当作不列颠忽视爱尔兰和暴政的重要证据）；都柏林的衰落被视为这一趋势最显而易见的标志。但这两种论点都遭到了新研究发现的挑战：科马克·奥·格拉达（Cormac Ó Gráda）对爱尔兰经济史的主要研究成果表明，1815年拿破仑战争的结束才是爱尔兰经济衰退的真正转折点。①同样，戴维·迪克森对都柏林的考察描绘了这样一幅图景：在联合政府成立后的几十年里，都柏林这座首都城市依然相当繁荣和充满活力。②这些研究对当时爱尔兰的贫穷和欠发达都没有提出异议，只是对这个问题的时间框架提出了质疑。

然而，他们还是把我们的注意力带到了19世纪最重要的事件：40年代的马铃薯饥荒。奥·格拉达通过非常复杂的方式研究了饥荒的社会经济背景、人口情况和文化遗产。③不过关于饥荒的辩论通常集中于两个问题上。首先是不列颠的罪责问题。或者，套用青年爱尔兰组织成员约翰·米切尔的话说，且不论是不是上帝创造了枯萎病，饥荒真的是英格兰造成的吗？关于饥荒的大量评论和学术研究都以饥荒的责任归属为根本问题。说到底，当时的爱尔兰毕竟是联合王国的一部分。既然这样，王国政府怎么会允许饥荒发生呢？为什么他们没有采取更多措施来缓解爱尔兰的饥荒呢？难道他们真的想看到饥荒在爱尔兰爆发？不列颠人是否真的试图对19世纪40年代的爱尔兰进行种族灭绝？但凡严肃的历史学家都不会接受上述最后一个观点（即使不列颠只为爱尔兰提供了有限的救济，但这也与消灭爱尔兰人的愿望不一致）。即便如此，学术界还是就此达成了广泛的共识，认为爱尔兰

① Ó Gráda, *Ireland: A New Economic History.*

② David Dickson, *Dublin: The Making of a Capital City*, London: Profile Books, 2014.

③ Ó Gráda, *Black '47 and Beyond.*

的不列颠统治者必须承担重要责任，认为当时的不列颠官员、评论人士和政界人士都在特定的意识形态、种族、宗派和政治框架内行事，这些框架影响了他们的反应，他们原本可以为缓解爱尔兰的灾情做更多有益的事情。

第二个问题与粮食出口有关：不列颠人是否故意在粮食短缺时期让爱尔兰出口粮食，从而让爱尔兰人挨饿？一项针对爱尔兰农村社会的更详细的调查表明，尽管得到了政府的帮助，但爱尔兰经济作物出口的大部分责任在于爱尔兰农民，而且到饥荒结束时，爱尔兰的粮食进口多于出口。这些纷争往往是情感问题。但20世纪90年代中期（饥荒爆发150周年）以来的学术研究也没有降低饥荒问题的整体重要性，事实恰恰相反。自那以后产生的大量学术成果有许多都被整合至《爱尔兰大饥荒地图集》(*Atlas of the Great Irish Famine*）一书中。该地图集基于较小的地域层次对爱尔兰社会开展了详细的分析，从长期缘由、营养、饥荒影响下的社会结构、移民对爱尔兰和目的地国家的影响，以及饥荒的文化社会遗产等角度对这次灾难进行了多维的考察。[①]受此影响，饥荒被认定为爱尔兰现代史上的重大事件。

后饥荒时代的爱尔兰史也存在一些有趣的问题。美国历史学家埃米特·拉金（Emmet Larkin）提出了一个颇具影响力的论点：爱尔兰天主教在饥荒之后经历了一场“信仰革命”，深刻影响了天主教社区的社会和文化生活。[②]由此引发了官方道德与性道德关系的问题：随着天主教会变得更加有影响力和自信，在这个继承模式的改变导致了广

① Crowley, Murphy, and Smyth, eds., *Atlas of the Great Irish Famine.*

② Timothy G. McMahon, “Religion and Popular Culture in Nineteenth-Century Ireland,” *History Compass*, 5 (2007), 845–864.

泛社会变革的爱尔兰社会中，对性道德的关注是否同当时社会的要求完全吻合？在维多利亚时代，婚姻被视为一种制度，强调的是性别的统治性。然而在饥荒后的爱尔兰，婚姻的选择变得越来越少。换句话说，在可继承的土地大幅减少且已经影响了普通爱尔兰人结婚机会的情况下，强调性道德能否对爱尔兰农村社会的秩序起到稳定作用？[①]可以说，婚姻因此被视为一种维持社会稳定的必要制度，这种情况又反过来导致爱尔兰社会出现了持久的保守主义倾向。杀婴行为的普遍盛行可能是这一现象的另一后果，这种罪行的触犯者往往为单身和贫穷妇女，其中许多是未婚的家庭用人。[②]

另一个关键问题是主要语言从爱尔兰语到英语的转变。这种转变在17世纪已经发生，但在19世纪变得无法逆转。[③]这种转变是否导致了特定世界观和文化的丧失呢？要孤立地找出任何一个导致爱尔兰语使用率下降的决定性因素都是很困难的。不过，英语被视为一种更先进的现代语言也并非一个自然而然的过程，双语制的实用性也影响了爱尔兰的语言转变。[④]使用英语以外的语言所隐含的文化差异，也是一些英格兰评论家和政客对爱尔兰语持极为消极态度的原因。这种

---

① Tom Inglis, "Origins and Legacies of Irish Prudery: Sexuality and Social Control in Modern Ireland," *Éire-Ireland*, 40:3 & 4 (2005), 9–37.

② Elaine Farrell, "'Infanticide of the Ordinary Character': An Overview of the Crime in Ireland, 1850–1900," *Irish Economic and Social History*, 39 (2012), 56–72; Cliona Rattigan, "'Done to Death by Fathers or Relatives': Irish Families and Infanticide Cases, 1922–1950," *History of the Family*, 13 (2008), 370–383.

③ Niall Ó Ciosáin, "Gaelic Culture and Language Shift," in Laurence Geary and Margaret Kelleher, eds., *Nineteenth-Century Ireland: A Guide to Recent Research*, Dublin: UCD Press, 2005, 136–152.

④ Nicholas Wolf, "'Scéal Grinn?': Jokes, Puns, and the Shaping of Bilingualism in Nineteenth-Century Ireland," *Journal of British Studies*, 48:1 (2009), 51–75.

现象是种族主义、阶级偏见、道德、宗派主义思想的结果，还是所有这些因素共同作用的结果呢？[①]就像上面提到的许多问题一样，这个问题不会有一个简单的答案。

最后，最近几年，史学界没有对19世纪末和20世纪初的政治叙事发起任何根本性的挑战，但对当时的文化复兴进行了重新考察。菲利普·奥利里（Philip O'Leary）探索了复兴爱尔兰语的努力背后所隐藏的根源（它比人们通常以为的更深刻），并长期致力于解答爱尔兰语在爱尔兰未来发展中的地位问题。[②]马修斯（P. J. Mathews）的著作是近年来关于复兴问题最重要的研究之一，他在该作品中探讨了爱尔兰语为什么不仅仅是一种语言或文学。[③]这些新的研究和观点不会必然造成历史学家之间的分歧，但它们指出了一个事实，即总会有新的问题不断出现，也会有学者们前赴后继地致力于解答这些问题。其中许多问题与20世纪的爱尔兰历史有关。

---

① Michael de Nie, "British Conceptions of Ireland and Irishness in the Nineteenth Century," *History Compass*, 3 (2005), 1–6.

② Philip O'Leary, *The Prose Literature of the Gaelic Revival, 1881–1921: Ideology and Innovation*, University Park: Penn State University Press, 1994.

③ Mathews, *Revival.*

第五部分

20世纪

第十六章
革 命

阿尔斯特危机

联合主义——要求维持1801年建立的由不列颠和爱尔兰组成的联合国家——是20世纪初大多数爱尔兰新教徒所认同的政治精神。19世纪80年代，联合主义开始日趋机制化，以应对爱尔兰高涨的本土自治呼声。1905年，阿尔斯特联合主义者委员会（Ulster Unionist Council）的成立标志着联合主义运动向更加规范化和组织化迈出了重要一步。分散于爱尔兰南部各郡的联合主义者和紧密得多的东北部联合主义者之间存在明显的区别。1906年，自由党以压倒性的胜利重掌政权，这进一步刺激了爱尔兰的联合主义运动。保守党在上议院的主导地位让爱尔兰的本土自治希望依旧渺茫，但新政府的改革热情给爱尔兰带来了发展：1908年养老金的发放范围扩大至爱尔兰可能是这些改革中最引人关注的。但1911年，对于保守党的一再阻挠，自由党政府失去了耐心，进而限制了上议院否决下议院通过的法案的权利；从爱尔兰的角度看，这一举措扫除了实现自治的最后也是最大障碍。鉴于赫伯特·阿斯奎斯（Herbert Asquith）的自由党政府是在约翰·雷德蒙领导下的84名爱尔兰民族主义议员的支持下才得以执政的，他势必无法回避后者提出的第三版本土自治提案。1912年，该提案在下议院获得通过，此时的上议院对此已无能为力，爱尔兰一片欢腾。上议院可以，也确实将爱尔兰的自治推迟了两年，但这在当时只是被视为一个技术细节：地方自治终于得到了保障。然而，在接下来的两年中，占爱尔兰人口26%的新教联合主义者显然并不打算接受爱尔兰自治，而是选择了与之抗争。

许多因素助长了新教徒对本土自治的敌意。阿尔斯特繁荣的工业向许多新教徒证明了不列颠的统治是有效的：既然它没有出现问题，那为什么要改变它呢？他们还担心，实现自治之后的都柏林新政府会不再重视东北部的工业。贝尔法斯特是一座具有全球意义的工业城市：1914年之前，其造船厂所造船舶占全球船舶总吨位的8%，泰坦尼克号便是在此建造的。然而，爱尔兰民族主义对农业的高度强调似乎没有给工业留下多少空间；联合主义的宣传经常把贫困描绘成地方自治的女仆，而都柏林肮脏的贫民窟则被看作爱尔兰在地方自治议会统治下未来可能面临的一个缩影。

除了生计，他们还有一个非常迫切的担忧，即新教徒少数群体可能会成为天主教多数群体的牺牲品，正如这个时代最著名的口号之一所说的，本土自治即罗马统治。因此，1912年9月，超过23.7万名阿尔斯特新教徒签署了一份《庄严盟约》（Solemn League and Covenant），宣布他们愿意抵制“当前在爱尔兰建立自治议会的阴谋”。超过23.4万名新教妇女签署了一项同样内容的宣言。这次新联合主义运动的领导人是都柏林出生的律师爱德华·卡森（Edward Carson）和贝尔法斯特商人詹姆斯·克雷格（James Craig）。联合主义在爱尔兰各地都有一定程度的分布和影响，但它明显在阿尔斯特新教中心地带的影响力最为巨大。1913年4月，阿尔斯特志愿军（Ulster Volunteer Force）的正式成立标志着联合主义运动明确了自己的抵抗立场。

成立阿尔斯特志愿军是为了武力抵抗本土自治。卡森和克雷格的立场中隐含了暴力威胁，他们甚至制订了周密的计划，一旦实现本土自治，他们就成立临时政府控制阿尔斯特。曾在不列颠军队服役的阿尔斯特新教徒为志愿军带来了可贵的战斗经验。联合主义事业也引起了包括保守党领袖安德鲁·博纳·劳（Andrew Bonar Law）在内的不列颠人的广泛同情。但是，如果爱尔兰的一个团体能够通过武装反抗抵制议会的意志，另一个团体为什么不能呢？1913年11月，爱尔兰民族主义者效仿他们的对手建立了爱尔兰志愿军（Irish Volunteers），通过武装自己来捍卫自治。尽管在装备和训练上稍显落后，但这个新的民族主义民兵组织比阿尔斯特志愿军规模更大，在鼎盛时期可能有18.2万人。到1913年，爱尔兰已经出现了两支庞大的准军事部队。

当时普遍流行的观点是，不列颠当局更倾向于支持联合派而非爱尔兰民族主义者的事业，这使得危机愈演愈烈。1914年3月发生了所谓“卡勒兵变”（或称“卡勒事件”，Curragh Mutiny/Incident）——当时爱尔兰最大的军事基地中有57名骑兵军官为了避免接到对阿尔斯特志愿军采取军事行动的命令，主动提出辞职。这些军官得到了一份书面保证，说他们不会收到上述命令。1个月后，也就是该年4月，阿尔斯特志愿军通过爱尔兰北部的拉恩港获得了2万支步枪。当局对此没有任何阻挠。7月，爱尔兰志愿军也采取了同样的行动，但规模要小得多：他们在都柏林郊外获得了900支步枪。但当局试图没收这些步枪，最终导致军队在都柏林市中心开枪打死3人（还有1人稍晚也死于枪伤）。阿尔斯特志愿军没有受到这样的约束。在爱尔兰民族主义者看来，当局对两个阵营显然采取了双重标准。

1914年夏天，人们普遍担心爱尔兰志愿军和阿尔斯特志愿军会爆发武装对抗。当时，不列颠军队面临的最大问题便是爱尔兰两大敌对民兵组织之间可能一触即发的教派内战（他们认为这两个组织都被纵容太久了）。这种情况一旦发生，不列颠军队将不得不介入爱尔兰内战，这样的话他们将无法投入欧洲的任何战事。德国在这一时期密切关注爱尔兰事态并非巧合。1914年8月，欧洲大陆爆发的战争很快就让其他问题变得无足轻重。

第一次世界大战和复活节起义

1914年8月，爱尔兰和联合王国的其他成员一起加入了欧洲大陆的战事。在接下来的4年中，超过20万爱尔兰人在联合王国军队服役，其中多达3.5万人死于战场。这些牺牲者都是志愿者。爱尔兰是王国中唯一没有实行征兵制的地区。[①] 一战的爆发缓和了爱尔兰此前愈演

① David Fitzpatrick, "The Logic of Collective Sacrifice: Ireland and the British Army, 1914–1918," *Historical Journal*, 38:4 (1995), 1017–1730.

愈烈的冲突，双方都认为当下不是继续坚持内部分歧的时候，因此草草地达成了妥协。1914年9月18日，爱尔兰自治得以立法，但真正实现被推迟了一年（或直至战争结束）。此外，议会对新教占主导地位的阿尔斯特地区也制定了单独的条款。但这些都是以后的问题：爱尔兰自治被正式写入立法后，约翰·雷德蒙在威克洛发表演讲，鼓励爱尔兰志愿者应征入伍，服役于“战争的最前线”，将爱尔兰的参战视为“捍卫宗教、道德和正义的最高原则”。雷德蒙指出，德国已经入侵（信仰天主教的）比利时，如果爱尔兰人选择不参战，这将是“我们国家永远的耻辱”和“对国家历史教训的否定”。[①] 雷德蒙还希望，爱尔兰人的参战能得到自治的回报，爱尔兰天主教徒和新教徒的并肩作战可以打破他们之间的壁垒。

一战的爆发催生了3个爱尔兰师团：第36（阿尔斯特）师，主要来自阿尔斯特志愿军，以及第10（爱尔兰）师和第16（爱尔兰）师。大量爱尔兰志愿军和阿尔斯特志愿军成员加入了这场战争；事实上，第36师几乎就是身穿不同制服的阿尔斯特志愿军。尽管雷德蒙提出可以用爱尔兰志愿军的士兵组建一个类似的军事单位，陆军部却对此持谨慎态度。这就让人感觉，不列颠再次倾向于联合主义，而不是民族主义。但爱尔兰人加入不列颠军队的原因是多种多样的。其中，也许就包括某种程度上受雷德蒙的呼吁和相信德国是共同敌人的信念所激发的理想主义情怀。同以往一样，贫困和失业（尤其在都柏林地区）也起到了一定的促进作用：毕竟，军队可以提供就业机会。宗教原则也是一个因素：贝尔法斯特的新教造船工人是其中一个最有可能参军

① *Freeman's Journal*, 21 September 1914.

的群体，他们身处爱尔兰最繁荣的行业之一，是政治上的联合主义者。爱尔兰诗人弗朗西斯·莱德威奇（Francis Ledwidge）巧妙地概括了爱尔兰人参战的复杂心理：“我加入不列颠军队，是因为它站在爱尔兰和我们文明的共同敌人之间，我不希望它说，它在我们什么都不做的时候保护了我们。”[①]1917年，莱德威奇在比利时的伊普尔（Ypres）牺牲。

参战的爱尔兰士兵也在战争中付出了惨重的代价。1915年8月，参与了加利波利（Gallipoli）战役的第10师在苏弗拉湾（Suvla Bay）登陆，伤亡惨重。在接下来的两个月里，全师一半人员被列为伤亡与失踪。1916年7月，阿尔斯特师在两天多的时间里折损了超过三分之一的兵力——他们有的阵亡，有的受伤，还有的不知所踪。在索姆河（Somme）战役中，阿尔斯特师是第一批“爬出战壕发起冲锋的”的部队之一，他们的民族主义对手第16师也伤亡惨重。人们深切地感受到了战争的代价，因为它几乎影响到了爱尔兰生活的方方面面。但这场战争为爱尔兰政治舞台上的那些激进分子提供了一个留下持久印记的机会。

1916年4月24日（复活节的那个星期一），一小群激进分子占领了都柏林周围的一些建筑，尤其是位于萨克维尔大街（Sackville Street，后来的奥康奈尔大街［O'Connell Street］）的邮政总局。在大楼外，教师兼爱尔兰语活动家帕特里克·皮尔斯（Patrick Pearse）宣读了一份宣言，宣布爱尔兰共和国（Irish Republic）作为一个“主权独立国家”的成立。在接下来的5天中，也许有多达2万名不列颠士兵（其中许

① Alice Curtayne, *Francis Ledwidge*, London: Martin, Brian & O'Keeffe, 1972, 83.

多实际上是爱尔兰人）占领了都柏林，市中心的大部分地区被炮火摧毁。第一次世界大战终于燃烧到了爱尔兰。

如果不是爆发一战，复活节起义（Easter Rising）就不会发生；如果不列颠人没有参战，他们也不会做出这样的反应。爱尔兰共和兄弟会是这次起义的谋划者，尤其是老牌好战分子托马斯·克拉克和马基雅维利主义者肖恩·麦克迪尔马达（Sean MacDiarmada）。起义的实际参加者大多来自爱尔兰志愿军；或者更准确地说，来自早期志愿军的一个重要派别，他们抵制雷德蒙鼓励爱尔兰人参与一战的号召。从爱尔兰志愿军的主体中分离出来后，这个更激进的组织保留了这个名字，到1916年已经发展至大约1万人。后来，詹姆斯·康诺利的爱尔兰公民军（Irish Citizen Army）也加入了起义者的行列。爱尔兰公民军是一个工会民兵组织，最初成立于1913年的“大停工”期间。此外，爱尔兰妇女会（Cumann na mBan）的成员也参与了这次起义。这个组织成立于1914年，最初是爱尔兰志愿军的一个附属组织，后来追随了那些反对雷德蒙的组织。

复活节起义的策划是秘密进行的，但起义的爆发却偏离了最初的计划。志愿军中一些资深人士对起义的热情不高，他们的指挥官约恩·麦克尼尔（Eoin MacNeill）只在觉得有可能成功时才准备提供支持。当起义者们背着他从德国获得武器的尝试失败后，麦克尼尔设法阻止了这次起义。克拉克和他的同伙因此被剥夺了武器和人员。他们还面临着这样的前景，即进口武器的企图可能引发不列颠的镇压。所以起义领导人决定继续他们的计划。皮尔斯等人成为这次起义的公共代言人，他们的确在动员中使用了美化牺牲的修辞（这在战争时代并不鲜见），但这次起义的多数参与者的情感动机似乎都是：无论多么鲁莽，做点什么总比什么也不做强。

复活节起义主要发生在都柏林，大概只有2500名男女参加。米斯郡和戈尔韦郡也爆发了一些小规模的武装斗争，此外，在蒂龙郡的科莱兰（Coalisland）、科克城和韦克斯福德郡的恩尼斯科西也有志愿军成员聚集。不列颠人对这次起义极度重视，尤其因为反政府武装在宣言中提到了据说是“无畏的欧洲盟友”提供的援助。因此，不列颠调动了大量军队；事件发生得如此之快，以至于在都柏林登陆的士兵们还以为他们在法国。第二天，即星期二，当局便宣布实施戒严令。两天后，即星期四，他们对反对派阵地发起炮击。4月29日，起义者投降。在坚持了6天后，起义失败了。在这次起义中（或者说，因为这次起义），488人死亡，2600人受伤，都柏林市中心的大部分地区被炮火夷为平地。

舆论似乎完全不利于起义者，这种敌视跨越了政治、宗教和阶级的界限。服役士兵的家属对发生的事情尤其愤怒。而且，更直接的事实是，叛乱分子把战争带到都柏林街头，造成了都柏林的混乱。在首都之外，甚至在没有战斗的地方，也可以看到民众对起义者的敌视，因为全国各地的地方当局都通过了谴责起义的决议。然而，都柏林是个明显的例外。同样，这场反对不列颠统治的起义也引起了不少人的共鸣。一些参与镇压起义的爱尔兰士兵态度很矛盾，在一战前线的一些爱尔兰士兵也是如此。但总体而言，起义似乎已经被挫败，可以被抛在脑后，联合王国也继续全力投入到欧洲的战事之中。大约有90名起义者被军事法庭判处死刑。5月3日至12日，15名男子（包括起义的头目）先后被枪决。除了1人，其余人的枪决都是在都柏林执行的。克拉克、皮尔斯等人也许觉得他们的死刑可能会激发爱尔兰人支持他们的事业。事实上，他们的想法可能是对的。不管公众对起义的感受如何，不列颠军队射杀爱尔兰囚犯的画面还是引起了人们的震动。5月11日，雷德蒙的副手、资深自治党成员约翰·狄龙（John Dillon）在下议院发表了一场言辞激烈的演讲，指控不列颠政府"在鲜血的海洋中洗去了我们毕生的事业"，并表示"被处决的不是杀人犯；不管他们多么误入歧途，这些叛乱分子在战斗中没有伤及无辜，如果你们的士兵能像都柏林的这些人一样打得那么光明磊落，你们就该谢天谢地了"。[①]

阿斯奎斯政府介入后，法庭对剩余的死刑判决进行了减刑。但为时已晚，损害已经造成。因为都柏林的起义事件，不列颠人在整个爱尔兰实行戒严令，并且拘留了超过3500名嫌疑人（远远超过了实际参与起义的人数），这似乎也表明不列颠人已经将所有爱尔兰人视为嫌犯。这种昏聩和粗暴的态度加剧了爱尔兰人的反感。在接下来的两年里，爱尔兰人民从原先温和的地方自治目标转向了更为激进的独立主张，这项主张由因复活节起义而受到指责的新芬党率先提出。

新芬党的崛起和独立战争

1905年，激进好战的都柏林记者阿瑟·格里菲思创立了新芬党。他主张将贸易保护主义者的经济民族主义（"新芬党"的字面意思是"我们自己"）和基于奥匈帝国模式的"二元君主制"（dual monarchy）

① F. S. L. Lyons, *John Dillon: A Biography*, London: Routledge & Kegan Paul, 1968, 373.

这一新颖的政治主张结合起来。正如格里菲思所阐述的，这是超越自治的一步，爱尔兰将享有事实上的独立，但会保留不列颠君主为国家元首。尽管格里菲思的许多想法都很有影响力，可新芬党本身从未获得太多支持。但到了1916年，这个名字已经被自治党、联合主义者和爱尔兰当局用于统称激进的民族主义者。复活节起义刚刚爆发就被错误地宣布为“新芬党叛乱”。随着爱尔兰舆论开始转向复活节起义所主张的分离主义，幸存的分离主义者开始有了重新组织力量的名义。

1916年后新芬党的迅速崛起也与爱尔兰自治事业的失败有关。这次起义促使爱尔兰民族主义者和联合主义者试图通过谈判达成妥协，以推进爱尔兰自治。他们于1917年在都柏林圣三一学院举行了所谓“爱尔兰大会”（Irish Convention），但遭到了阿尔斯特地区联合主义者的抵制。双方的这一尝试以失败告终。1917年，在雷德蒙的政党输血式的持续支持下，新芬党于10月成功重组。1916年起义幸存者中资历最高者——纽约出生的数学老师埃蒙·德瓦莱拉（Éamon de Valera）——被任命为主席。新组建的新芬党以建立独立的爱尔兰共和国（以爱尔兰人民的自主选择为前提）为宗旨。为此，它计划在一战后举行的和平会议上游说各国承认爱尔兰独立。但它的具体目标并不清晰。当记者问新芬党的一位高层它的政策是什么时，后者的答案是，“当然是复仇”[①]。新芬党致力于成为像教会一样宽容的组织，并尽量避免在可能存在争议的问题上选择立场。

1918年春天，新芬党获得了前所未有的发展机遇。当时，德国

① *Dictionary of Irish Biography*, 9 vols., Cambridge: Cambridge University Press, 2009: “O'Keeffe, Patrick.”

在西线取得了军事上的突破，这迫使不列颠将征兵制扩大至爱尔兰地区。几乎所有的民族主义者都被激怒了。天主教会、自治党、劳工运动（劳工运动组织了一次大罢工以抗议此次征兵）等势力，尤其是新芬党都反对征兵，最后新芬党成为这一事件的受益者。还有另一群积极分子准备支持重组后的新芬党，他们就是在1917年获释的复活节起义后被关押的分离主义者。在英格兰和威尔士的拘留营中也涌现出了一批新一代的激进派领导者，被释放后，他们开始支持爱尔兰志愿军的重新组建。重组后的爱尔兰志愿军在1918年征兵事件造成的民众不满中获益匪浅，日渐被称为爱尔兰共和军（Irish Republican Army，IRA）。

1918年12月，在战后的第一次选举中，新芬党占据了爱尔兰105个威斯敏斯特席位中的73个，将爱尔兰自治党在议会中的席位挤剩6个。公民权得到扩大后，许多第一次投票的选民，包括30岁以上的妇女，似乎都将选票投给了这个新政党。妇女在投票上的倾向性，可能受到1916年后爱尔兰妇女会日渐活跃和公开的活动的影响。1916年之前，爱尔兰妇女会在理论和实践上日益激进，许多成员都参加了复活节起义，不过一些男性共和主义活动家，如埃蒙·德瓦莱拉，并不赞成爱尔兰妇女参战。1916年之后，爱尔兰妇女会成为共和主义囚犯以及新芬党本身的重要宣传者和筹款活动组织者。它的作用可能与其成员数量不成比例，但是爱尔兰妇女会确保了爱尔兰妇女在独立运动中的存在和一定程度的参与。第一位当选威斯敏斯特议员的女性来自新芬党，即颇具异国色彩的康斯坦丝·马尔凯维奇（Constance Markiewicz），她是盎格鲁-爱尔兰士绅阶层的一名共和主义者，嫁给了一位波兰伯爵。

但是她和她的同事们都没出任议员。新芬党竞选人的竞选誓言是，如果当选，他们将抵制威斯敏斯特，争取在都柏林成立自己的议会（尽管这些新议员中有许多人在当选之时还处于囚禁之中，没有去任何地方的自由）。1919年1月21日，拥有自由身的新芬党新当选议员履行了他们的承诺：他们以 Dáil Éireann（简单翻译就是“爱尔兰议会”[Irish Assembly]）的名义在都柏林的市长官邸（Mansion House）举行会议，宣布爱尔兰独立。然而，就在他们举行会议的同一天，发生了一件与此事无关联的事件：皇家爱尔兰警察部队的两名警员在护送一车炸药前往蒂珀雷里郡索洛海德贝格（Soloheadbeg）的一个采石场的途中，死于丹·布林（Dan Breen）和肖恩·特里西（Sean Treacy）领导的袭击事件。袭击者在这次袭击中使用了爱尔兰共和军的名义。

爱尔兰共和军是一个没有固定驻地的地方化武装组织，由爱尔兰志愿军的残余力量发展而来。名义上，它的总部设在都柏林，核心人物是1916年起义的两名参与者——参谋长理查德·马尔卡希（Richard Mulcahy，盖尔语联盟成员）和精力充沛的情报主管科克郡人迈克尔·柯林斯（Michael Collins）。但通常情况下，爱尔兰共和军各地的分支在行动上有着相当大的自主性。其结果之一便是，部分地区的爱尔兰共和军比其他地区更加活跃，尤其是都柏林和南部的科克郡已经成为爱尔兰共和军活动的大本营。

爱尔兰共和军是一个年轻人的组织，它的许多成员来自天主教的中下层阶级，他们采取跳蚤战的作战形式，使用游击战术。他们的惯用手段是伏击和暗杀——这与复活节起义的阵地战战术截然不同——这是他们面对比自己强大得多的敌人时采取的实用方案。不列颠人很难应付这种类型的战斗，这与他们在第一次世界大战中的经验迥然不同。1916年起义之后，不列颠对爱尔兰的统治明显变得更具强制性，随着爱尔兰共和军运动进入高潮，这一趋势还在继续。工会和劳工运动也在独立运动中扮演了第三方的角色。例如，1920年5—12月，爱尔兰运输和普通工人工会拒绝让不列颠军队使用爱尔兰铁路网络运输士兵和军火。同情共和事业的人不限于共和主义者。在这段时期内，阶级之间的矛盾也经常爆发，爱尔兰的部分地区一直存在着农民动乱。

共和运动不仅仅是发动一场游击战。新芬党建立了一种游击政府，部分是为了满足他们的宣传需要，但也因为他们成功地破坏了不列颠的统治。他们建立了仲裁法庭来平息当地的纠纷（尤其是土地纠纷），并尽可能地执行司法判决，爱尔兰共和军有时还扮演警察的角色。到1920年，新芬党已经在事实上接管了爱尔兰的大部分地区，并在地方政府的运行和管理方面取得了显著的成功。

1920年，爱尔兰共和军也变得更加大胆和活跃。他们的特定目标是警察和司法系统：1920年夏天，这两个系统似乎已经处于崩溃的边缘。不列颠人苛刻的立法（到1920年底，8个南部郡已经全部处于戒严令之下）和他们招募退伍军人组建准军事力量的行为进一步激起了爱尔兰共和分离主义者的反抗。这些准军事力量包括皇家爱尔兰警队预备队（Auxiliary Division）和别称为“黑棕部队”（Black and Tans，因穿着棕黄色卡其制服和皇家爱尔兰警察的黑色皮革装备而得名）的特警队，这两个组织以纪律松散和报复平民臭名昭著，其中一些人表面上受到了官方的制裁，但实际上都得到了宽恕。他们的行为引起了不列颠正规军的不安，在不列颠也受到谴责，人们将其与1914年德国入侵比利时相提并论。在爱尔兰，战争不受欢迎。

日趋频繁与严厉的镇压也使得爱尔兰共和军战术发生重大转变。随着越来越多的成员被迫“逃亡”，他们被编入所谓“飞行纵队”（Flying Columns），即可以在农村地区游走的机动部队，通常较为独立，可能在任何地方发动伏击和进攻。随着以牙还牙的报复战的持续，1920年11月发生了这场冲突中最臭名昭著的事件：“流血星期日”（Bloody Sunday）。在柯林斯的指挥下，都柏林的爱尔兰共和军多年来一直参与暗杀警察和公务员。1920年11月21日，星期日上午，15名时任或前任不列颠军官（其中一些出生于爱尔兰）在都柏林遭到杀害。当天下午，不列颠军队在克罗克公园（Croke Park）盖尔运动协会总部球场举行的一场盖尔足球比赛中开火，造成12名观众死亡。当晚，3名囚犯在都柏林城堡被杀，其中1名是在袭击一家酒店后被拘留的平民。11月28日，17名皇家爱尔兰警队预备队队员在科克郡基尔迈克尔（Kilmichael）地区死于汤姆·巴里（Tom Barry，不列颠前军人）率领的爱尔兰共和军的伏击；科克城的部分地区随后在报复性袭击中被烧毁。虽然情况越来越恶劣，但从1920年末开始，不列颠就在试探是否有办法解决这场棘手的冲突。但在与独立运动进行任何谈判之前，一个悬而未决的问题得到了彻底解决。

1920年初，一项新的立法——《爱尔兰政府法案》（Government of Ireland Act）——允许在爱尔兰建立两个自治议会，一个在贝尔法斯特，另一个在都柏林（尽管南部地区的议会从未举行）。这实际上将爱尔兰划分为两个辖区，显然是为了迎合阿尔斯特联合主义者而非其他地区的新教徒。讽刺的是，在20世纪10年代初，爱尔兰的新教徒激烈反对本土自治，但在10年代结束之时，他们“迎来了”自己的自治议会，詹姆斯·克雷格成为他们的首任总理。贝尔法斯特新议会的管辖范围——北爱尔兰——被不列颠政府划定为阿尔斯特省传统9郡中的6个，包括安特里姆、阿马、唐、弗马纳、伦敦德里和蒂龙。这一立法的本意是将北爱尔兰作为爱尔兰岛上的一个新教保留地。由于只有4个郡是新教徒占多数的行政区，因此将北爱尔兰的管辖范围扩大到整个省是毫无根据的。但只有4个郡的北爱尔兰又被认为太小而无法提供足够的生存空间，不列颠人于是接受了阿尔斯特联合主义者的意见，认为6个郡是大家都能满意的折中方案，因为这样可以确保新教徒在北爱尔兰新议会中仍然占多数。天主教少数群体的存在被认为是不可避免的。在新辖区建立的同时，有500多人在宗派暴力中丧生；贝尔法斯特无疑成为爱尔兰最暴力的地区，在1920—1922年的社区暴力事件中，仅贝尔法斯特就有450多人丧生。在新的立法方案安抚了阿尔斯特联合主义者的情绪后，不列颠开始与南部独立运动展开谈判。1921年6月11日，爱尔兰共和军同意和不列颠休战。

爱尔兰独立战争以南北分离的僵局告终。尽管战争后期呈现出暴力的趋势，但复活节起义之后，死亡人数相对而言有所降低。从1917年1月到1921年12月，爱尔兰总共只有2100多人遭到杀害。但从超额死亡率（excess mortality）的角度来看，1914—1918年，大约3.5万名爱尔兰人被杀，2万名爱尔兰人死于1918—1919年的西班牙流感。[①]在休战前的几个月里，不列颠的军事行动开始变得更加有效。爱尔兰共和军也变得更加活跃，尽管他们越来越捉襟见肘。休战前夕，爱尔兰共和军正试图从美国获取一大批新的汤普森冲锋枪。在不列颠人看

① Eunan O'Halpin, "Counting Terror: Bloody Sunday and 'The Dead of the Irish Revolution,'" in David Fitzpatrick, ed., *Terror in Ireland, 1916–1923*, Dublin: Lilliput Press, 2012, 141–157.

来，由于新芬党的政治抵抗运动和爱尔兰共和军的游击战，1922年12月成为爱尔兰自由邦的26个郡已经变得难以治理。同样，在这个时刻，不列颠军队也已经无法筹集其高级指挥官所认为的镇压“叛乱”所需的资源，而且镇压爱尔兰的反抗需要付出的代价可能引发政治灾难。战争的结束意味着谈判的开始。

停战与条约

1920年8月，联合王国首相戴维·劳合·乔治（David Lloyd George）在下议院表示：“爱尔兰人民的真正代表要求爱尔兰的分离。但除非发生灾难或遭遇战败，否则不列颠永远不能接受。这对帝国的安全将是致命的。”[①] 这仍然是不列颠的底线，也许可以解释为什么德瓦莱拉（前两年大部分时间他一直在美国各地筹集资金）在1921年夏去伦敦进行试探性的会谈，却出人意料地拒绝出席正式谈判。这也可以解释不列颠在下议院会议结束后最终采取的强硬立场。前往伦敦参与正式谈判的爱尔兰代表团由阿瑟·格里菲思和迈克尔·柯林斯率领。1921年12月6日凌晨，他们同包括劳合·乔治和温斯顿·丘吉尔（Winston Churchill）在内的不列颠代表团最终达成一致并签署条约。此前劳合·乔治曾发出最后通牒，称如果爱尔兰不接受这一条约，就会“立即”引发“可怕的战争”。如果这只是虚张声势，那么它的确

① D. M. Leeson, *The Black and Tans: British Police and Auxiliaries in the Irish War of Independence, 1920–1921*, Oxford: Oxford University Press, 2011, 14.

奏效了。

1921年的《英爱条约》(Anglo-Irish Treaty)无疑比1912年提出的自治要求更具实质性。它以加拿大模式为基础，在英联邦内建立了爱尔兰自由邦。爱尔兰的议会成员需要宣誓效忠不列颠王室。爱尔兰已经被划分为两个不同的辖区，不过该条约赋予北爱尔兰的“不加入”条款[①]为其与爱尔兰自由邦的永久分离提供了一块遮羞布。在第一次世界大战之后，重新划定边界并不是爱尔兰独有的现象，1919年战败的德国便失去了大片国土。尤其值得注意的是，获胜的联合王国也是如此。但没人真的认为北爱尔兰会选择退出与不列颠的联合，来增加后者版图变化的比例。不过，位于爱尔兰的理事会将促使贝尔法斯特和都柏林的政府讨论共同关心的问题，其中最引人注目的是“北爱尔兰少数民族的保护措施”。[②]

柯林斯公开承认，如果可能的话，他很乐意打败不列颠人。但他认为这是不可能的，因此才决定签字。他和格里菲思给其他代表施加了巨大的压力，要求他们也这样做。然而，柯林斯后来意识到，他这样做可能等于给自己签署了死刑令，因为这将给爱尔兰带来在所难免的后果。该条约导致爱尔兰独立运动以激烈的方式分裂为两派。爱尔兰的分治不是争论的焦点，这也许表明，它已经作为一个事实被人们接受，或者被认为是一个有待日后处理的问题。引发分歧的关键问题是爱尔兰的宪法地位。爱尔兰共和军和新芬党曾寻求建立一个共

---

① 条约规定，北爱尔兰6郡有权在条约签署后1个月内选择是否加入新成立的爱尔兰自由邦。——译者注

② National Archives of Ireland Treaty Exhibition, http://treaty.nationalarchives.ie/wp-content/uploads/2011/12/Anglo-Irish-Treaty.pdf, accessed 10 May 2016.

和国，爱尔兰自由邦根本不符合他们的预期，不列颠君主仍将担任爱尔兰国家元首的事实尤其令他们不快。柯林斯曾对此发表了著名的评论，他认为该条约“赋予的并非所有国家都渴望的最终自由，而是将其实现的自由”①。然而，这种观点的另一面是，条约并没有赋予爱尔兰这一自由，爱尔兰争取完全独立的斗争还没有结束。1922年1月，爱尔兰下议院对条约进行投票，64个议员投了赞成票，57个议员投了反对票。投票结束后，以德瓦莱拉为首的反对派愤而离场。有趣的是，德瓦莱拉本人曾提出一项创新性的妥协方案，即爱尔兰以自愿的形式加入英联邦，但由于遭到激烈的反对，他撤回了这项提议。柯林斯和格里菲思成为条约派的领导人，而德瓦莱拉成为反条约派名义上的政治领袖。

比新芬党内部分裂影响更为巨大的是爱尔兰共和军内部的分裂：那些真正为爱尔兰独立参加过战斗的人尤其不满，而且从早期阶段就可以明显看出，爱尔兰共和军的大部分活跃分子对这一条约都持反对态度。该组织分裂为三种派别。其中一部分人跟随柯林斯成为新国家军队的核心。少数纯粹主义者从一开始就公开反对条约，并在1922年4月占领了都柏林四法院大楼（Four Courts）。但由科克指挥官利亚姆·林奇（Liam Lynch）领导的作战经验丰富的南部爱尔兰共和军迟迟没有行动，1922年初，他们开始尝试达成妥协。这些尝试都围绕着这样一种可能性，即新成立的爱尔兰自由邦能够拥有一部名义上不是但内容上是共和主义的宪法。然而，劳合·乔治和丘吉尔明确表示，这种做法是不可接受的。1922年6月举行的自由邦议会第一次选举也清

① *Dáil Éireann Official Debates*, 21 January 1922, col. 32.

楚地表明，只有20%的选民支持那些明确反对该条约的政党。如果不列颠不超越条约所规定的范围，那么1922年初，26个郡的爱尔兰选民会做好准备接受这一条约。

爱尔兰内战

英帝国的前总参谋长（不列颠军队中的最高职位）亨利·威尔逊爵士（Sir Henry Wilson）在家门口遭两名爱尔兰共和军成员（两人曾在第一次世界大战期间在不列颠军队服役）射杀，此后爱尔兰爆发内战。威尔逊是一个死硬派爱尔兰联合主义者，此前还身兼北爱尔兰新政府顾问。爱尔兰共和军自1920年以来一直在不列颠发动袭击，但这次暗杀是最大胆的一次。不列颠人失去了耐心，他们明确告知柯林斯和格里菲思领导下的临时政府，是时候对反条约的共和主义者们采取行动了，这些人需要对威尔逊的死负责。

6月28日，自由邦的新军事力量——爱尔兰国民军（National Army）——开始用从剩余的不列颠驻军那里借来的火炮攻击四法院大楼。这些建筑在炮火中屹立了很久，直到一场剧烈的爆炸摧毁了爱尔兰公共档案办公室（Irish Public Record Office）。都柏林的战斗只持续了几天就结束了，但它也摧毁了任何妥协的希望。在接下来的6个星期里，国民军对他们的敌人所占领的城镇发起了进攻，有时甚至从海上登陆，不久后内战就演变成人们熟悉的游击战。但这同爱尔兰与不列颠之间的战争存在关键性差别。爱尔兰国民军的核心都曾是爱尔兰共和军的成员，因此本身就是经验丰富的游击队员。他们深谙如何与以前的同事作战，而不列颠人也为他们提供了源源不断的武器。这一年8月，爱尔兰自由邦遭受了双重打击，阿瑟·格里菲思死于脑出血，迈克尔·柯林斯在他的家乡科克郡遭伏击身亡。不过，在接下来的几个月里，他们的继任者依旧向对手发起了无情的打击。

此时，由新芬党政治家、复活节起义的参与者威廉·托马斯·科斯格雷夫（William Thomas Cosgrave），以及爱尔兰共和军前参谋长马尔卡希共同领导的自由邦政府和军队认为，他们在为自己的生死存亡而战，因此准备采取比不列颠还要激进的举措。内战期间，至少有77名共和主义者被正式处决；作为对袭击的报复，他们中的一些人甚至未经审问。自由邦军队还在私下里进行了许多报复性杀戮。尽管内战双方的手段越来越残酷和血腥，但到1923年4月，共和主义事业最终还是失败了。在埃蒙·德瓦莱拉（他在内战期间处于相对边缘的地位）的要求下，共和主义者们最终放下了武器，但他们同时也挑衅地声明："那些摧毁了共和主义事业的人在军事上的胜利只是暂时性的。"[①]就这样，爱尔兰内战和爱尔兰的"革命"在呜咽声而非轰隆的礼炮声中结束。

---

① Oonagh Walsh, *Ireland's Independence, 1880–1923*, London: Routledge, 2002, 102.

第十七章
两个爱尔兰

国家的构建

1922年12月6日，爱尔兰自由邦正式成立。但爱尔兰共和军在这一天杀害了自由邦下议院的一名议员，引发了新政府对自该年6月以来一直被拘押的4名著名共和主义者的报复性处决，这给这一具有里程碑意义的日期蒙上了一层阴影。北爱尔兰的6个郡立即行使权利，脱离由26个郡组成的新自由邦的管辖。到1923年4月内战结束时，新的爱尔兰南方政府不得不面对内战带来的巨大破坏和混乱。1923年3月，新芬党内的亲条约分子联合起来组成了爱尔兰人党（Cumann na nGaedheal），新政府也从一开始就明确了自身在条约下的责任，同时坚持柯林斯的信念，即条约赋予了爱尔兰继续追求和完善独立国家身份的自由。

在新国家的管理上，不列颠的规则在行政上有很大的连续性，这可能是这一时期的爱尔兰能够维持稳定的重要原因之一。例如，大多数公务员都继续在新政府任职。新政权沿用了不列颠的制度，而没有采用革命时期所要求的共和制度。在战争时期，这可能是一个可以理解的、务实的决定，但它在带来稳定的同时也可能在一定程度上导致政治进程的停滞。新政府在警队的建制上进行了创新，组建了公民警卫队（Civic Guards），后来改名为和平警卫队（Guardians of the Peace，爱尔兰语为 An Garda Siochána）。但这种创新是一个例外，而非普遍现象。爱尔兰自由邦的成立，也伴随着革命结束后某些共和理想的幻灭。自由邦的总理科斯格雷夫缺乏柯林斯或德瓦莱拉的魅力，更像一个管理者，而不是有远见卓识的领袖。但他和他的同事们，比如铁面无私的司法部部长凯文·奥希金斯（Kevin O'Higgins）似乎都认为幻想的时代已经过去，因为他们现在的任务是构建一个独立国家，这是一项既麻烦又不浪漫的工作。

他们的第一要务是确保政府对国家事务的掌控，这意味着要处理一支拥有近5万名士兵的庞大国民军。在战后的欧洲，很多国家都面临这个问题。在1922年的最初几个月里，柯林斯一直担心军队才是真正控制爱尔兰的机构，而军队随后在内战中扮演的重要角色更加凸显了这个问题的严峻性。1924年3月的“军变”使政府与军队的紧张关系达到了顶点，爱尔兰国民军中的一些前共和军成员抱怨新政权背叛了柯林斯的思想。他们遭到奥希金斯的肃清，马尔卡希被迫辞职（尽管他后来重新投身政治生活）；爱尔兰共和兄弟会也因此被架空，成为这一事件的另一个受害者。1924年夏天，政权实现了对军队的控制，国民军从1923年内战时的超过4.8万人被缩减至1932年的不足6000人；军队从来没有成为爱尔兰社会自我肖像的一部分。这可能是自由邦政治相对稳定的原因之一。另一个原因无疑是，对爱尔兰稳定局势的最明显的挑战在某个阶段开始走出对立，与新政府和解。

爱尔兰共和军在内战中被击败，使得新芬党成为实现共和野心的明显替代工具。被击败的反条约共和主义者按照新芬党的传统政策抵制自由邦议会，使得工党（Labour Party）在其成立后的头几年中成为唯一一个有实际意义的反对党。但到1926年，新芬党在是否继续抵制爱尔兰自由邦议会的问题上出现了分歧。大多数人（包括爱尔兰共和军的重要成员）追随德瓦莱拉组建了一个新政党：共和党（Fianna Fáil，原意为“命运的士兵”）。尽管爱尔兰共和军在20世纪20—30年代仍然是爱尔兰生活中的一支重要力量，但共和党的成立为实现共和主义的政治合法性提供了另一个选择。共和主义者已经形成一种共识，军事手段不是他们实现目标的唯一选择，不过他们直到1927年才真正进入议会。

1925年，都柏林出现了关于爱尔兰共和革命的惊人“讽喻”：出生于利默里克的画家肖恩·基廷（Sean Keating）创作了一幅题为《讽喻》（*An Allegory*）的绘画作品。这是基廷对内战及其后果的反思。在这幅画中，两个人（一个是爱尔兰共和军成员，另一个是国民军成员）埋葬了一具盖着爱尔兰三色国旗的棺材，意味着爱尔兰内战的交战双方埋葬了争取独立的梦想。背景中被烧得只剩外壳的“豪宅”暗喻着旧的士绅统治阶级的终结。许多类似的祖宅在革命期间遭到攻击和破坏，还有更多因被土地法剥夺了维持其生存的土地而衰败。画面的前景是一个带着孩子的女人（以基廷的妻子梅［May］为原型）和一个疲惫不堪的男人，侧厅有一位正在审阅文书的牧师和一位商人，他们代表着新的保守主义秩序。基廷所描绘的已经死亡的梦想，可以被看作内战之后共和主义理想破灭的艺术表现。众所周知，奥希金斯把自己和他的同事戏称为“保守主义革命者”。这幅画边缘的两个人物暗示着，在某种程度上，爱尔兰自由邦和以前没有太大区别。

经济和社会

科斯格雷夫时期的爱尔兰自由邦通常被认为是高度保守的社会。当然，在很大程度上，这一说法只反映了社会中支持爱尔兰人党的部分群体——比如前爱尔兰自治党和南部地区的联合主义者——的心声。但需要承认的是，科斯格雷夫的政府的确从一开始就在经济领域极度保守，奉行低税收和低政府开支的财政政策。新政府很少强调工业化，尽管它在20世纪20年代后期推行的令人印象深刻的香农电气化计划是一个雄心勃勃的特例。1922年后爱尔兰的经济结构与独立前相比并没有发生显著的变化：爱尔兰依旧保留了与英镑的联系，畜牧业继续在经济产出方面占据主导地位。虽然此时在经济上完全脱离不列颠实现独立是不可能的，但问题在于，从来没有人试图探索这种可能性。这种故步自封的自满情绪在1924年工商部部长帕特里克·麦吉利根（Patrick McGilligan）的讲话中体现得淋漓尽致：“政府的职能不是为任何人提供工作……这个国家的人民需要做好死于饥饿的准备。”[1]

---

① Ó Gráda, *New Economic History*, 441.

至少可以这样说，他在内战后人们普遍担心饥荒会再次发生的情况下说出这样的言论实在令人诧异。

爱尔兰自由邦的确发生了剧烈的社会变革，那就是新教统治地位的丧失。土地法将爱尔兰的土地全部转为佃农所有，最终根除了形成于17世纪的地主阶级的残存经济力量，这构成了20世纪早期政治革命前夕的社会革命。20世纪20年代，爱尔兰似乎从17世纪60年代导致爱尔兰出现拥有大片土地的新教精英阶层的殖民历史中得到了某种启发，成立了土地委员会（Land Commission），以落实根据土地法重新分配土地的艰巨任务。此前，由于第一次世界大战爆发，土地法的执行一度被搁置。该委员会在1923—1987年重新分配了234万英亩土地，影响了24.8万个家庭，成为独立后的爱尔兰社会变革的最重要驱动力之一。[①] 然而，土地改革并没有转化为经济变革，土地所有权的变化并没有带来土地使用方式的显著变化。

我们也可以从爱尔兰的教育体系中发现制度的保守主义痕迹。爱尔兰的教育体系由天主教会（作为多数人的信仰）主导，相对不太强调创新。在某种程度上，这也是因为独立后的爱尔兰非常贫穷，资金的缺乏导致爱尔兰在独立后对教育基础设施的投资水平很低。但同样，政府似乎既不重视让更多的孩子进入教育体系，也不重视让他们接受长期教育。从1926年开始，爱尔兰规定6—14岁的孩子必须上小学，但中学教育的普及仍未提上日程。爱尔兰社会根深蒂固的保守主义社会观念导致爱尔兰人倾向于从纯粹的功能主义视角看待教育问

① Terence Dooley, “Land and Politics in Independent Ireland, 1923–1948: The Case for Reappraisal,” *Irish Historical Studies*, 34:175 (2004), 175–197.

题。甚至到1922年，人们仍普遍认为，对“穷人和工人阶级”来说，“有限的读写能力和算术教育就足够了”。[①] 爱尔兰社会现存的秩序是自然合理的。

自由邦时期的道德问题：公共道德与个人道德

在独立后的爱尔兰，性道德继续成为天主教会关注的焦点，这主要是因为人们怀疑革命带来的动乱模糊了公共道德的界限。天主教的道德教导体现在其对离婚和避孕措施的限制上，20世纪20年代末实行的文学和电影审查制度更是反映了这一点。在天主教会看来，必须时刻保持警惕，以应对可能出现的新威胁：舞厅显然是罪恶的家园，舞厅中演奏的音乐则可能更加伤风败俗。例如，爵士乐经常被谴责为不道德，而且是不符合爱尔兰风格的靡靡之音，类似的批判观点常带有明显的种族主义色彩。人们还对性疾病表示担忧，这已经不能再仅仅归咎于不列颠军队的存在。20世纪20年代，爱尔兰的公共话语强调家庭是一个整体，要求对未婚母亲进行惩罚，并呼吁实施福利政策。在这一时期的爱尔兰社会中，单身和禁欲被认为是必要的选择；而婚外性行为被视为一种犯罪，这样的女性在绘画中总是以妖妇的形象出现。[②] 自20世纪20年代以来，对妇女参与爱尔兰公共生活的限制

① John Coolahan, *Irish Education: History and Structure*, Dublin: Institute of Public Administration, 1981, 55.

② Lindsay Earner-Byrne, “Reinforcing the Family: The Role of Gender, Morality, and Sexuality in Irish Welfare Policy, 1922–1944,” *History of the Family*, 13 (2008), 360–369.

日益严格；在教会和当局看来，她们最应该待在家里。这种对道德的强调可能发挥了某种身份标识的作用：套用约瑟夫·李（Joseph Lee）的话，自由邦或许还会成为这个世风日下的世界的一座灯塔。

但在正式、得体的表象下，隐藏着一个更为肮脏的现实。卡里根委员会（Carrigan Committee）是旨在针对性犯罪立法的机构，其在1931年的报告中称，“（爱尔兰）全国各地普遍存在严重的（性）犯罪行为”；该机构基于各地实际上报的数据做出预估，认为1924—1960年爱尔兰将发生1万起性侵犯案件，80%的受害者年龄在18岁以下。然而，随后爱尔兰社会关于调查结果的辩论却将重点放在了保护男性免受女性黑人绑匪攻击的必要性上。该报告被刻意搁置，其建议也被忽视。[①] 爱尔兰自由邦的公共道德无疑是（如果不是正式意义上）基于天主教信仰的道德。1932年自由邦主办的大型国际圣体大会（Eucharistic Congress）场面壮观，显示了天主教平信徒[②]组织的活力，也掩盖了那些认为天主教会是将其道德权威强加于新成立的爱尔兰自由邦的观念；在一个天主教徒占绝对多数的社会里，天主教显然是公共和个人道德的仲裁者。

北爱尔兰和边界委员会

自由邦之所以是一个天主教徒占绝对多数的社会，根本原因在

① Moira Maguire, “The Carrigan Committee and Child Sexual Abuse in Twentieth-Century Ireland,” *New Hibernia Review*, 11:2 (2007), 79–100.

② 平信徒为教会中未被授予圣职的成员，即普通教徒。——译者注

于，爱尔兰的大多数新教徒都留在了联合王国。甚至在内战之前，柯林斯就通过支持北爱尔兰的共和军，参与了破坏北爱尔兰稳定的图谋。但在他死后，这种做法便无人问津。科斯格雷夫政府不得不面对这样一个事实：对于北爱尔兰的存在问题，没有一个简单而有效的爱尔兰民族主义答案。1923年4月，自由邦在新边境设立了关税壁垒的做法表明了这一点。

然而，北爱尔兰问题的解决还有另一种可能性。1921年的《英爱条约》规定设立一个边界委员会（Boundary Commission），以对爱尔兰自由邦和北爱尔兰之间的新边界线做出符合实际人口分布情况的裁定。换句话说，这意味着建议转让土地，爱尔兰自由邦境内的新教地区将被转让给北爱尔兰，北爱尔兰地区的天主教区域也将成为爱尔兰自由邦的一部分。按照民族主义者们的设想，边界委员会将提出激进的改革建议，剥夺北方6郡的大片土地而使北爱尔兰无法自立。但事实上，边界委员会只建议对双方的边界做一些小的改动。这一令人尴尬的事实的泄露导致边界修改计划流产，当时的临时边界也因此成为双方最终的边界，而旨在促进南北合作的爱尔兰理事会计划也因此搁浅。过去和之后都无力再改变边界，在接下来的40年里，这两个爱尔兰基本上是“大路朝天，各走一边”。

在边界以北，新总理詹姆斯·克雷格进一步巩固了联合主义的立场。20世纪20年代，北爱尔兰成立了许多诸如阿尔斯特特别警备队（B Specials）这样基本上全部由新教徒组成的武装警备力量，并制定了可以用来镇压政治异议者的特殊立法。这些异议者最有可能来自天主教少数群体，这一群体从一开始便不愿意同对他们持敌对态度的政权打交道，政府方面也是如此。但北爱尔兰政府不仅对天主教人群的疏离视若无睹，甚至火上浇油。20世纪20年代，北爱尔兰联合主义政权废除了选举中的比例代表制，并对选区做了有利于新教徒选民的重新划定，进一步巩固了他们的霸权。德里成了选区划分不公正的臭名昭著的例子。这些举措不仅排挤了天主教代表，还挤掉了可能会在经济动荡时期（第一次世界大战之后的几年里，东北部经历了经济上的衰退）获得支持的劳工和联合主义独立候选人。克雷格通过一党制实现了对北爱尔兰的有效控制，他毫不内疚地塑造了爱尔兰民族主义者的妖魔化形象，以坚定联合派选民的决心，确保这些选民不会支持除了他的党派之外的任何政党。他的继任者也深谙此道。克雷格在20世纪30年代曾根据他的观察提出了一个著名的论断：就像南方是一个服务于天主教徒的天主教国家一样，他领导下的北爱尔兰议会也是为新教徒服务的新教议会。这一观察的选择性失明预示了它的致命缺陷。

官方认同与更广阔的世界

英联邦为南北合作的协商提供了一个可能的框架。科斯格雷夫政府长期存在身份认同问题。20世纪20年代，对爱尔兰语的保护和重视被正式写入法律，这表明了国家对早在革命之前就已形成的盖尔语复兴理想的传承和重视。不过从20世纪以来爱尔兰语区（Gaeltacht）的持续衰落来看，这一举措的象征意义可能大于实际意义。

但比爱尔兰语更具身份认同意义的政治标志也存在问题：（纪念第一次世界大战结束的）休战纪念日活动，甚至国歌的选择和空缺，都涉及一个令人不快的事实——自由邦的宪法地位依旧没有摆脱不列

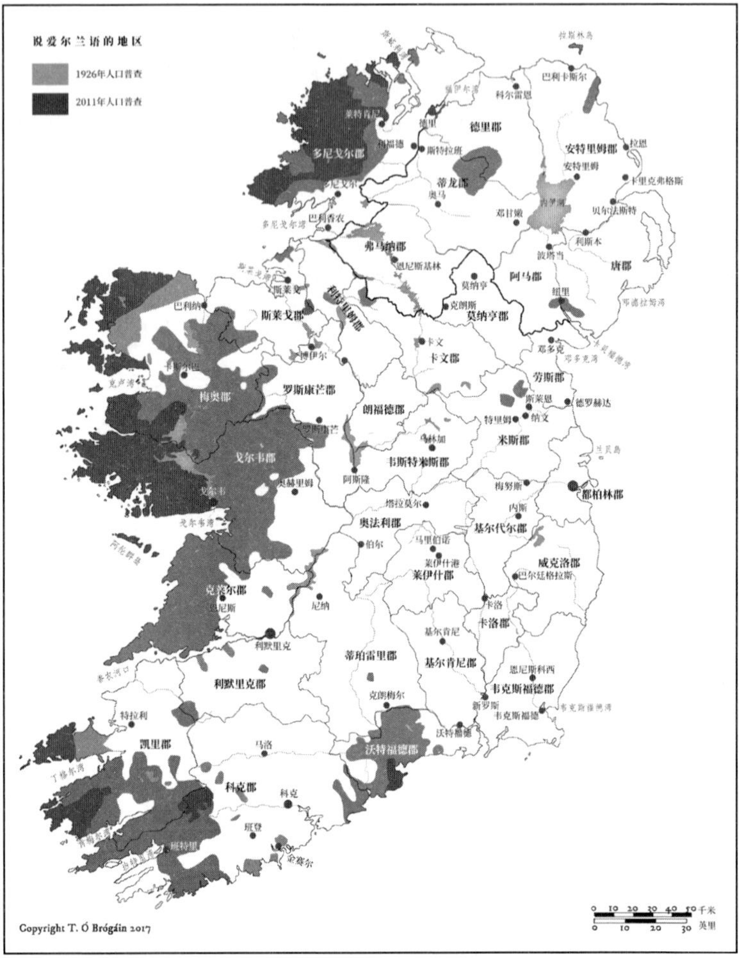

图3：爱尔兰语区的衰落。爱尔兰语区是指，爱尔兰语曾经或迄今为止依旧是那里相当大一部分人口的主要语言的地区。尽管官方对爱尔兰语很重视，但在整个20世纪，爱尔兰语的使用范围依旧不可逆转地缩小。截至2011年，爱尔兰语区人口总数为100 716人。虽然在爱尔兰语区之外，爱尔兰语也被相当多的人懂得和使用，但英语仍然在这些地区占主导地位。（地图由托马斯·奥·布罗甘提供；数据来源：Central Statistics Office，http://www.cso.ie/en）

颠的影响。毕竟，在不到10年之前，科斯格雷夫和奥希金斯等人正前赴后继地投身于反对不列颠的民族解放斗争。然而，他们确实试图为这个国家塑造一个可以突破但又不违反1921年《英爱条约》的独特的国际身份，例如1923年爱尔兰自由邦加入了国际联盟以及《英爱条约》被登记为一项国际协定。紧随其后的是，爱尔兰自由邦先后向华盛顿、巴黎、柏林和梵蒂冈派驻外交使团。除此之外，自由邦还与其他英属领地建立了联系，并在这些领地争取和获得自治地位的进程中扮演了重要角色。但这对爱尔兰选民没什么影响，他们发现爱尔兰人党的对手越来越有吸引力。

爱尔兰共和党及共和主义革命

爱尔兰自由邦的司法部部长凯文·奥希金斯在爱尔兰内战期间和战后对共和主义者的镇压，尤其是他在战争期间对爱尔兰共和军成员的处决，使他成为爱尔兰共和主义者尤其厌恶的人物。1927年7月，爱尔兰共和军的3名成员在去往都柏林郊区布特斯敦（Booterstown）做弥撒的路上偶然遇到了奥希金斯，并将他击毙。这一暗杀事件产生了重大的政治影响，科斯格雷夫政府迅速通过一系列立法，获得了更多的强制性权力，而且至关重要的是，这些立法堵住了自由邦的政治反对派可以不受相关机制约束的漏洞。新法律规定，当选的自由邦议员必须履职，否则将被剥夺议员席位。这实际上意味着他们需要向君主宣誓。长期以来抵制议会的共和党开始改变策略，进入爱尔兰的新议会，但他们往往在宣誓的同时，大声宣称这一仪式只是一个空洞的形式。进入国家体制后，共和党迅速壮大。其候选人在竞选时提出了一个更为激进和有吸引力的纲领，更坚定地主张共和主义，对土地有明确的诉求（许多爱尔兰农民仍在向不列颠财政部支付大笔款项以偿还他们在土地法实施期间向不列颠政府所借的贷款），他们在进入议会后很快就得到了众多支持。1927年6月，共和党赢得了26%的选票。1932年，他们凭借44%的选票赢得了执政党的地位。尽管科斯格雷夫的爱尔兰人党试图危言耸听，把他们的对手描绘成共产主义者和枪手，但爱尔兰选民还是倾向于支持共和党。共和党未来的领导人之一肖恩·勒马斯（Seán Lemass），将这一时期的爱尔兰共和党经典地形容为一个"更符合宪法精神"的政党。然而，考虑到就在几年前，像勒马斯这样的先驱还在同他们当前在议会中挑战的政府作战，他们从叛乱者到正式政治参与者的身份转变之快无疑是令人瞩目的。

共和党在20世纪30年代的爱尔兰政治进程中占主导地位，并开始致力于推翻1921年签订的《英爱条约》。该党通过独特的民粹共和主义理念把自身塑造成站在工人和小农一边的政党，尽管事实上这是一个像广教派（broad church）一样的宽泛政党。当然，在20世纪30年代，它证明了自己是一个在社会问题上相当进取（但不激进）的党派。它不仅制订和实施了住房项目（1932—1942年，为解决爱尔兰自由邦贫民窟的可怕状况，共和党政府新建了2.9万套城市住房），还通过立法改善社会福利和工作条件。德瓦莱拉政府似乎希望完成1921—1922年的未竟事业，尽管只是在自由邦26个郡的范围内。

如果说正统经济学说在20世纪20年代倾向于自由贸易，那么在30年代则倾向于保护主义，德瓦莱拉政府对后者情有独钟。20世纪30年代末，蓬勃发展的新产业创造了大量的额外就业机会（讽刺的是，其中许多新产业的发展都依赖不列颠的原材料）。但与此同时，爱尔兰农民在1932—1938年爱尔兰与不列颠的“经济战”中遭到重创。不列颠统治时期，因为土地法的实施，许多爱尔兰农民向当局贷款购买土地。爱尔兰自由邦成立后，许多农民仍在向不列颠偿还贷款。这引起了共和党的不满，成为双方经济战的导火索。共和党拒绝偿还贷款，不列颠则对爱尔兰的各种农产品征收关税，特别是活牛和牛肉，1934年对其实施的配额限制极大地影响了爱尔兰的出口。不列颠的反应，与其说是惩罚，不如说是试图以某种方式获得经济利益。虽然作为独立的标志，这次经济战具有重要的象征意义，但其对爱尔兰农业生产者的影响远超这些产品的不列颠消费者，毕竟，联合王国是爱尔兰90%出口产品的市场。

在面临外患的同时，爱尔兰自由邦还存在内忧。爱尔兰共和军仍然是一支活跃的力量，并在20世纪30年代早期经常同与爱尔兰统一党（Fine Gael，爱尔兰人党的后继组织，字面意思是“爱尔兰大家庭”）结盟的准法西斯蓝衫运动（quasifascist Blueshirt movement）发生冲突，尽管在爱尔兰政府的镇压下这些威胁已经有所减弱。西班牙内战等外部事件也有可能引发动荡。共和党大会（Republican Congress）等左翼共和主义边缘组织开始奉行激进的天主教平信徒信仰。天主教会本身也坚定地支持西班牙弗朗西斯科·佛朗哥（Francisco Franco）政权，这一立场得到了大量民众的支持，但遭到德瓦莱拉政府的反对。

在新宪法的起草上，政府和天主教领导层形成了某种程度的共同立场。该宪法经全民公投通过后于1937年正式生效。这部由德瓦莱拉主导修订的新宪法的通过，意味着爱尔兰自由邦实际在宪法上已经不复存在。新宪法十分强调主权的群众基础，并废除了同英联邦的任何官方联系。国家的官方名称也被正式改为爱尔兰（Éire）。然而，新宪法中处处可见天主教社会教义带来的影响（新宪法在一定程度上正式承认了犹太教，考虑到20世纪30年代的欧洲背景，这一立场无疑有着独特的意义）。德瓦莱拉在新宪法的制定过程中征询了天主教神职人员的意见，但并没有完全采纳后者的意见。由于部分内阁成员的反对，新宪法原第44条也遭到了修改。在早前出版的版本中，天主教因其为主要信仰的事实，被该条款赋予了特殊地位。不过我们还是可以在有关教育、私有财产和社会政策等方面的条款中发现天主教社会思想的印记。宪法对家庭的强调和对离婚的禁止都是天主教教义的体现，人们普遍认为这些条款对爱尔兰妇女解放的前景带来了重大的负面影响。新宪法遭到了包括记者格特鲁德·加夫尼（Gertrude Gaffney）在内的同时代人的严厉批评，加夫尼将该宪法的“反动条款”与1916年复活节起义宣言中承诺给予妇女平等权利的条款做了对比，然后得出结论：“德瓦莱拉先生之所以制定出这样的条款，是因为过去几年中一直笼罩在他头顶的高失业率噩梦，而且正如我之前所说的，还因为他对厨房以外的女人的固有偏见。”①

紧急状态时期

第二次世界大战爆发之前，爱尔兰一直积极参与国际联盟事务。

① Gertrude Gaffney, “The Death Knell of the Working Woman,” in John Horgan, ed., *Great Irish Reportage*, Dublin: Penguin Ireland, 2012, 25–30.

德瓦莱拉的假设是，在大国之间爆发战争的情况下，像爱尔兰这样的小国最现实的选择就是尽量保持中立，不卷入纷争。这是理性的选择，尽管许多宣布中立的欧洲国家都遭到了纳粹政权的野蛮侵犯。但爱尔兰国内普遍同意保持中立，我们可以将二战爆发时爱尔兰政府宣布的紧急状态作为这个时期的名称。当其他国家在经历第二次世界大战时，爱尔兰经历的是“紧急状态”。

1938年，不列颠将3个海军基地归还爱尔兰。虽然不列颠人对爱尔兰保持中立没有什么好感，但他们仍然认为，与爱尔兰保持合作对他们自身的战略利益至关重要。作为联合王国的政府首脑，温斯顿·丘吉尔试图以承诺爱尔兰的统一作为交换说服爱尔兰总理（1937年以后称为Taoiseach，意为“领袖”）参战，但德瓦莱拉认为丘吉尔的承诺并没有兑现的可能（不列颠还不时拒绝爱尔兰重要农产品的出口，以向爱尔兰施压）。德瓦莱拉严厉谴责德国在1940年5月入侵低地国家，但他的这一表态是基于现实考虑：大不列颠可以确保爱尔兰不受德国侵犯，爱尔兰可以通过与不列颠保持秘密合作，平息后者的不满。然而，随着战争形势的变化，他的打算只能到此为止。德国在攻打不列颠的时候计划入侵爱尔兰，而为了防止德国人将爱尔兰作为入侵的桥头堡，不列颠也计划占领爱尔兰。不列颠之战无意中使爱尔兰幸免于这种命运。

中立显然已经成为奢求。德国人曾多次向都柏林和其他地方投掷炸弹，而贝尔法斯特作为主要的工业城市，在闪电战中遭到了德国空军的毁灭性打击，1941年4月和5月的轰炸袭击造成1000多人丧生。毫无疑问，如果德国认为有必要对整个爱尔兰发动攻击，那么任何事情都有可能发生。只是在德国入侵苏联失败后，爱尔兰的立场才发生转变：在保持官方中立的同时，德瓦莱拉政府偏袒盟军并为之提供非正式的支持（大不列颠和美国毫不掩饰他们对爱尔兰官方立场的不满）。爱尔兰对流落于爱尔兰的战斗人员的不同待遇就是一个很好的例子。德国人被扣押，而盟军人员被秘密带到边境，最终返回部队。事实上，在战争的大部分时间里，北爱尔兰都有大量美军。在紧急状态时期，爱尔兰一些城镇的街道上经常可见美国士兵的身影。

在战争初期，爱尔兰的公众情绪似乎确实对德国有利。鉴于爱尔兰和不列颠的近期历史，这也许在情理之中。1940年6月12日的一份报告记录了梅奥郡两个学校的督导员，其中一个“沉溺于与公众进行长时间的大声讨论，他支持德国并拥护德国纳粹党来到这个国家”，另一个则“和孩子们交谈，询问他们关于交战国的意见，并主张他们支持德国”。[①]爱尔兰社会中也有支持法西斯主义和反对犹太主义的人，他们赞成纳粹的计划。爱尔兰共和军的队伍中也存在类似的情绪。虽然爱尔兰的一些共和主义者作为国际纵队的成员在西班牙内战中参与了打击法西斯主义的战争，但也有部分爱尔兰共和军成员基于不列颠的敌人就是爱尔兰人的朋友的观念，与西班牙的纳粹政权建立了联系，这些又一次表明爱尔兰共和主义的确是一个大杂烩。共和党政府认识到后一种立场的危险性和天真，对爱尔兰共和军成员与西班牙纳粹势力之间的潜在合作采取了非常严厉的态度。不少爱尔兰共和军成员因此被拘押，其中有5人被政府处决，而这个政府的许多成员在20年前与这些人隶属同一组织；此外，也有一些爱尔兰共和军成员死于

① John Gibney, “GUBU, Gregory and Cosmic Cover-Ups: 1982 State Papers,” *History Ireland*, 21:1 (2013) , 49.

绝食，还发生了一起因拒绝喝水而死亡的案例。

战争对人们的日常生活产生了非常不利的影响。政府还实施了严格的审查制度（这可能有助于掩盖与盟国的一切合作）；进口受到严格限制，战争年代出现了前所未有的供应危机，政府为缓解危机进行了大量干预，同时黑市也在蓬勃发展。为了更好地确保粮食自给自足，政府实施了种植谷类作物的强制耕作计划，并大规模收割草皮用作替代燃料。这种有点专制的做法也许是必要的，但并不受欢迎。前往不列颠和越过边境去往北爱尔兰的移民在一定程度上减轻了战争带来的经济打击，两地的战争工业和军事基地为他们提供了就业机会。除此之外，也许有多达7万爱尔兰人应征加入盟军，通常是不列颠军队，一般而言这种情况是被允许的，不过爱尔兰的一些国防军成员擅离职守以便在其他地方应召入伍的情况在战后成了一个棘手的问题。

1943年，德瓦莱拉通过无线电广播宣布了一个饱受诟病的发展设想，即建设一个朴素的、非物质化的乡村社会（政府对这种田园式民俗文化的推广显然没有以爱尔兰的社会现实，特别是城市地区的现实为依据）。[①]1945年战争即将结束时，德瓦莱拉再次做了一个极具争议的选择，并因此备受指责。他遵守正常的外交礼节，就阿道夫·希特勒（Adolf Hitler）的死向德国表示了哀悼。如果说这样的公开言论是这位爱尔兰领导人在向该国和更广泛的世界展示爱尔兰的中立形象，那么很显然，紧急状态下的现实情况确实不同于往日。1945年5月，爱尔兰保持中立的必要性最终得到了证明。在欧洲战争结束

① Gearóid Ó Crualaoich, “De Valera’s Other Ireland,” in Gabriel Doherty and Dermot Keogh, eds., *De Valera’s Irelands*, Cork: Mercier Press, 2003, 155–165.

后的胜利广播中，丘吉尔不遗余力地批评了德瓦莱拉政府，同时赞赏不列颠在战争期间没有破坏爱尔兰中立立场的克制态度。德瓦莱拉在深思熟虑而又有理有节的回答中指出，小国的权力需要服从于强大邻国的侵略要求的世界，注定是一个要发生战争的世界。这句话引发了爱尔兰听众的共鸣，很好地证明了德瓦莱拉政府中立立场的合理性。中立立场因此成为爱尔兰独立的基本体现和原则。

第十八章

第二个共和国

迎接黎明

紧急状态的结束并不意味着黎明必定到来。爱尔兰仍然是一个贫困的社会，存在着严重的社会问题。它在缓解长期存在的贫困和公共卫生等问题方面缺乏进展，某种程度上可以归因于战争年代的特殊情况，但也可以被视为共和党执政失败的证据。共和党在20世纪30年代的进取倾向已经成为历史：1932年，它被谴责为共产主义者和枪手，到1948年，它再次遭到指控却是因为腐败。也是在1948年，共和党被一个所谓“跨党派”政府取代，该政府由统一党、工党和一些较小的党派组成，这些较小党派包括代表农民的爱尔兰全国农民党（Clann na Talmhan），以及充满传奇色彩的肖恩·麦克布赖德（Sean MacBride）领导的新共和主义政党共和之家党（Clann na Poblachta）。

新总理是来自统一党的约翰·A. 科斯特洛（John A. Costello），他最广为人知的举动是在1949年宣布爱尔兰为共和国，这似乎是他单方面的决定。在此之后，爱尔兰与英联邦的最后联系被切断。对此，不列颠提出了《爱尔兰法案（1949）》(Ireland Act of 1949）予以回应。该法案承认了自20世纪20年代以来就已经成为事实的原则：在北爱尔兰议会做出其他决定之前，北爱尔兰的地位将保持不变。

在成立之后头10年的大部分时间里，共和国处于一系列跨党派联盟和短暂的共和党政府的管理之下。然而，官方对天主教会的尊重仍然是爱尔兰公共生活中的一个因素，这在"母亲和儿童"计划中得到了突出的体现。1951年，来自共和之家党的卫生部部长诺埃尔·布朗（Noel Browne）宣布了上述计划，旨在为已为人母的女性和16岁以下的儿童提供免费医疗。这个计划被天主教领导层谴责为国家对家庭的无理干涉，因此被放弃了。布朗被迫辞职，因为他的政党领袖麦克布赖德与他断绝了关系；麦克布赖德对教会表现出了极大的尊重，身为总理的科斯特洛亦是如此。这一计划的流产也是强大的既得利益集团的胜利：医学界认为这一计划剥夺了医生的重要收入来源，因此持坚定的反对态度。但人们普遍认为，这是天主教会的胜利，并将"母亲和儿童"计划的争议视为以都柏林至高大主教约翰·查尔斯·麦奎德（John Charles McQuaid）为象征的教会权力和影响力的体现。各政治派别都愿意接受来自天主教这一多数派教会的意见。

天主教信仰继续渗透到新共和国的文化之中。有时，天主教的这种影响可能会以一种令人瞩目的形式表现出来，比如对"无神论"共产主义的激烈反对。20世纪50年代，对圣母玛利亚的崇拜也成为反共产主义和公众对天主教虔诚的一个重要标志，这种虔诚在爱尔兰各地以雕像和石窟的形式留下了持久的印记。20世纪20年代建立的主要用于审查爱尔兰以及国际文学作品的严格制度构成了天主教影响的一个相对乏味的案例。天主教贯彻其道德准则，尤其是性方面的道德准则的意图，可以说是审查制度得以维持的原因。例如，1951—1956年从事审查工作且专门负责性道德问题审查的克里斯托弗·J. 奥赖利（Christopher J. O'Reilly），曾将一系列小说和非小说文学作品列入建议禁止的书单之中，其中也包括约翰·斯坦贝克（John Steinbeck）、F. 斯科特·菲茨杰拉德（F. Scott Fitzgerald）、杜鲁门·卡波特（Truman Capote）、埃米尔·左拉（Emile Zola）、索尔·贝娄（Saul Bellow）、伯特兰·罗素（Bertrand Russell）、塞缪尔·贝克特（Samuel Beckett）、亨利·米勒（Henry Miller）、雷蒙德·钱德勒（Raymond Chandler）、伊恩·弗莱明（Ian Fleming）和迪伦·托马斯（Dylan Thomas）等作家的作品。虽然他带来的影响还无法得到充分评估，但在他审查的1294本书中，有994本（超过75%）遭到了禁止。

除了文学巨著，还有许多书籍遭到了禁止。例如，有关避孕的医学书籍也被撤下。奥赖利笔记本中的一条记录显示，马丁·戈德史密斯（Martin Goldsmith）的《多明戈·冈萨雷斯的神奇之鱼》（*The Miraculous Fish of Domingo Gonzales*, 1951）被禁的原因为“间接提及避孕话题”，而彼得·德波尔瑙伊（Peter de Polnay）的《未来两年》（*The Next Two Years*, 1951）被禁的原因则是出现了“关于激情的细致描写”。另一方面，他也宽赦了某些作品，这表明他的审查存在潜在的现实主义倾向：虽然他注意到曼宁·奥布兰（Manning O'Brine）的《杀手必须吃饭》（*Killers Must Eat*, 1951）中出现了“妓女、裸体者、身穿吊袜带的女郎”等内容，但他也认可这是一个“精彩的间谍故事”，并以

“无须禁止”的建议取代了他原来“禁止”的严格规定。[①]

尽管天主教精神在官方占主导地位，但爱尔兰社会并不完全是天主教社会。1957年在韦克斯福德发生的一起令人震惊的事件凸显了新教少数群体的境遇，当时在一名当地天主教牧师的坚持下，韦克斯福德郡费萨德（Fethard）教徒社区的成员遭到了天主教徒的抵制。其由头是，一对不同信仰的父母在是否让孩子接受天主教教育的问题上出现了分歧，母亲对之持反对态度。这违反了《内特梅尔教皇令》(Ne Temere)，而随后的经济恐吓企图（最终遭到了重新掌权的德瓦莱拉的谴责）被认为传达出了这样一个信息，即共和国内的新教徒可能无法得到与共和国的基本原则相符的待遇。同时这也证实了北爱尔兰联合主义群体中的许多人对传闻中牧师主导一切的南方有偏见。

经济与移民

二战后，南方经济长期停滞，一片萧条。这种情况直到20世纪50年代也没有明显好转。虽然避免了战争的破坏，但爱尔兰也没有享受到战后繁荣带来的好处。同100年前一样，向外大规模移民依旧是20世纪50年代爱尔兰经济表现不佳的重要标志。爱尔兰经济在20世纪中期实现了多元化发展，并摆脱了对农业的传统依赖。这在一定程度上削减了许多体力劳动者的就业机会。但人们也迅速意识到，还有

① James Kelly, “The Operation of the Censorship of Publications Board: The Notebooks of C. J. O’Reilly, 1951–1956,” *Analecta Hibernica*, 38 (2004), 223–369.

比从事农业更有希望的事业选择。20世纪40—50年代，爱尔兰年轻男女普遍不愿意一辈子在小农场里从事体力劳动。帕特里克·卡瓦纳（Patrick Kavanagh）1942年的诗歌《大饥荒》（*The Great Hunger*）描绘了一幅凄凉的景象，反映了农民生活的冷酷现实。1931年，每4个在爱尔兰出生的人当中就有1个居住在海外。但从20世纪30年代开始，移民的主要目的地不再是美国，而是不列颠：战后重建和经济扩张提供了充足的机会；而且，和依旧保守的爱尔兰社会相比，灯红酒绿的不列颠都市提供了一个有吸引力的选择。但经济依旧是移民的主要动机，和以前一样，爱尔兰遭受了巨大的损失。20世纪60年代末，记者约翰·希利（John Healy）调查了他曾经就读的当地学校的23名学生在1944年毕业以后的去向，并据此对梅奥的查尔斯敦（Charlestown）因移民而遭受的损失做出了一份令人沮丧（尽管有些戏剧性）的评估："在随机抽取的23名学生中，只有3名留在了镇上，他们为当地带来了4个子女。这个班级为北美贡献了24个子女，为不列颠和都柏林分别贡献了10个和7个孩子。不论怎么排列，爱尔兰都损失惨重……难道需要在镇外竖立一棵被截去顶端的树，作为这个小镇的象征，来反映这个事实吗？"①

20世纪50年代末，30年代实施的保护主义明显失败了。尤其是与其他正在转向强调自由贸易和制造业的欧洲国家相比，爱尔兰的情况正变得越来越糟。1959年，德瓦莱拉被他的副手肖恩·勒马斯取代，后者适时采纳了（相对）年轻的财政部部长托马斯·肯尼思·惠特克（Thomas Kenneth Whitaker）的激进建议。惠特克曾于1957年提出

① John Healy, *No One Shouted Stop!*, Achill: House of Healy, 1988, 43.

一个新的经济扩张计划，所依托的基本原理不再是贸易保护主义，而是恰恰相反：在战后日益紧密相连的世界中，向全球贸易开放爱尔兰的经济。在整个20世纪30年代以及以后，勒马斯一直是保护主义政策的倡导者，但与他的前任相比，他的意识形态没有那么顽固。爱尔兰严峻的形势使勒马斯热情地采纳了惠特克的这一建议。

对外事务

爱尔兰经济的开放还带来了其他方面的影响。勒马斯和惠特克意识到，要使他们的新政获得成功，爱尔兰就必须从二战结束以来的“寒冬”中走出。爱尔兰在战争期间的中立没有得到不列颠和美国的赞赏，只获得马歇尔计划数量有限的援助。但在共产主义已经成为一个新敌人的背景下，作为天主教国家的爱尔兰显然是西方想争取的国家，这足以让北大西洋公约组织（北约）以外的地区感受到爱尔兰在国际上的存在。爱尔兰于1955年加入联合国，在外交部部长弗兰克・艾肯（Frank Aiken，爱尔兰共和军前参谋长）的带领下，爱尔兰驻联合国代表团坚定地同从欧洲帝国的解体中崛起的民族国家站在一起。除了这种外交上的声音，联合国维和行动也为爱尔兰军队提供了参与军事行动的途径，但这需要付出代价，1960年11月在刚果执行联合国维和任务时牺牲的爱尔兰士兵便是证明。

1961年，勒马斯和惠特克将加入欧洲经济共同体（European Economic Community，EEC）确定为一个重要的战略目标。在某种程度上，这反映出当局已经意识到，爱尔兰经济要实现多元化，就必须打破对不列颠市场的传统依赖。美国的投资受到鼓励和支持；包括1963年约翰·肯尼迪（John Kennedy）总统对爱尔兰的访问，从纯粹的象征意义上看，可以视为爱尔兰移民后裔回访祖先的家园。但这也表明，尽管爱尔兰在第二次世界大战中保持中立，并且一直不是北约成员，但到了20世纪60年代，它仍然是西方阵营的一部分。这对爱尔兰经济的影响尤为巨大。

经济复苏

经济增长可能取决于吸引外国投资，但爱尔兰领导人也认识到，政府可以主动作为，创造条件使爱尔兰成为有吸引力的投资目的地。因此，20世纪60年代后期的经济增长时期也是一个显著的教育改革时期，重点是对爱尔兰过时的教育制度进行现代化改革，并尽可能推广和普及。除了在教育系统上的巨额投资，爱尔兰在1967年实行的免费中学教育也是这一改革的显著成效之一。这个问题成为国家和天主教会发生公开摩擦的一个明显原因（尽管最终教会依旧控制着教育体系，而国家需要负责发放教师工资）。教育机会的扩大只是爱尔兰在20世纪60年代经历的若干重大变化之一，至少在基本的物质意义上是如此：农村电气化和卫生设施的大范围普及也发生在60年代。这个时期也见证了自独立以来长期主导爱尔兰生活的领导层让位于新一代领导人。勒马斯就是一个很好的例子。1967年，他以爱尔兰总理的身份退休，但在此之前，他任命了一些年轻有为的人担任政府要职，比如多诺·奥马利（Donogh O'Malley），以及他自己的女婿、未来的爱尔兰总理查尔斯·豪伊（Charles Haughey）。

日益普及的电视媒体也在20世纪60年代爱尔兰社会自由化进程中发挥了作用。自1926年起，爱尔兰就有了自己的国家广播电台——爱尔兰广播公司（Raidió Éireann），而在1955年，英国广播公司（BBC）的电视转播从北爱尔兰传入了爱尔兰，到1958年，爱尔兰共和国已经有多达2.8万台电视机。爱尔兰广播公司随后也将业务扩展到了电视领域。爱尔兰广播电视台（Raidió Teilifís Éireann）的成立给爱尔兰生活带来了一个新的维度，为爱尔兰人了解更广阔的世界打开了一扇窗户，同时也成为人们讨论爱尔兰生活变化的一个平台。[①] 爱尔兰社会还发生了更细微的变化：电视的出现对20世纪60年代看电影的人数产生了不利的影响，尤其是当70年代英国广播公司的“今日比赛”（*Match of the Day*）节目让爱尔兰观众可以观看到英格兰更高水平的足球比赛时，爱尔兰足球联赛的上座率也受到了影响。

电视的出现及其对未来的影响在一个著名的节目中得到了体现，该节目尝试将新技术的特征应用到过去的标志性事件中。爱尔兰广播电视台1966年的作品《起义》(*Insurrection*)应用滚动新闻报道的新技术再现了复活节起义。这是爱尔兰广播电视台为复活节起义50周年而打造的一个旗舰节目，它为爱尔兰共和国提供了一个将其乐观和现代的形象呈现给自己的公民和世界其他地区的机会。勒马斯政府非常有意识地试图促进社区参与周年纪念的盛大活动（尽管他们也试图确保自己要传达的信息不会被他们所认为的不和谐声破坏）。然而，尽

① Robert J. Savage, “Film and Broadcast Media,” in Jackson, ed., *Oxford Handbook*, 268–286.

管政府在控制和引导纪念活动上尽了最大的努力，复活节起义纪念活动还是为许多人提供了一个表达对政府不满的机会，在这些人看来，如果用复活节起义的精神（例如著名的起义宣言中的原则）衡量的话，彼时的爱尔兰政府是一个彻底的失败者。共和党人、女权主义者、爱尔兰语主义者（Gaeilgeoirí）、左派，所有人都可以对这个起源于1921年26个郡的国家提出异议，甚至一些在1966年受邀访问爱尔兰的记者也对这个国家做出了相当尖锐的评论。①

彼得·伦农（Peter Lennon）的纪录片——《通往都柏林的石头路》（*Rocky Road to Dublin*）描绘了一个虔诚的宗教传统同东拼西凑、凌乱无序的现代性并存的爱尔兰社会，引发了关于在革命成功之后人们应该如何作为的思考，成为这一时期爱尔兰社会乱象的一个缩影。这种矛盾在很大程度上源于人们所认为的代际冲突。受国际青年文化的影响，20世纪50年代流行于爱尔兰的“秀乐队”（Showbands）演奏的舞曲，开始让位于受“垮文化”（Beat Culture）和民乐复兴潮流影响的更加奔放刺激的乐曲，人们不可避免地担心爱尔兰青年被音乐、酒和毒品所腐化，担心甚至连都柏林的城市生活都无法阻止青年人享乐，他们在挥霍勒马斯时代带给他们的机会。但对青年人来说，他们的长辈如何看待这一切完全是另一回事。②20世纪60年代是整个西方世界的变革时期，无论对错，青年文化在国际上已成为反抗的同义词。爱尔兰也不例外。

---

① Roisin Higgins, *Transforming 1916: Meaning, Memory, and the Fiftieth Anniversary of the Easter Rising*, Cork: Cork University Press, 2012.

② Carole Holohan, “Challenges to Social Order and Irish Identity?: Youth Culture in the 1960s,” *Irish Historical Studies*, 38:151 (2013), 389–405.

第十九章

介于波士顿与柏林之间

北爱尔兰和“北爱尔兰冲突”的爆发

20世纪60年代末至90年代中期，北爱尔兰成为不列颠国家军队同共和派及忠诚派[①]准军事部队之间暴力冲突的集中爆发地，这些冲突即所谓“北爱尔兰冲突”（Troubles）。这25年间，“暴力”一词塑造了国际社会对爱尔兰的观感。这些根源于20世纪20年代以来北爱尔兰对待天主教少数群体的方式。当时，在北爱尔兰议会（位于贝尔法斯特郊外斯托蒙特［Stormont］地区，这里曾被詹姆斯·克雷格形容为新教议会的总部）的主导下，北爱尔兰的联合主义政权倾向于在许多方面把天主教徒视为二等公民。在20世纪30年代的一起臭名昭著的

① 忠诚派即支持北爱尔兰和不列颠联合的派别。——译者注

事件中，斯托蒙特国会大厦里的一名天主教园丁被以明显的宗派原因解雇。他是不列颠军队的退伍军人，不列颠王位继承人威尔士亲王亲自推荐他担任这一职务，但这些都没有影响事情的最终结果。因其天主教徒的身份，他遭到怀疑并被解雇。这一事件是北爱尔兰对天主教徒态度的缩影，也是北爱尔兰天主教徒经常面临官方和非官方歧视的缩影。

在第二次世界大战结束后的一个时期里，北爱尔兰执政党阿尔斯特统一党（Ulster Unionist Party，UUP）[①]并不鼓励宗派间爆发矛盾（20世纪40年代末，斯托蒙特政权甚至被认为可以为苏格兰的权力下放提供借鉴）。但是，统一党因其持久的霸权地位，以及它与橙带党的联系而被赋予了明确的新教色彩，导致他们没有必要与天主教徒和解，因为天主教徒无论如何也不会把票投给他们。因此，没有宗派言论并不意味着现实中没有宗派主义倾向。但不管怎样，到20世纪60年代，统一党政权似乎处于相当稳固的地位。北爱尔兰的传统重工业正在衰落，但爱尔兰共和军残余势力的威胁也在遭遇了1956—1962年的军事失败后逐渐消失。在这场战役中，爱尔兰共和军在边境两边都遭到了毁灭性的打击。在都柏林政府这边，一贯务实的勒马斯在1963年会晤了他的贝尔法斯特对手特伦斯·奥尼尔（Terence O’Neill），南北关系似乎出现了难得的历史性回暖。

但这些举措遭到联合主义者中更保守人士的猛烈抨击，其中反应最激烈的是激进的福音派传教士伊恩·佩斯利（Ian Paisley）。为了

① 按照本书行文，此处直译应为“阿尔斯特联合党”，属于联合主义政党。但汉译中已习惯称其为“阿尔斯特统一党”，故翻译时保留了惯常用法。另一个联合主义政党“民主统一党”的情况相同（根据本书行文，直译应为“民主联合党”）。——译者注

避免疏远新教强硬派，联合派必须谨慎对待与天主教徒的和解问题。问题是，到20世纪60年代末，越来越自信的年轻一代天主教徒——从二战后联合王国福利国家政策带来的教育机会中受益的“婴儿潮一代”——要求进行有意义的改革，结束宗派歧视。后来出现的旨在推动这些变革的运动借用了美国民权运动的许多措辞（“一人一票”等口号适用于北爱尔兰选举制度的某些方面）。但是，北爱尔兰民权协会（Northern Ireland Civil Rights Association，NICRA）组织的抗议活动遭到了新教忠诚派的敌视与暴力回应，更令人不安的是，新教徒占绝大多数的警察部队——皇家阿尔斯特警察部队（Royal Ulster Constabulary，RUC）——的成员也反应激烈。1968年10月5日，在德里举行的一次游行中，皇家阿尔斯特警察部队警员殴打手无寸铁的民权抗议者的镜头在爱尔兰广播电视台播出后引起了公愤，而这些抗议者主要是天主教徒。1969年8月，形势开始超出詹姆斯·奇切斯特–克拉克（James Chichester-Clark）的联合主义政府的控制，新教忠诚派开始有组织地攻击贝尔法斯特和德里的天主教社区。

北方爆发的大范围动乱在南方产生了强烈的反响，引起了公众对陷入困境的北方民族主义者的极大同情。这种情绪随时可能以激进的形式爆发。此时，杰克·林奇（Jack Lynch）已经接替勒马斯成为共和党领袖和爱尔兰总理，他曾是科克郡的一名爱尔兰式曲棍球和足球明星。他罢免了自己的两名部长——查尔斯·豪伊和尼尔·布莱尼（Neil Blaney），因为他们涉嫌为贝尔法斯特的民族主义者走私枪支。1969年，北方的民族主义者越来越多地受到新教忠诚派和皇家阿尔斯特警察部队的攻击，他们中的一些人无疑希望南方的政府能够为他们提供支持。北爱尔兰日益严重的骚乱导致不列颠从1969年中开始向北爱尔兰派驻军队。然而，在斯托蒙特政府的命令和领导下，不列颠军队很快就通过严厉的单边措施站在了天主教徒舆论的反面。其中有两件事格外引人注目：在1970年7月福尔斯宵禁期间，不列颠军队在贝尔法斯特的民族主义者地区蛮横搜查武器装备，并遭到袭击；1971年8月，不列颠军队开展了专门针对天主教社区的拘捕行动。这些措施成为反映不列颠军队日趋敌视天主教徒和民族主义者的里程碑式事件，同时也为爱尔兰共和军的复兴创造了更大的动力。

20世纪60年代，爱尔兰共和军主要专注于煽动民众的反抗情绪，而不再致力于武装斗争。但在60年代后期，都柏林政府已经开始视其为一个日益增长的威胁。在贝尔法斯特，爱尔兰共和军一直声称，保护民族主义社区不受新教攻击是其历史目标的重要组成部分，现在它有机会将这一承诺付诸实践了。从1966年起，新教准军事部队开始死灰复燃，当时一个以第一次世界大战之前的“阿尔斯特志愿军”为名的准军事组织的成员对天主教徒进行了多次宗派主义屠杀。在这一背景下，爱尔兰共和军也重新焕发了活力，并被组织起来保护遭受攻击的天主教地区。与此同时，爱尔兰共和军也分裂成相互对立的派别：更政治化的“正统派”爱尔兰共和军（“Official” IRA），它被广泛地（同时也是正确地）视为更左翼的派别；以及更激进和（有争议地）保守的“临时派”爱尔兰共和军（“Provisional” IRA）。共和军的基本观点很简单。在被迫拿起武器保护自己和自己的社区之后，他们认为，不列颠继续统治北爱尔兰是他们处于危险境地的首要原因。解决他们困境的办法就是不列颠撤军和爱尔兰统一，这是两个派系的共同奋斗目标。北爱尔兰问题在1972年达到高潮，当时不列颠伞兵在德里杀害了13名手无寸铁的民权游行者，这一事件被称为“流血星期日”，引发了强烈的民意反弹，使得人们对“临时派”爱尔兰共和军产生了极大同情。“正统派”爱尔兰共和军随后报复性袭击了驻扎在英格兰奥尔德肖特（Aldershot）的伞兵军营，造成了一些平民工人的死亡。

北爱尔兰冲突爆发的最初几年是最为动荡的。截至1999年，在冲突中丧生的3636名受害者中有一半（1876人）是在1977年以前被杀害的。工人阶级居住地区首当其冲。不同地区的伤亡程度也有所不同，有些地区——例如贝尔法斯特北部——出现了严重的伤亡。最糟糕的是1972年，有496人死于骚乱。除了被共和派准军事组织和不列颠国家军队杀害的人，1972—1976年阿尔斯特志愿军和阿尔斯特防卫协会（Ulster Defence Association，UDA）等日益活跃的新教忠诚派准军事组织的不断壮大也导致死亡率大幅上升。在这段时间里，这些准军事组织杀害了590人。[①]

“流血星期日”事件发生后，北爱尔兰议会被暂时关闭。很明显，它的任何替代品都必须遵循不同的模式。1973年12月的《森宁代尔协议》(Sunningdale Agreement）成立了一个新的立法议会，根据这一协议，天主教徒的代表社会民主工党（Social Democratic and Labour Party，SDLP）和新教徒的代表阿尔斯特统一党将通过组建共识政府共享权力。与都柏林政权保持更加密切的关系也被列为协议内容的一部分。佩斯利将上述方案视为对联合主义的背叛，他早在1971年就建立了自己的民主统一党（Democratic Unionist Party，DUP），以作为

---

① David McKitterick, Seamus Kelters, Brian Feeney, and Chris Thornton, *Lost Lives: The Stories of the Men, Women, and Children Who Died as a Result of the Northern Ireland Troubles*, Edinburgh: Mainstream, 2000, 1473–1476.

阿尔斯特统一党的对手。他通过向他效忠的准军事力量策划了一场大罢工，导致上述协议的方案在几个月后就被放弃。不列颠从这次事件中得到的教训是惨痛的。显然，这种方案可以提供一种解决问题的办法，但同样明显的是，它没有得到足够的支持，因此无法在这个时候发挥作用。有鉴于此，不列颠人谨慎地放弃了这一缔造和平的尝试，转而选择解决他们眼中北爱尔兰内部的安全问题，并确保它不会溢出爱尔兰海。但他们的这一做法不总能成功：爱尔兰共和军在不列颠制造了多起爆炸事件，最臭名昭著的两起发生在1974年的吉尔福德和伯明翰，共造成27人死亡，迫使爱尔兰事务进入公众视野。这些事件还造成了令人震惊的司法不公，因为不列颠警方急切地判定是无辜的爱尔兰移民制造了这些爆炸事件，而且接连几届不列颠政府也都没有寻求解决这些冲突背后的根源问题。

此类袭击进一步加剧了不列颠对爱尔兰共和军的敌意，1979年玛格丽特·撒切尔（Margaret Thatcher）领导的保守党政府上台，意味着在这个以骇人听闻的教派袭击为特征的时期内，妥协的尝试将被进一步置于门外。对撒切尔来说，爱尔兰共和军应该被视为罪犯，而对于罪犯不需要在政治上回应。在爱尔兰共和军的两个派别中，“正统派”在1972年宣布停火；“临时派”依然活跃，并认为不列颠的提议是不可信的。在遭到1975年的灾难性打击后，“临时派”爱尔兰共和军进行了重组，开始致力于通过打消耗战消磨不列颠的决心，迫使不列颠从北爱尔兰撤军。双方的顽固态度造成了僵局的继续以及数以千计人员的死亡。

南方的态度

1973—1977年，爱尔兰共和国处于以威廉·托马斯·科斯格雷夫之子利亚姆·科斯格雷夫(Liam Cosgrave)为首的政党联盟的领导之下。这个令人惊奇的王朝式政治案例还有另一个一脉相承的特别之处：年轻的科斯格雷夫和他的父亲一样，都倾向于对共和主义者采取严厉的立场，他和他的政府认为共和党人意图破坏共和国。人们普遍担心北方冲突可能越过边界蔓延到爱尔兰共和国。1974年在都柏林和莫纳亨发生的造成了33人死亡的无警告汽车炸弹袭击事件，以及爱尔兰共和军于1976年在都柏林郊外针对不列颠大使克里斯托弗·尤尔特–比格斯（Christopher Ewart-Biggs）的刺杀事件，让人们相信，一旦冲突越过边境，爱尔兰将发生严重的危机。这是一种普遍而真实的恐惧：毕竟，在“流血星期日”后的一个时期里，愤怒的抗议者烧毁了不列颠驻都柏林大使馆。

早在1973年，林奇政府就建立了一个无陪审团的特别刑事法庭以处理对准军事部队的审判。而科斯格雷夫政府在这种意愿的基础上选择了严厉的打击政策，包括任由警察（和平警卫队）利用所谓“凶帮”（heavy gang）处理共和主义者，其中很多行为都是违法的，这些政策使政府遭到严厉指责。同样，在学者及前外交官康纳·克鲁斯·奥布赖恩（Conor Cruise O’Brien，曾担任邮政与电报部部长）等人的主导下，政府进一步扩大了现有审查制度的审查范围，同时对民族主义构想发起了猛烈（且颇具影响力）的思想抨击，他们认为这种构想可能会激励爱尔兰共和军及其同情者。

20世纪70年代无疑是一个戏剧性的10年，在这10年中，经济，工业，国内外的政治动荡，社会变革，消费者消费能力的提高，以及爱尔兰生活中关于宗教、平等和妇女地位的更加尖锐的辩论等，与北爱尔兰的持续冲突一起，深刻影响着共和国的公民自由和文化生活。1973年，爱尔兰终于成功加入了欧洲经济共同体。在农业这个基本上需要接受它所能得到的任何价格的出口驱动型部门，爱尔兰加入共同市场为许多农民带来了喜人的收入增长，尽管受益的主要为大农场主。此外，爱尔兰也在政治上发生变化：1977年，共和党在林奇的领导下重掌政权，他在竞选纲领中制订了一个慷慨但具有民粹主义倾向的预算，对未来10年的财政产生了重大的影响。自1970年罢免查尔斯·豪伊之后，林奇与豪伊的关系一直很糟糕，但豪伊重新挽回了自己的政治命运，重返内阁。1979年，林奇被他的老对手豪伊取代。豪伊在执政期间采取了更加民族主义的路线。1982年，他对福克兰群岛(Falklands)[①]战争的谴责恶化了他与撒切尔夫人的友好关系。同年，豪伊政府在经历了持续的不稳定之后下野，取而代之的是爱尔兰统一党和工党组成的新政党联盟，领导人是奉行自由主义的加勒特·菲茨杰拉德（Garret Fitzgerald）。讽刺的是，在他的任期内，爱尔兰出台了一系列最为严格的保守政策。

① 阿根廷称其为马尔维纳斯群岛。英阿两国对该地区的主权归属存在争议，1982年两国曾因群岛归属问题爆发战争。——译者注

“换妻鸡奸者”

1967年，一项违宪审查建议修改罗马天主教会在1937年宪法中的特殊地位；1972年的全民公投取消了这一地位。教会和国家之间传统联盟的削弱，加上爱尔兰社会更广泛的自由化，为讨论那些被认为具有“道德”意义的关键问题创造了条件，避孕、离婚、堕胎等问题成为最激烈的辩论话题。1974年，利亚姆·科斯格雷夫政府提出了一项旨在推广避孕药具的立法，而科斯格雷夫本人投了反对票。1979年9月，教皇约翰·保罗二世对爱尔兰的访问进一步激发了对这些问题的辩论。1983年的全民公投使未出生婴儿的生命权利得到宪法的承认，以及1986年致力于使有限情况下的离婚合法化的全民公投遭到惨败，这些都反映出天主教保守主义的回归，未出生婴儿保护协会（Society for the Protection of the Unborn Child，SPUC）等有影响力的组织为此提供了有力的声援。正是在这一时代背景下，1985年各地的神龛里都发生了圣母玛利亚灵显的传言——圣母玛利亚的雕像据传出现了自主移动。鉴于其发生时间之微妙，怀疑者可能会说圣母真是挑选了一个无可挑剔的时机。

在这些辩论中有很多伪善的因素，尤其是在堕胎问题上。尽管在爱尔兰的任何地方，无论是北部还是南部，都没有堕胎服务，但自从1967年堕胎在不列颠合法以来，爱尔兰妇女就开始前往不列颠堕胎。在许多方面，这些问题的效力与20世纪70年代以来日益响亮和引发关注的争取妇女权利的呼声是相互联系的。到80年代末，这种保守的观点似乎已无法再获得过去那种程度的共识。在这方面，1990年自由派律师玛丽·鲁滨逊（Mary Robinson）当选爱尔兰总统是一个具有象征意义的里程碑。1992年，所谓"X"案（该案涉及一名14岁女孩，她在被强奸后怀孕）使爱尔兰最高法院决定，在孕妇存在生命危险的情况下，堕胎是允许的。根据民意调查，最高法院这种支持有条件堕胎的立场得到了80%的选民的支持。

1995年引入的有限定离婚条款是爱尔兰社会进一步蜕变的一个标志（这促使一位心怀不满的著名保守派活动人士将离婚运动的支持者斥责为"换妻鸡奸者"）。① 与此同时，自20世纪90年代以来，天主教会的道德权威遭到了根本性的动摇，原因是在教会经营的机构（如工艺劳作学校［industrial schools］）中发现了大规模的针对儿童的身体虐待和性虐待，以及一系列引人关注的神职人员恋童癖案件。教会在得知这些情况后不想着将他们绳之以法，反而试图掩盖他们罪行的行为进一步激起了人们的愤慨。②

和平进程

1981年，10名共和党囚犯在北爱尔兰梅兹监狱里绝食而亡，以抗议政府将他们归类为普通罪犯。绝食抗议引发了公众的强烈不安，在20世纪80年代初的动荡中，这种不安情绪体现在爱尔兰民众的投票选择上。1981年，"临时派"爱尔兰共和军绝食抗议者博比·桑兹（Bobby Sands）在绝食66天后去世，在此之前，他实际上已被选为威

① *The Irish Times*, 6 July 1995.

② Brian Girvin, "Church, State, and Society in Ireland Since 1960," *Éire-Ireland*, 43:1 & 2 (2008), 74–98.

斯敏斯特议员（另外两名绝食抗议者被选为爱尔兰议会议员）。绝食抗议运动的一个后果是，一些共和党人意识到，不管在南方还是北方，都存在一个倾向于支持共和党而不是社会民主工党（社会民主工党在前民权领袖约翰·休姆［John Hume］的带领下已经成为北爱尔兰非暴力民族主义运动的中坚力量）的选民群体。新芬党无疑是这些潜在选民最青睐的选项：自1926年分裂出爱尔兰共和党之后，新芬党基本上一直扮演着爱尔兰共和军各种化身的代言人。但现在，该党开始试探性地参与北方的地方选举，并取得了一定程度的成功。1986年，该党做出其成员一旦当选为爱尔兰议会议员就必须履职的决定，导致党内再次分裂。此时，共和派决心将重心转至北爱尔兰，让新芬党（1983年之后，新芬党处于贝尔法斯特共和主义者格里·亚当斯［Gerry Adams］的领导之下，亚当斯在这一年也被选为不履职的威斯敏斯特议员）和爱尔兰共和军都成为以北爱尔兰为大本营的组织。然而，在这个阶段，新芬党走的是共和主义"武装斗争"与政治参与携手并进的路线：正如其成员丹尼·莫里森（Danny Morrison）所言，是阿玛莱特半自动步枪与投票箱的结合。新芬党的崛起曾多次被遏制，其中最广为人知的是1985年签署的《英爱协议》（Anglo-Irish Agreement），这一协议赋予了爱尔兰共和国政府在北爱尔兰政府事务中扮演重要的顾问角色的资格（甚至存在实体），但这引发了联合主义者的极大愤怒，以至于相关规定并未得到有效实施。

20世纪80年代末，在得到穆阿迈尔·卡扎菲（Muammar Gaddafi）领导的利比亚政权提供的大量武器后（1986年英美轰炸的黎波里后，卡扎菲决定支持不列颠的另一个敌人），爱尔兰共和军的军事实力达到了顶峰。但是，共和主义者在政治上取得进展的希望在1987年11月破灭。当时在弗马纳郡恩尼斯基林举行阵亡将士纪念日(Remembrance Sunday)仪式，11名新教平民在这场活动中被爱尔兰共和军炸死。这次袭击事件性质恶劣，已经脱离了军事行为的范畴，引起了广泛的反感。戈登·威尔逊(Gordon Wilson)在这次爆炸袭击中失去了自己的女儿，但他还是公开宽恕了肇事者，他的宽宏大量打动了许多共和主义者。应该说，在20世纪70、80和90年代，新教忠诚派准军事力量是非常活跃的刽子手，不列颠国家部队的一些军事行动和处决也极具争议。但迄今为止，共和派准军事力量是杀人最多的组织，在北爱尔兰冲突期间的3600名受害者(其中2000多人是平民)中，他们需要为一半以上的死亡负责。相比而言，忠诚派更可能以平民为目标，爱尔兰共和军则倾向于对他们所认为的“正当目标”下手(尽管事实证明这是一个灵活的定义)。但无论是忠诚派准军事组织还是不列颠军队，都没有在共和国内争取选票的必要和想法。这一现实加深了南方对爱尔兰共和军的敌意：投票给新芬党意味着投票给一个反对不列颠统治的支持“武装斗争”的政党，而且对许多人来说，恩尼斯基林爆炸事件就是这种选择可能带来的血淋淋的结果。

社会民主工党领袖约翰·休姆曾多次试图结束冲突，其中最受关注的一次尝试是他在1988年末与格里·亚当斯的会晤，目的是讨论爱尔兰共和军停火的可能性。更有意义的进展出现在20世纪90年代初，当时联合王国保守党首相约翰·梅杰(John Major)、爱尔兰共和党总理阿尔伯特·雷诺兹(Albert Reynolds)和美国总统民主党人比尔·克林顿(Bill Clinton)的上台为结束冲突创造了有利的氛围。但停火的主要动力来自共和军。自80年代初以来，爱尔兰共和军和不列颠人都很清楚，他们明显陷入了僵局。这增加了一种可能性，即爱尔兰共和军发起的消耗战最终适得其反，共和主义事业将面临衰退和终结。1993年，不列颠和爱尔兰政府承诺在准军事力量停火的情况下讨论北爱尔兰的前景，这为爱尔兰共和军的停火创造了有利的条件。动乱的最后几年发生了一系列令人震惊的恶性杀戮事件，其中尤以阿尔斯特志愿军和阿尔斯特防卫协会的行为为甚，但在1994年，爱尔兰共和军和他们的对手新教忠诚派都先后宣布停火。刚刚兴起的“和平进程”却因为不列颠要求解除准军事组织的武装而受到阻碍。梅杰政府解释称这是出于政治需要，以争取议会中对爱尔兰共和军的所谓“让步”持敌对态度的联合派议员的支持，但爱尔兰共和军认为解除武装对他们而言意味着象征性的投降，是对他们的羞辱，因此也是一个不可接受的条件。1996年，在伦敦和曼彻斯特发生的爆炸事件象征着第一次停火尝试的失败，但在1997年，随着都柏林成立以伯蒂·埃亨（Bertie Ahern）为首的共和党政府，伦敦成立以托尼·布莱尔（Tony Blair）为首的工党政府，这些都再次为谈判打开大门，并最终促成了《贝尔法斯特协议》（Belfast Agreement，也就是俗称的1998年《耶稣受难节协议》[Good Friday Agreement]）的权力分享。

讽刺的是，尽管准军事组织之间的战争已经结束，但在和平进程中，民众宗派主义运动经常发生。20世纪90年代中期的德拉姆克里对峙事件（Drumcree standoff）便是最著名的案例。事情的起因是皇家阿尔斯特警察部队拒绝橙带党的游行队伍通过阿马郡波塔当的一片天主教地区。这一事件被视为新教徒的权利和自由遭到侵蚀的象征，直接将议员戴维·特林布尔（David Trimble）推上阿尔斯特统一党的领袖位置。反对声却认为，这些所谓权利只不过是激进宗派主义的借口。虽然德拉姆克里的抗议活动随着时间的推移逐渐销声匿迹，但准军事组织之间战争的结束打开了宗派主义的潘多拉魔盒。宗派主义长期深刻影响着北爱尔兰人的公共生活，不过一直被观察者们忽略，他们的注意力通常被准军事组织更加引人注目的活动所吸引。和平协议签订后不久，即1998年8月的一个星期六下午，共和军一个支系组织在蒂龙郡奥马市的集镇策划了一次最致命的袭击，引爆的汽车炸弹造成29位平民死亡。北爱尔兰和平进程的脆弱性显露无遗。

1998年之后，北爱尔兰开启了释囚和非军事化进程。关于处置武器装备（这被视为善意的举措）的争论一直持续到2005年爱尔兰共和军的最终解散，后者的解散过程得到了中立的第三方的监督和确认。《贝尔法斯特协议》在2005年得以重新修订，恢复了权力分享原则，但得以分享权力的，是对原协议持尖锐批评态度并因此成为联合派事实上领袖的伊恩·佩斯利，以及承认了自己爱尔兰共和军前指挥官身份的马丁·麦吉尼斯（Martin McGuinness）。讽刺的是，此时不得不分享权力的政党——新芬党和民主统一党——都是曾经被视为极端分子的组织，而传统上受到都柏林和伦敦关注的较为温和的政党——阿尔斯特统一党和社会民主工党　已明显被边缘化了。虽然不同群体之间的紧张关系依旧存在，冲突的根源也仍然存在于严重分裂的北爱尔兰社会之中，但是人们已经不愿意再回到之前的暴力时代。人们的普遍共识是，不完美的和平总比没有好。

凯尔特之虎：波士顿还是柏林？

20世纪80年代的爱尔兰共和国是一个陷入经济衰退的国家，背负着沉重的国家债务，并再次遭受到大规模向外移民带来的打击：仅1988年就有超过6.1万人离开爱尔兰，其中三分之二的人移民到联合王国。[①] 然而到20世纪的最后10年，爱尔兰已经成为欧洲最具活力的经济体。这一变化的根源可以追溯到1987年，豪伊领导下的新一届共和党政府在反对党爱尔兰统一党的支持下实施了经济复苏战略。随着后来被称为“凯尔特之虎”（Celtic Tiger）的经济繁荣的到来，这种策略的成效在20世纪90年代初显现出来。外资，尤其是美国资本（受冷战后美国繁荣经济的影响）的注入，以及欧盟旨在改善爱尔兰基础设施的结构性融资，为爱尔兰的繁荣经济奠定了基础。在爱尔兰这样一个忠于欧盟且使用欧洲单一货币（欧元）的国家，一支受过良好教育的英语劳动力大军的存在对投资者而言无疑具有相当大的吸引力。

20世纪90年代，作为衡量爱尔兰经济表现的传统试金石，向外移民情况实现了逆转；爱尔兰开始接收移民，尤其是2004年欧盟开始向东欧扩张之后。消费支出和年轻人口酒类产品消费的大幅增长是爱尔兰财富增长的两个明显标志。1961年，爱尔兰共和国的人口为2 818 341人，处于历史新低，但到2011年，人口已经上升至4 588 252人，2016年增长到4 757 976人（爱尔兰共和国和北爱尔兰都在2011年进行了人口普查，爱尔兰岛的总人口约为6 403 000人）。共和国经济的高速增长对移民潮产生了影响：在经济繁荣时期，年轻的爱尔兰人都倾向于留在爱尔兰，因为爱尔兰可以为他们提供工作机会，他们也乐于在零售商店和酒吧消费。基础设施也发生了实实在在的变化，尽管过

① Enda Delaney, *Irish Emigration Since 1921*, Dublin: Economic and Social History Society of Ireland, 2012, 5.

快的建设速度也有弊端：21世纪初的房地产泡沫最终在2008年后以惊人的方式摧毁了爱尔兰的经济“奇迹”。

90年代的经济增长在一定程度上归功于爱尔兰的共识治理制度，即所谓“社会伙伴关系”（social partnership）。20世纪50年代，独立后的爱尔兰逐渐建立了自己的治理体系——政府、公共服务和新闻媒体。60年代以后，国家开始在经济和社会规划方面发挥更加积极的干预作用。90年代出现的“社会伙伴关系”计划或许不像听起来的那么新鲜；自20世纪60年代以来，为了绘制一幅社会各界广泛参与及协商的经济发展蓝图，企业、工会和农业部门之间的合作已经相当常见。60—80年代以来的罢工和行业动荡一直是爱尔兰生活中令人费解的共同特征，但到了80年代末，工会开始担心经济的衰退和大规模移民潮的再次爆发可能会削弱他们在面对政府时的底气和地位。“社会伙伴关系”计划对爱尔兰工会而言非常具有吸引力，维持行业和平能使国家在向潜在投资者展示爱尔兰共和国时告诉后者，爱尔兰不存在行业斗争的威胁。这种管理方式在20世纪后期的国家发展计划中得到了延续，但参与协商的利益攸关方有所增加。技术进步和20世纪晚期的“全球化”进程促进了爱尔兰经济和贸易的多元化发展；20世纪40年代，向联合王国的出口占爱尔兰总出口的90%（其中30%是活牛出口），而到了90年代，联合王国只占爱尔兰总出口的30%。1998年，计算机和化工产品已经占爱尔兰出口的40%，这是鼓励外来投资的长期战略带来的发展结果。[1] 尽管如此，爱尔兰是如何被塑造

① Adrian Redmond, ed., *That Was Then, This Is Now: Change in Ireland, 1949–1999*, Dublin: Central Statistics Office, 2000, 91–93.

成一个金融服务监管宽松的市场的，仍是近代史上一个有待进一步挖掘的模糊篇章。

经济繁荣带来的文化影响体现在爱尔兰社会的方方面面，比如基础设施、住房、艺术产出、社会生活、体育运动、旅行，而且从主观层面上看，还体现在人民的雄心和抱负上，他们见证了爱尔兰历史上前所未有的繁荣和机遇。然而，这种繁荣也凸显了爱尔兰社会中长期存在的严重的社会经济不平等。20世纪90年代和21世纪头10年，针对天主教会成员的腐败及性虐待的调查和揭露层出不穷。这些都是爱尔兰近代史中不光彩的一面。2008年，廉价信贷和银行不计后果地大量放贷造成房地产泡沫破裂，爱尔兰经济繁荣走向终结，这些对爱尔兰社会产生了深远的影响。英爱银行（Anglo-Irish Bank，现已被清算）等机构的破坏性金融行为导致布赖恩·考恩（Brian Cowen）领导下的共和党政府不得不为爱尔兰银行业的资产提供担保，这一争议性的举措给爱尔兰政府留下了可能持续多年的巨大金融负担。2008年的经济衰退导致政府预算连续紧缩，以至于2010年爱尔兰不得不向国际货币基金组织寻求援助。自1922年以来，共和党的执政时间比其他任何政党都长，但在2011年的选举中，该党被爱尔兰统一党和工党组成的政党联盟击败，元气大伤。如果说2011年的共和党是因为政策失误造成经济萧条，遭到了爱尔兰选民的惩罚，那么2016年的统一党和工党可以说是步了共和党的后尘，失败的政策导致统一党的支持率大幅下降，工党也元气大伤，共和党则开始缓慢复苏。从这两场大选中，我们可以看到以下两种现象：第一，小党派和独立的无党派候选人（通常针对地方问题展开竞选）的崛起；第二，新芬党在爱尔兰共和国和北爱尔兰获得了新的地位，成了重要的政治力量。2011—

2016年，爱尔兰的政治体系似乎出现了分化和左的倾向，不过这对爱尔兰传统政党体系的全面影响仍有待观察。

2011年的选举结果其实是21世纪第二个10年即将到来之际爱尔兰社会和经济状况的反映。这里或许有必要对一个再也无法获得选票的消亡政党做一次简短的评述。如今已不复存在的进步民主党（Progressive Democrats）是由持不同政见的共和党人于20世纪80年代创立的，因其主张融合了自由主义的社会政策尤其是对自由市场经济的承诺而赢得了支持。作为执政联盟的成员，他们在经济繁荣时期成为共和党政府的固定成员，并被普遍认为对共和党产生了重要的影响，尤其是在经济政策方面。进步民主党在2007年遭到重创，现已不复存在，但该党领导人之一玛丽·哈尼（Mary Harney）曾表示，她和她的同事所倡导的经济政策或许更接近美国，而非爱尔兰的欧洲邻国。鉴于这一点以及爱尔兰与北美的重要历史联系，哈尼提出，爱尔兰与波士顿的联系更密切，而不是柏林。愤世嫉俗者可能会说，2008年之前的爱尔兰离波士顿太近，离柏林太远；2008年之后，尤其是2010年接受救助之后，另一位愤世嫉俗者可能会说，爱尔兰在不同时期与两者都走得太近了，结果也不尽相同。历史学家可能会成为第三位愤世嫉俗者，但在目前这个阶段，他们可能会因为距上述时期过于接近而难以做出判断。

历史学家的分歧：结语

与更早期的爱尔兰历史相比，20世纪的爱尔兰历史确实别具活力和争议。其中的革命时期引发了最多的争论。第一个问题是爱尔兰在第一次世界大战中扮演的角色，这个问题曾长期不为世人所关注，直到近期才开始引发讨论，这在一定程度上同爱尔兰获得独立的复杂过程有关。爱尔兰很难出现举国纪念第一次世界大战胜利的情景，因为服役于不列颠军队并参与了第一次世界大战的爱尔兰军人，就是爱尔兰共和主义先驱们在独立战争中不得不刀兵相向的敌人。这并不是说关于第一次世界大战的历史记忆完全被忽视了，但这部分记忆在爱尔兰的公共生活中无疑被边缘化了，北爱尔兰冲突的爆发导致这部分历史在爱尔兰公众视野中进一步消失。[1]但南方的新教徒和北爱尔兰的联合主义者都保持着纪念这场战争的传统。日益丰富的关于爱尔兰与第一次世界大战关系的文献表明，参与和死于一战的爱尔兰人远远

---

① Jane Leonard, "The Twinge of Memory: Armistice Day and Remembrance in Dublin Since 1919," in Richard English and Graham Walker, eds., *Unionism in Modern Ireland*, Basingstoke: Macmillan, 1996, 99–114.

多于后来的独立战争。[1]

史学界对爱尔兰的独立战争，尤其是1916年的复活节起义仍存在争议：这次起义是基于崇高理想的大无畏牺牲，还是一次出于务实考虑的功败垂成的起义尝试？费格尔·麦加里（Fearghal McGarry）关于这一问题的最新研究倾向于后者，尽管他并非不加批判地这样做；近年来关于这段时期的文献证据的大量发现，使人们能够根据起义参与者的亲身经验描绘一幅非常不同的起义图景。[2]至于后来的独立战争和内战，近年来出现了一个非常有争议的问题，那就是这场革命是否存在宗派因素。如果有，宗派因素在其中产生了多大的影响？加拿大历史学家彼得·哈特（Peter Hart）认为，爱尔兰共和军在科克的行动带有明显的宗派色彩；这引发了许多历史学家对他的研究方法的强烈批评，也促使不少学者对这一问题进行重新评估。[3]虽然这一事件中确实存在宗派因素——就像爱尔兰社会一样——但教派冲突并不是

---

① Philip Orr, *The Road to the Somme: Men of the Ulster Division Tell Their Story*, Belfast: Blackstaff Press, 1986; Philip Orr, *Field of Bones: An Irish Division at Gallipoli*, Dublin: Lilliput Press, 2005; Keith Jeffrey, *Ireland and the Great War*, Cambridge: Cambridge University Press, 2000; John Horne, ed., *Our War: Ireland and the Great War*, Dublin: Royal Irish Academy, 2008; Myles Dungan, *Irish Voices from the Great War*, Dublin: Merrion Press, 2014; David Fitzpatrick, "Irish Consequences of the Great War," *Irish Historical Studies*, 39:165 (2015), 643–658.

② Fearghal McGarry, *The Rising: Ireland: Easter 1916*, Oxford: Oxford University Press, 2010.

③ Peter Hart, *The IRA and Its Enemies: Violence and Community in Cork, 1916–1923*, Oxford: Oxford University Press, 1998; Niall Meehan, "Uncovering Peter Hart," *Field Day Review*, 10 (2014), 102–147; Andy Bielenberg, John Borgonovo, and James S. Donnelly Jnr, "'Something of the Nature of a Massacre': The Bandon Valley Killings Revisited," *Éire-Ireland*, 49:3 & 4 (2014), 7–59; John Regan, *Myth and the Irish State*, Dublin: Irish Academic Press, 2014.

爱尔兰共和军存在的原因。对于这一问题的讨论很可能受到忠诚派新教徒的政治立场的影响，他们本来就对爱尔兰共和军怀有敌意，爱尔兰共和军也是如此。新教人口的减少被视为宗派主义泛滥的体现；但是，最近的研究并不支持爱尔兰自由邦的新教徒受到“种族清洗”的论点，因为不管怎样，新教人口的下降幅度都没有超出预期。[1] 即便如此，1922年之后，南方的新教少数群体开始被边缘化，有时甚至受到歧视。[2]

关于革命时期的许多争论，在某种程度上受到了近期发生的袭击事件的影响。此外，北爱尔兰对天主教少数群体的制度性歧视也是一个存在争议的问题。虽然人们对这种制度性歧视是否存在没有产生分歧，但对问题的严重程度有不同的看法。值得一提的是，军事历史档案局（Bureau of Military History）的文献、革命年代大量养老金文件的发布和数字化，以及数量可观的档案资料（如理查德·马尔卡希和厄尼·奥马利［Ernie O’Malley］的文章），使得对爱尔兰革命进行详细研究成为可能，这对前几代历史学家而言是不可想象的。[3]

---

① Andy Bielenberg, “Exodus: The Emigration of Southern Irish Protestants During the War of Independence and Civil War,” *Past and Present*, 218 (2013), 199–233; David Fitzpatrick, *Descendancy: Irish Protestant Histories Since 1795*, Cambridge: Cambridge University Press, 2014.

② Ian d’Alton, “‘A Vestigial Population’: Perspectives on Southern Irish Protestants in the Twentieth Century,” *Éire-Ireland*, 44:3 & 4 (2009), 9–42; Catherine O’Connor, “Mixed Marriage, ‘a Grave Injury to our Church’: An Account of the 1957 Fetherd-on-sea boycott,” *History of the Family*, 13 (2008), 395–401.

③ Bureau of Military History, http://www.militaryarchives.ie/collections/online-collections/bureau-of-military-history-1913-1921, accessed 13 May 2016; Military Service Pensions Collection, http://www.military archives.ie/collections/online-collections/military-service-pensions-col lection, accessed 13 May 2016.

对于革命后的南方社会，有观点认为爱尔兰经历了一场保守的政治反革命。[①] 爱尔兰在第二次世界大战期间的中立立场也是一个有争议的话题，一些人认为爱尔兰应该加入盟军的战争，另一些人则认为中立是一个相对贫穷的小国最好、最务实的选择。[②] 由于学界对外交史和中立立场问题的强调，战争期间爱尔兰的社会和经济史鲜有学者问津。可喜的是，克莱尔·威尔斯（Clair Wills）和布赖斯·埃文斯（Bryce Evans）最近对紧急状态下爱尔兰的日常生活进行了研究。[③]

近年来的事态发展对重新评估独立后的爱尔兰产生了深远的影响，其中又以曝光了“遏制框架”（architecture of containment）对爱尔兰公民的监禁行为影响最为严重，这些框架是天主教会在政府的支持下运作的。那些通常有着困难背景的儿童，以及不管出于什么原因而被视为败坏道德的单身妇女被监禁于一个由所谓“感化”机构（Magdalene institutions）、工艺劳作学校和教养院（reform schools）组成的令人吃惊的庞大系统中。在这些地方，强制收养和性虐待常有发生，环境和条件也往往很恶劣。（最近，天主教会牧师大规模性虐待行为遭到曝光也与这些问题交织在一起。）[④] 对这一监禁体系的腐败程

① John M. Regan, *The Irish Counter-Revolution, 1921–1936*, Dublin: Gill and Macmillan, 1999.

② Geoffrey Roberts, “Three Narratives of Neutrality: Historians and Ireland’s War,” in Brian Girvin and Geoffrey Roberts, eds., *Ireland and the Second World War: Politics, Society, and Remembrance*, Dublin: Four Courts Press, 2000, 165–179; Eunan O’Halpin, “The Second Worl War and Ireland,” in Jackson, ed., *Oxford Handbook*, 711–725.

③ Clair Wills, *That Neutral Island: A Cultural History of Ireland During the Second World War*, London: Faber, 2007; Bryce Evans, *Ireland During the Second World War: Farewell to Plato’s Cave*, Manchester: Manchester University Press, 2014.

④ Catriona Crowe, “The Ferns Report,” *Éire-Ireland*, 43:1 & 2 (2008), 50–73.

度的披露，引出了关于滋生这些丑恶现象的国家和社会的性质的尴尬问题，尽管在此之前，官方调查组、记者和社会科学家（而非历史学家）也曾对这些机构的历史进行过探索。[①]应当指出的是，与其他国家相比，在关于爱尔兰近代史的讨论中，阶级论的重要性仍然没有得到重视，女性史研究往往被视为一种小众兴趣。

"修正主义"（revisionism）是现代爱尔兰历史研究中最具代表性的一个词。从20世纪30年代以来爱尔兰历史学家的著作中可以看出，他们倾向于用更"专业"的研究和论述标准来重新审视爱尔兰的过去。[②]20世纪60年代末北爱尔兰问题的爆发更加凸显了这一倾向的必要性，它迫使许多人在新冲突的背景下重新审视长期以来的信仰。[③]但是，套用美国历史学家佩里·柯蒂斯（Perry Curtis）的话，修正主义就像胆固醇，既有好的一面，也有坏的一面。好的一面是，根据新的证据重新评估他们的课题成为每个历史学家基本的专业素养。[④]坏的一面在于，某些修正主义行为背后隐藏的意识形态动机（比如对爱

① Eoin O'Sullivan and Mary Raftery, *Suffer the Little Children: The Inside Story of Ireland's Industrial Schools*, Dublin: New Island, 1999; James M. Smith, *Ireland's Magdelene Laundries and the Nations Architecture of Containment*, South Bend: University of Notre Dame Press, 2007; Eoin O'Sullivan and Ian O'Donnell, eds., *Coercive Confinement in Post-Independence Ireland: Patients, Prisoners, and Penitents*, Manchester: Manchester University Press, 2012; Sarah-Anne Buckley, *The Cruelty Man: Child Welfare, the NSPCC, and the State in Ireland, 1889–1956*, Manchester: Manchester University Press, 2013; *Final Report of the Commission to Inquire into Child Abuse*, 2009, http://www.childabusecommission.com/rpt/pdfs/, accessed 30 Nov. 2014.

② Ciarán Brady, ed., *Interpreting Irish History: The Debate on Historical Revisionism, 1938–1994*, Dublin: Irish Academic Press, 1994.

③ 最具代表性的作品为：Conor Cruise O'Brien, *States of Ireland*, London: Hutchinson, 1972。

④ R. F. Foster, "We Are All Revisionists Now," *The Irish Review*, 1 (1985), 1–5.

尔兰民族主义的敌意)，最终可能会带来用一种所谓的正统学说取代另一种正统学说的情形。[①]修正主义对爱尔兰学术界和大众的影响不可否认，尽管其思想史仍有待书写。另外一个有影响力的论点广泛应用于文学和文化研究，即爱尔兰是一个典型的“后殖民”社会，它的许多社会和体制问题可以追溯到殖民时期。尽管如此，这也是一个备受争议的观点，并没有被历史学家广泛接受。事实上，它有时被视为修正主义的反面。[②]如果说这些争论可以被视为北爱尔兰问题的分支，那么，我们有必要提及一个仍在调整中的、对爱尔近代史具有重大影响的问题，即20世纪70年代以来不列颠安全部门与忠诚派准军事组织勾结到何种程度。[③]

随着时间的不断拉近，近代史的研究越来越依赖“一手资料”——新闻记者和其他评论家的作品。2008—2010年的金融危机近在眼前，历史学家还没来得及对其进行全面的审视，一些新闻报道就已经对其中的某些方面做了有价值的探究。[④]抛开“凯尔特之虎”的出现不谈，爱尔兰在全球金融危机中的糟糕表现是经济中更深层次的

① Kerby Miller, “Re-Imagining Irish Revisionism,” in Andrew Higgins Wyndham, ed., *Reimagining Ireland*, Charlottesville: University of Virginia Press, 2006, 223–243.

② Clair Connolly, ed., *Ireland and Postcolonial Theory*, Cork: Cork University Press, 2003; Stephen Howe, *Ireland and Empire: Colonial Legacies in Irish History and Culture*, Oxford: Oxford University Press, 2000.

③ 近期的成果如：Anne Cadwallader, *Lethal Allies: British Collusion in Ireland*, Cork: Mercier Press, 2013。

④ Frank McDonald and Kathy Sheridan, *The Builders*, Dublin: Penguin Ireland, 2008; Fintan O'Toole, *Ship of Fools: How Stupidity and Corruption Sank the Celtic Tiger*, London: Faber, 2009; Shane Ross, *The Bankers: How the Banks Brought Ireland to Its Knees*, Dublin: Penguin Ireland, 2009; Pat Leahy, *Showtime: The Inside Story of Fianna Fáil in Power*, Dublin: Penguin Ireland, 2009; Simon Carswell, *Anglo Republic: Inside the Bank that Broke Ireland*, Dublin: Penguin Ireland, 2011.

结构性问题（比如对建筑业的不健康依赖）和政治文化问题（比如腐败）导致的吗？最近的一些研究试图解决这个问题，或者至少指明答案的一个方向。①

最后，作为结论，我们有必要重温两本优秀而又截然不同的重要历史著作，它们在20世纪80年代末对公众产生了显著影响（自那以后，没有任何一部关于爱尔兰历史的著作产生过类似的影响！）。第一部是罗伊·福斯特（Roy Foster）的《现代爱尔兰（1600—1972）》（*Modern Ireland, 1600–1972*），这是一部典型的修正主义作品，综合了一代人的学术研究成果，并将其呈现给新一代的读者。②福斯特在书中强调了被忽视的爱尔兰历史中的复杂性，并试图摆脱传统的盎格鲁–爱尔兰关系视角，代之以从爱尔兰自己的角度审视那段历史，事实证明他的作品已经产生了非凡的影响力（尽管也经常受到批评）。第二本引起轰动的爱尔兰史书为约瑟夫·李的《爱尔兰（1912—1985）》（*Ireland, 1912–1985*）。③李更关注爱尔兰的现代经济史，在这本书中，他提出了一个比福斯特解构“神话”更加大胆的假设：爱尔兰这个国家自成

① Richard B. Finnegan, “Forums, Courts, Cabinets, and Tribunals: The Governing of Ireland Since the 1960s,” *Éire-Ireland*, 43:1 & 2 (2008), 126–153; Conor McCabe, *Sins of the Father: Tracing the Decisions that Shaped the Irish Economy*, Dublin: History Press, 2011; Mary Daly, Frank Barry, Brian Girvin, and Eoin O’Leary, “Booms and Busts; Cycles in Irish Economic History and the Current Downturn,” *Irish Economic and Social History*, 38 (2011), 18–88; Elaine Byrne, *Political Corruption in Ireland, 1922–2010: A Crooked Harp?* Manchester, 2012; Frank Barry, “Diversifying External Linkages: The Exercise of Irish Economic Sovereignty in Long-Term Perspective,” *Oxford Review of Economic Policy*, 30:2 (2014), 208–222.

② J. J. Lee, *Ireland, 1912–1985: Politics and Society*, Cambridge: Cambridge University Press, 1989.

③ R. F. Foster, *Modern Ireland, 1600–1972*, London: Allen Lane, 1988.

立以来，与其他欧洲小国（如丹麦和芬兰）相比表现不佳，没有发挥其全部潜力。李的这本书出版于1989年，在“凯尔特之虎”出现之前。从某种程度上可以说，他的论点不符合20世纪90年代和21世纪初的主流民众心理，有关爱尔兰表现不佳的说法在当时可能会遭到反驳，理由是世纪之交的经济扩张和社会变革证明这个国家正在迎头追赶。2008年金融危机之后，爱尔兰经济持续低迷，这使一度出现的快速增长失去了光彩。虽然李提出的备受争议的论点早已不为人们所关注，但它的意义已经重新出现，并可能在未来进一步提升，证据（如果需要的话）就是历史的书写同历史本身一样会发生变化。

推荐读物与在线资源

本书引用的许多资料都在注释中有所说明，书中每一部分的结尾都会有题为“历史学家的分歧”的篇章，目的是为读者提供扩展阅读的指南。本部分也是如此，它致力于为读者推荐一些具有代表性的英文著作（其中一些前文已经有所引用）和关键的在线资源，这些应该可以激发那些想了解更多的人的兴趣。

巴特利特（Thomas Bartlett）的《爱尔兰史》(*Ireland: A History*, Cambridge: Cambridge University Press, 2010)以公元431年为研究起点，是一部较新的重要爱尔兰史著作。贝克特（J. C. Beckett）的《现代爱尔兰的形成（1603—1923）》(*The Making of Modern Ireland, 1603–1923*, London, 1966）也仍然值得一读。

福斯特的《现代爱尔兰（1600—1972）》(London: Allen Lane, 1988)

是一部重要的修正主义著作，尽管学界对这本书的部分观点存在争议。对初学者来说，这本书可能不是很理想的读物，但不管你是否同意福斯特的观点，它都是必不可少的读物（而且可读性很强）。

穆迪（T. W. Moody）等人编写的《新爱尔兰史》（九卷本）（*A New History of Ireland*, 9 volumes, Oxford: Oxford University Press, 1976–2010）提供了从最早的定居者到20世纪80年代爱尔兰历史的更详细的研究，非常值得一看。需要指出的是，这部丛书毁誉参半，其中有些研究已经被最近的学术研究（特别是关于16、17和18世纪的研究）所超越，但它们仍然包含大量有价值的研究素材。

伯克（Richard Bourke）和伊恩·麦克布赖德合编的《普林斯顿爱尔兰现代史》（*The Princeton History of Modern Ireland*, Princeton: Princeton University Press, 2016）提供了关于爱尔兰现代史的最新观点。阿伦（F. H. A. Aalen）、惠兰和斯托特（Matthew Stout）主编的《爱尔兰乡村景观地图》（*Atlas of the Irish Rural Landscape*, Cork, 2011）和皇家爱尔兰学院的《爱尔兰历史城镇地图》（*Irish Historic Towns Atlas*, Cork, 2011）项目对爱尔兰乡村景观的历史变迁做了非常有意义的考察。

还有一些非常重要的参考著作，读者们可以根据自己的需要选为参考，它们包括：杰克逊（Alvin Jackson）编写的《牛津现代爱尔兰历史手册》（*The Oxford Handbook of Modern Irish History*, Oxford: Oxford University Press, 2014）; S. J. 康诺利（S. J. Connolly）编写的《牛津爱尔兰历史指南》（*The Oxford Companion to Irish History*, Oxford: Oxford University Press, 2011）；韦尔奇（Robert Welch）编写的《牛津爱尔兰文学指南》（*The Oxford Companion to Irish Literature*, Oxford:

Oxford University Press, 1996）；克利里（Joe Cleary）和克莱尔·康诺利（Clair Connolly）编写的《剑桥现代爱尔兰文化伴侣》（*The Cambridge Companion to Modern Irish Culture*, Cambridge: Cambridge University Press, 2005）；菲利普·奥利里和凯莱赫（Margaret Kelleher）编写的《剑桥爱尔兰文学史》（两卷本）（*The Cambridge History of Irish Literature*, 2 volumes, Cambridge: Cambridge University Press, 2006）；奥·豪甘（Dáithí Ó hÓgáin）的《爱尔兰神话、传说和传奇百科全书》（*The Lore of Ireland: An Encyclopedia of Myth, Legend, and Romance*, Cork: Collins Press, 2006），《爱尔兰传记词典》（九卷本）（*The Dictionary of Irish Biography*, 9 volumes, Cambridge: Cambridge University Press, 2009）。

想了解爱尔兰音乐传统的读者可以参考博伊德尔（Barra Boydell）和怀特（Harry White）编写的《爱尔兰音乐百科全书》（两卷本）（*The Encyclopedia of Music in Ireland*, 2 volumes, Dublin, 2013）；艺术和建筑方面可以参考卡彭特（Andrew Carpenter）等人编写的《爱尔兰艺术和建筑》（五卷本）（*Art and Architecture of Ireland*, 5 volumes, New Haven: Yale University Press, 2014）；爱尔兰语文学作品方面可以参考迪恩（Seamus Deane）等人编写的《爱尔兰语作品选集》（五卷本）（*The Field Day Anthology of Irish Writing*, 5 volumes, Cork and Derry: Cork University Press/Field Day, 1991–2002）。

其他重要议题的综合性研究著作包括：克拉克森（Leslie Clarkson）和克劳福德（Margaret Crawford）的《盛宴与饥荒：爱尔兰的食品与营养（1500—1920）》（*Feast and Famine: Food and Nutrition in Ireland, 1500–1920*, Oxford: Oxford University Press, 2001）；巴特利特和杰弗里（Keith Jeffrey）编写的《爱尔兰军事史》（*A Military History of Ireland*, Cambridge: Cambridge University Press, 1996）；埃利奥特（Marianne Elliott）的《当上帝也站边选队：爱尔兰的宗教与身份认同》（*When God Took Sides: Religion and Identity in Ireland*, Oxford: Oxford University Press, 2009)；肯尼（Kevin Kenny）编写的《爱尔兰和英帝国》（*Ireland and the British Empire*, Oxford: Oxford University Press, 2004）；莫拉什（Christopher Morash）的《爱尔兰媒体史》（*A History of the Media in Ireland*, Cambridge: Cambridge University Press, 2010）；奥·基兰（Diarmaid Ó Giolláin）的《爱尔兰民俗调查：传统、现代性与身份认同》（*Locating Irish Folklore: Tradition, Modernity, Identity*, Cork: Cork University Press, 1999）。夏兰·布雷迪编写的《爱尔兰历史解读：关于历史修正主义的辩论（1938—1994）》（*Interpreting Irish History: The Debate on Historical Revisionism, 1938–1994*, Dublin: Irish Academic Press, 1994）一书介绍了20世纪爱尔兰历史学家之间的许多争论。

关于16世纪爱尔兰的解读与对比研究的著作包括：史蒂文·埃利斯的《都铎王朝的疆域和贵族权力：不列颠国家的形成》（*Tudor Frontiers and Noble Power: The Making of the British State*, Oxford: Oxford University Press, 1995）；布伦丹·布拉德肖的《16世纪的爱尔兰宪法革命》（*The Irish Constitutional Revolution of the Sixteenth Century*, Cambridge: Cambridge University Press, 1979）；布雷迪的《首席执政官：都铎时代爱尔兰改革政府的兴起与衰落（1536—1588）》（*The Chief Governors: The Rise and Fall of Reform Government in Tudor Ireland, 1536–1588*, Cambridge: Cambridge University Press, 1994）。布雷迪和吉莱斯皮（Raymond Gillespie）编写的《本地人与新移民：爱尔兰殖民社会的形成（1534—1641）》（*Natives and Newcomers: Essays on the Making of Irish

Colonial Society, 1534–1641, Dublin, 1986）一书中包含了不少有价值的文章。戴维·爱德华兹、勒尼汉（Padraig Lenihan）和泰特（Clodagh Tait）编写的《暴力时代：近代早期爱尔兰的暴力和政治冲突》（*Age of Atrocity: Violence and Political Conflict in Early Modern Ireland*, Dublin: Four Courts Press, 2007）主要关注现代早期的暴力，而达菲（Patrick J. Duffy）、爱德华兹和利兹·菲茨帕特里克（Liz Fitzpatrick）编写的《盖尔爱尔兰（约1250—约1650）：土地、贵族权力和殖民》（*Gaelic Ireland, c. 1250–c. 1650: Land, Lordship, and Settlement*, Dublin: Four Courts Press, 2001）尝试平衡历史学界对不列颠殖民地社区和政府的传统关注。在殖民化方面，尼古拉斯·坎尼的《不列颠化爱尔兰的尝试（1580—1650）》（*Making Ireland British, 1580–1650*, Oxford: Oxford University Press, 2001）和 W. J. 史密斯的《地图绘制、景观和记忆：殖民时期和现代早期的爱尔兰地理（约1530—1750）》（*Map-Making, Landscapes, and Memory: A Geography of Colonial and Early Modern Ireland, c. 1530–1750*, Cork: Cork University Press, 2006）是必不可少的读物，后者是18世纪爱尔兰历史地理学的开创性作品。最后，勒森（Joep Leerssen）的《纯粹的爱尔兰人和真正的盖尔语：19世纪以前爱尔兰民族观念及其发展与文学表达的研究》（*Mere Irish and Fior-Ghael: Studies in the Idea of Irish Nationality, Its Development and Literary Expression Prior to the Nineteenth Century*, Cork: Cork University Press, 1996）探索了爱尔兰的认同政治及各种流派的文学和语言。

17世纪，尤其40年代和50年代是最受关注的时期。关于这一时期的主要近期研究包括：奥尔迈尔（Jane Ohlmeyer）和奥·希奇鲁编写的《爱尔兰1961年事件：背景与反应》（*Ireland 1641: Contexts and Reactions*, Manchester: Manchester University Press, 2013）；奥·希奇鲁的《上帝的刽子手：奥利弗·克伦威尔和爱尔兰的征服》（*God's Executioner: Oliver Cromwell and the Conquest of Ireland*, London: Faber, 2008）；以及克拉克（Aidan Clarke）的《爱尔兰复辟的序曲与联邦的终结（1659—1660）》（*Prelude to Restoration in Ireland: The End of the Commonwealth, 1659–1660*, Cambridge: Cambridge University Press, 1999）。关于王朝复辟和詹姆斯二世的研究包括：丹尼希（Coleman A. Dennehy）编写的《复辟时期的爱尔兰：定而不安》（*Restoration Ireland: Always Settling and Never Settled*, London: Ashgate, 2007）；西姆斯（J. G. Simms）的《詹姆斯二世党人的爱尔兰（1685—1691）》（*Jacobite Ireland, 1685–1691*, London: Routledge & Kegan Paul, 1969）。布拉德肖和莫里尔（John Morrill）编写的《不列颠难题：大西洋群岛的国家形成（1534—1707）》（*The British Problem: State Formation in the Atlantic Archipelago, 1534–1707*, Basingstoke: Macmillan, 1996）一书提供了一系列关于爱尔兰与邻国关系的论文。莱昂斯（Mary Ann Lyons）和奥康纳（Thomas O'Connor）的《公民的陌生人：爱尔兰人在欧洲（1600—1800）》（*Strangers to Citizens: The Irish in Europe, 1600–1800*, Dublin: National Library of Ireland, 2008）是相关研究中可读性非常高的一本书。

关于18世纪爱尔兰的研究包括：戴维·迪克森的《新的基石：爱尔兰（1660—1800）》（*New Foundations: Ireland, 1660–1800*, Dublin: Irish Academic Press, 2000）；S. J. 康诺利的《宗教、法律和权力：1660—1760年新教爱尔兰的形成》（*Religion, Law, and Power: The Making of Protestant Ireland, 1660–1760*, Oxford: Oxford University Press, 1992）。

此外，托比·巴纳德的《爱尔兰新史：爱尔兰新教徒（1649—1770）》（*A New Anatomy of Ireland: The Irish Protestants, 1649–1770*, New Haven: Yale University Press, 2003）对新教社区和“统治地位”进行了考察。奥·基阿尔查的《爱尔兰和詹姆斯二世党人的事业（1685—1766）：致命的依附》（*Ireland and the Jacobite Cause, 1685–1766: A Fatal Attachment*, Dublin: Four Courts Press, 2002），以及文森特·莫利的《爱尔兰舆论与美国革命（1760—1783）》（*Irish Opinion and the American Revolution, 1760–1783*, Cambridge: Cambridge University Press, 2002）则做了进一步的补充。卡伦（L. M. Cullen）的《现代爱尔兰的诞生（1600—1900）》（*The Emergence of Modern Ireland, 1600–1900*, London: Batsford Academic, 1981）为我们提供了对这一时期爱尔兰社会、文化和经济生活的深刻见解，仍然值得一读。帕德雷格·希金斯的《政治家的国家：18世纪晚期爱尔兰的性别、爱国主义和政治文化》（*A Nation of Politicians: Gender, Patriotism, and Political Culture in Late Eighteenth Century Ireland*, Madison: University of Wisconsin Press, 2010）主要关注18世纪70—80年代的大众政治，而巴特利特、迪克森、基奥（Daire Keogh）和惠兰编写的《1798年：两百周年回顾》（*1798: A Bicentenary Perspective*, Dublin: Four Courts Press, 2003）一书提供了一系列关于1798年叛乱的起源、发展和遗产的研究成果。拜纳的《追忆法国年：爱尔兰的民间历史和社会记忆》（*Remembering the Year of the French: Irish Folk History and Social Memory*, Madison: University of Wisconsin Press, 2007）则是关于1798年爱尔兰有关民俗和“社会记忆”的一项重要研究。

唐纳利（James S. Donnelly）和米勒（Kerby A. Miller）编写的《爱尔兰流行文化（1650—1850）》（*Irish Popular Culture, 1650–1850*,

Dublin: Irish Academic Press, 1998）一书考察了饥荒爆发前的爱尔兰流行文化。奥·格拉达的《爱尔兰：新经济史（1780—1939）》（*Ireland: A New Economic History, 1780–1939*, Oxford: Oxford University Press, 1994）也是一个重要的研究成果。近年来，关于19世纪爱尔兰最重要的作品可能是克劳利（John Crowley）和史密斯主编的《爱尔兰大饥荒地图集》（Cork: Cork University Press, 2012），其内容博大精深，涵盖的范围远远超过饥荒。此外，还有两本稍早些的书值得一读。它们是奥·图乔的《饥荒前的爱尔兰（1798—1848）》（*Ireland Before the Famine, 1798–1848*, Dublin: Gill and Macmillan, 1972）和约瑟夫·李的《爱尔兰社会的现代化（1848—1918）》（*The Modernisation of Irish Society, 1848–1918*, Dublin: Gill and Macmillan, 1973）。爱尔兰的历史学家通常更加关注政治史，关于饥荒前爱尔兰社会历史的研究则相对较少，克利尔（Catriona Clear）的《爱尔兰的社会变化和日常生活（1850—1922）》（*Social Change and Everyday Life in Ireland, 1850–1922*, Manchester: Manchester University Press, 2007）是其中的代表之作。关于20世纪，约瑟夫·李的《爱尔兰（1912—1985）》（Cambridge: Cambridge University Press, 1989）依旧是一本生动、有趣的基础读物。还有一本关于爱尔兰文化生活的著作具有很高的可读性，它就是基伯德（Declan Kiberd）的《缔造爱尔兰：现代爱尔兰的文学》（*Inventing Ireland: The Literature of the Modern Nation*, London: Cape, 1995）。受后殖民主义理论的影响，该书对后饥荒时代爱尔兰的英语和爱尔兰语文学的发展史做了全面的介绍。戴维·菲茨帕特里克（David Fitzpatrick）的《两个爱尔兰（1912—1939）》（*The Two Irelands, 1912–1939*, Oxford: Oxford University Press, 1998）对爱尔兰革命及其

后果做了略显尖刻的评述。费里特（Diarmaid Ferriter）的《爱尔兰转型（1900—2000）》（*The Transformation of Ireland, 1900–2000*, London: Profile Books, 2004）一书以社会和文化历史为重点，对20世纪进行了详尽的论述。阿德里安·雷德蒙（Adrian Redmond）编写的《那是过去，这是现在：爱尔兰的变化（1949—1999）》（*That Was Then, This Is Now: Change in Ireland, 1949–1999*, Dublin: Central Statistics Office, 1999）一书则提供了关于这一时期的大量数据。爱尔兰中央统计局的网站（http://www.cso.ie）提供这本书的电子文本，网站还包含了19世纪至今爱尔兰社会和经济生活的大量资料，但1920年之后北爱尔兰的数据不在其职权范围之内。北爱尔兰的相关数据可以从北爱尔兰统计局（Northern Ireland Statistics and Research Agency）的官方网站（http://www.nisra.gov.uk）中找到。北爱尔兰冲突在线档案项目（The Conflict Archive on the Internet project, http://cain.ulst.ac.uk）提供了大量关于1968年之后北爱尔兰冲突的档案资料。

在网络资料方面，皇家爱尔兰学院的爱尔兰历史在线项目（Irish History Online project, https://www.ria.ie/research-projects/irish-history-online）具有重要的历史研究指导价值，我们可以从中查找到大量关于爱尔兰的书目。应该注意的是，现代早期印刷材料数据库，比如早期的英语书在线（Early English Books Online, http://eebo.chadwyck.com/home）和18世纪资料在线（Eighteenth Century Collections Online, http://quod.lib.umich.edu/e/ecco），都可能包含大量同爱尔兰有关的资料，尽管这些资料可能只能通过订阅机构获得。谷歌图书等也可以用于搜索同爱尔兰历史相关的素材。

“记录爱尔兰：议会，人民与移民”（Documenting Ireland: Parliament,

People, and Migration, http://www.dippam.ac.uk）项目非常有价值，可以提供18—21世纪爱尔兰官方资料的在线档案数据库。历史上和当代的许多爱尔兰报纸都拥有在线档案，可以在爱尔兰报纸档案（Irish Newspaper Archive, https://www.irishnewsarchive.com）找到。我们可以从爱尔兰地形测量局网站（http://www.osi.ie）上查找我们需要的地图。爱尔兰地名数据库（Placenames Database of Ireland, http://www.logainm.ie）提供实时的地名检索服务。国家民间传说资料库（National Folklore Collection, http://www.duchas.ie/en）项目则可以提供爱尔兰语和英语民间传说素材。

我们可以在爱尔兰国家图书馆（National Library of Ireland, http://www.nli.ie）和爱尔兰国家美术馆（National Gallery of Ireland, http://www.nationalgallery.ie）的网站上浏览视觉材料（包括本书中提到的部分材料）。不列颠百代网（British Pathé, http://www.britishpathe.com）提供了大量关于20世纪爱尔兰的新闻片段，爱尔兰广播电视台（http://www.rte.ie/archives/about）的网站上也存有大量1960年以来爱尔兰的视听与图像资料。

最后，爱尔兰历史研究领域的主要刊物，如《爱尔兰历史研究》（*Irish Historical Studies*）、《爱尔兰经济和社会史》（*Irish Economic and Social History*）、《爱尔兰史》（*History Ireland*）、《18世纪爱尔兰》（*Eighteenth-Century Ireland*）、《爱尔兰文选》（*Analecta Hibernica*）和《爱尔兰皇家科学院院报》（*Proceedings of the Royal Irish Academy*），都可以在JSTOR期刊数据库（http://www.jstor.org）上找到，主要的英格兰和美国期刊，如《英格兰历史回顾》（*English Historical Review*）、《历史杂志》（*Historical Journal*）和《不列颠研究杂志》（*Journal of British*

Studies）也常常会刊发关于爱尔兰的文章。上述提到的文章和著作也各有大量的文献书目和扩展阅读指导。这些只是基于我个人的看法而从海量相关读物中遴选出的一小部分。学海无涯，如果你已经读到了这里，你也只是刚刚涉入爱尔兰历史研究的知识海洋。

索　引

C

D

E

F

G

H

I

J

K

L

O

P

Q

R

V

W

X

Y